티 전문 유튜브 크리에이터,
'홍차 언니'의 티 블렌딩 실전 기술

티 블렌딩 테크닉

Tea Blending Technique

티 전문 유튜브 크리에이터,
'홍차 언니'의 티 블렌딩 실전 기술

티 블렌딩 테크닉

Tea Blending Technique

홍차 언니 (이주현) 지음

한국티소믈리에연구원

저자의 글

안녕하세요. 유튜브 티 (Tea) 전문
크리에이터 '홍차언니' 이주현입니다.

저는 서울 성수동에 위치한
한국티소믈리에연구원에서

티소믈리에, 티블렌딩 전문가, 그리고 티
베리에이션이라고 하는 티와 관련된 전
문 강의를 하고 있습니다.

최근에는 세계 티 시장뿐 아니라 국내 티
시장에서도 티의 다양한 건강 효능에 대
한 사람들의 인식이 크게 확산하면서 유기농 티 (Organic Tea), 유기농 허브, 과일
(Organic Herb & Fruit)을 재료로 블렌딩한 티 블렌드 (Tea Blend)나 플레이버드 티
(Flavored Tea), 그리고 허브 블렌드 (Herbal Blend)를 중심으로 크게 성장하고 있습
니다.

이러한 세계적인 티 트렌드에 발맞춰 『티 블렌딩 테크닉Tea Blending Technique』을
출간하게 되었습니다.

이 책은 티를 처음 접하는 사람들의 티 블렌딩 (Tea Blending)에 대한 이해를 돕기
위해서 산지의 재료 선정에서부터 티 블렌딩의 과정, 가향·가미를 통한 플레이버
드 티의 창조 방법과 기술, 그리고 그러한 지식을 바탕으로 독자들이 직접 따라해
볼 수 있는 '셀프 블렌딩' 사례까지 직접 소개합니다.

또한 세계 25개국 유명 브랜드의 수백 년 역사와 전통을 자랑하는 클래식 블렌드 (Classic Blend)에 대해서는 "타 브랜드의 꿀팁 훔쳐보기"를 통해서 58종의 블렌드 재료와 함께 향미적인 특징을 상세히 소개하고, 홍차언니의 블렌딩 티 레시피 35종도 소개합니다. 아울러 세계 유명 브랜드와 시장에 새롭게 뛰어든 신생 티 브랜드 기업을 포함해 약 32개 브랜드들이 현재 급성장하고 있는 세계 티 시장을 놓고 각축전을 벌이면서 새롭게 창조해 선보이는 시그니처 블렌드 (Signature Blend) (재료 공개) 94여 종도 엄선해 소개하고 있습니다.

이번에 세상에 첫선을 보이는 『티 블렌딩 테크닉Tea Blending Technique』은 티를 어렵게 느끼시는 분들에게 조금이나마 이해를 돕고, 또한 티를 쉽고 재밌게 즐기려는 분들이나 카페에 종사하시는 분들에게도 큰 도움이 되길 바라며, 독자 여러분들도 티 블렌딩으로 가족의 건강과 행복을 찾아보시길 기원합니다.

앞서 출간한 『티 베리에이션Tea Variation』에 대한 독자 여러분들의 많은 성원도 너무 감사드리며, 『티 블렌딩 테크닉Tea Blending Technique』도 많은 사랑과 관심 부탁드립니다. 감사합니다.

이주현

유튜브 티 전문 크리에이터
한국티소믈리에연구원 대외협력실장
코리아티챔피언십 심사위원장

Contents

저자의 글

PART 3 티 블렌딩 기술

🌿 PART 4 블렌딩의 가향·가미

🌿 PART 5 홍차언니의 블렌딩 레시피 테크닉 35

🌿 PART 6 세계 각국의 다양한 클래식 블렌드(25개국)

PART 7 세계 유명 브랜드의 시그니처 블렌드

◉ I 유럽

PART 1

티 블렌딩의
기초 이해

 산지에서 찻잔까지

 티 소믈리에 & 티 블렌딩 전문가의 역할

티 소믈리에 Tea Sommelier 또는 **티 블렌딩 전문가**Tea Blending Master들은 산지의 다원에서 고품질의 원료를 확보하기 위하여 최고의 다원 재배자나 생산자를 발굴하는 데 최선을 다한다.

찻잎이나 허브, 향신료 등 각종 원재료의 상태가 최종 품질에 크게 영향을 주기 때문이다. 따라서 세계적인 티 브랜드에서는 티소믈리에나 티 블렌딩 전문가들을 통해 원재료의 품질 관리에 사활을 거는 것이다.

그러한 최고 품질의 원재료를 바탕으로 티 블렌딩 전문가들이 최고 향미의 블렌드들을 창조할 수 있는 것이다.

따라서 산지의 찻잎 (또는 허브 등) 원재료를 잘 알고 있는 **티소믈리에**Tea Sommelier 는 전 세계의 다원을 찾아다니면서 해마다 새로운 향미와 좋은 찻잎을 테이스팅하고 품질을 판별한다.

반면 원재료를 바탕으로 혼합을 통해 새로운 향미를 창조하는 **티 블렌딩 전문가** Tea Blending Master들은 찻잎이 최종 소비자에게 전달되는 '**공급망**Supply Chain'을 기본적으로 알아야 할 것이다.

더욱이 오늘날에는 자신이 직접 원재료를 온라인상으로 구입하여 새로운 향미의 티 블렌드나 허브 블렌드, 플레이버드 티Flavored Tea를 창조하려는 사람들도 늘고 있는데, 그러기 위해서는 자신이 사용하려는 찻잎이나 허브 등 원재료의 공급망을 알고 있어야 한다. 그 이유는 **산지에서 찻잔까지** 최종 소비자에게 공급되는 과정을 알고 있어야 최종 블렌딩 품질의 하자에서 원인을 규명하고 새로운 작업에 나설 수 있기 때문이다.

저자인 홍차언니가 인도 아삼 (Assam) 다원을
방문해 테이스팅하는 모습 (2022년 9월)

여기서는 블렌딩의 첫 출발 지점인 원재료 확보를 위한 티와 허브티 (또는 허브 인 퓨전)의 산지에서 찻잔까지 공급망에 대한 기본적인 과정에 관하여 아래의 도표에서 간략히 소개한다.

산지에서 찻잔까지 티 또는 허브들의 공급망

비고	티 공급 단계	처리 내용	허브티 공급 단계	처리 내용
1	원재료 확보	다원에서 수작업으로 채엽한 찻잎을 가공 공장으로 운송	원재료 확보	허브 재배 및 채집한 것을 주요 부문 손질한 뒤 가공 공장으로 운송
2	공장 입고	홍차, 녹차의 종류에 따라 가공 과정을 진행	공장 입고	허브의 절단, 건조, 분류의 2차 과정 진행
3	도매 구입	경매장에서 품질에 따라 분류된 티를 상인 또는 포장 전문업체들이 당사자간 직접 매매 계약을 진행해 도매상 구입	수출	허브를 구입한 국가로 수출 (허브 자생지는 주요 소비지와 대부분 멀리 떨어져 있기 때문이다)
4	운송 (해운 또는 항공)	티를 구입한 국가로 운송	운송 (해운 또는 항공)	허브를 구입한 국가로 운송
5	블렌딩	새로운 향미로 창조하거나 향미가 균일하게 블렌딩한다.	블렌딩 과정	허브들을 적당한 크기로 절단하고 멸균 작업을 거치면 블렌딩 작업을 진행해 독특한 블렌드를 창조한다.
6	포장	생산된 제품들을 포장한다.	포장	생산된 제품들을 포장한다.
7	소매	포장된 제품들이 소매업체로 판매, 운송된다.	소매	포장된 제품들이 소매 업체로 판매, 운송된다.
8	소비자 구입	소비자들이 구입하여 향미를 즐긴다.	소비자 구입	소비자들이 허브 블렌드를 구입하여 향미를 즐긴다.

# 티 블렌딩 (Tea Blending)이란?

티 블렌딩Tea Blending은 일반적으로 말하면, 티나 허브, 과일, 씨 등 서로 다른 향미 프로파일Flavor Profile을 지닌 2개 이상의 재료들을 적당한 혼합비로 조합하여 새로운 향미의 '블렌디드 티Blended Tea' 또는 '허브 블렌드Herbal Blend'를 창조하는 과정을 가리킨다.

좀더 엄밀히 말하면, '티 블렌딩Tea Blending'은 티를 반드시 포함하는 블렌딩, 그 외 티를 포함하지 않는 재료를 혼합한 것은 '허브 블렌딩Herbal Blending'이라고 구분한다.

이러한 과정에 사용되는 재료들로는 티를 포함하여 다양한 식물의 잎, 뿌리, 줄기, 과일, 씨를 비롯하여 천연 착향료Natural Favoring Oil, 인공 착향료Artificial Favoring Oil, 식품 첨가제 등이 있다.

재료에 따른 블렌드 용어의 구분

블렌딩 제품은 매우 다양한데, '티 블렌드Tea Blend'는 '티와 티'를 혼합한 것이고, '플레이버드 티Flavored Tea'는 티를 베이스로 하면서 허브, 과일과 같은 식품 재료와 착향료 등을 혼합한 것이다.

그리고 허브티 (티잰 Tisane)나 허브 블렌드Herbal Blend는 엄밀히 말하면, 티를 제외한 허브와 허브 (또는 향신료)를 혼합 것을 말한다.
오늘날에는 '티와 허브' 또는 '허브와 허브', 그리고 '허브와 과일이나 향신료', '허브나 과일에 향신료나 식품 첨가제' 등 다양한 형식으로 재료들을 혼합한 제품들이 시장에서 선보이고 있다.

블렌드 용어 종류의 이해

다양한 재료들을 사용하는 블렌딩 용어의 개념을 알고 있으면 새롭게 창조할 블렌드에 밑그림을 그리고 설계할 때, 또는 시장에서 판매되는 블렌드 제품의 특성을 이해하는 데 많은 도움이 된다.

이 책에서는 '티 앤 허브 인퓨전 유럽Tea & Herbal Infusions Association Europe'과 유럽연합EU 식약청의 식품 규격에 준거하여 **티, 플레이버드 티, 허브티** (티잰) 등의 구분을 간략히 도표로 정리하였다 (22쪽 참조).

왼쪽은 티 블렌드, 가운데는 플레이버드 티, 오른쪽은 허브티

◎ 블렌드의 종류와 재료의 구분

블렌드 종류 구분		티(A)	티 (A, B C…)	허브	과일	향신료	착향료	식품 첨가제 (건강 성분)
블렌디드 티 (Blended Tea)	티 블렌드	●	●	X	X	X	X	X
	티 + 식품 첨가제	●	◆	X	X	X	X	●
	플레이버드 티	●	◆	◆	◆	◆	◆	X
	플레이버드 티 + 식품 첨가제	●	◆	◆	◆	◆	◆	●
허브티 /허브 인퓨전 / 티잰	허브 블렌드	X	X	●	◆	●	◆	◆
	프루트 블렌드	X	X	◆	●	◆	◆	◆

※ 재료의 항목에서 A, B, C 는 카멜리아 시넨시스 찻잎을 가공해 만든

녹차, 백차, 황차, 청차 (우롱차), 홍차, 보이차 (흑차)를 말한다.

● 는 반드시 들어가야 하는 필수 재료이고,

◆ 는 하나 이상의 항목만 들어가도 되는 선택 재료이고,

X 는 분류상 들어가서는 안 되는 품목이다.

여기서 식품 첨가제는 가향 가미를 목적으로 하지 않는 재료로서 보통 비타민이나 미네랄

등의 유효 성분이나 물질 등을 말한다.

플레이버드 티인 재스민 티 (왼쪽)와 과일과 허브를 혼합한 허브 블렌드 (오른쪽)

티 블렌딩의 목적에 따른 분류

오늘날 티 시장에서는 새로운 향미와 건강 효능을 목적으로 티나 허브의 블렌딩 제품들을 매우 다양하게 판매하고 있다. 그리고 개인이나 고객의 요구에 맞춰서 블렌딩하여 판매하는 경우도 점차 늘어나고 있다.

최근에는 개인적으로 블렌딩을 통해 자신의 취향에 맞는 향미를 예술적으로 창조하여 새롭게 즐기는 경우도 많다. 여기서는 그러한 티 블렌딩의 다양한 목적에 대하여 소개한다.

블렌딩에 사용되는 다양한 허브 재료들

커스텀 블렌딩 (Custom Blending)

커스텀 블렌딩 Custom Blending은 블렌딩 전문가가 고객의 취향이나 요구에 맞게 향미를 창조하는 블렌딩이다. 일종의 '맞춤형 블렌딩'인 것이다.

 이 블렌딩에서 가장 중요한 것은 고객에게 호소력이 있는 제품을 만드는 것인데, 그 과정에서는 각 재료의 조합과 실험에서 완벽성이 요구되며, 다양한 향미 프로파일을 지닌 재료들을 혼합하였을 때 최종 향미의 적당한 균형Balance을 찾는 작업이 중요하다.

더욱이 이 블렌딩은 고객마다 취향이나 요구 사항이 다르기 때문에 그에 맞춰 매우 다양하게 진행할 수 있는 능력이 요구된다.

고객의 요구 사항이 향미가 될 수도, 효능이 될 수도 있어 각 재료의 향미 프로파일, 건강 효능 등에 대한 기본적인 지식이 요구될 뿐 아니라 그것을 함께 혼합하였을 때 최종 향미나 효능의 시너지 효과가 어떨지 머릿속으로 상상할 수 있는 능력도 필요하다.

커머셜 블렌딩 (Commercial Blending)

커머셜 블렌딩 Commercial Blending은 쉽게 말하면 티 산업계에서 블렌딩 제품을 독특한 향미로 창조하여 대량 생산하기 위하여 진행하는 상업적인 작업이다.

이 블렌딩에서 가장 중요한 요소는 동일 제품의 맛과 향에 균형을 잡고, 품질이 일정하도록 유지하는 일이다.

각 재료의 향미 프로파일이 서로 다르고, 그 재료들의 각 작황에 따라 품질도 달라지기 때문에 최종 상품에서 맛과 향의 균일성을 보증하는 일이 결코 쉽지 않다. 이때 티 전문가에 의해 진행되는 것이 바로 '**커머셜 블렌딩**'이다.

🍃 커머셜 블렌딩에서는 산지나 수확기가 서로 다른 티 또는 허브의 향미 프로파일을 바탕으로 향미 특징을 최대한 반영하도록 하고, 테이스팅을 끊임없이 진행하여 재료의 수확기가 여름이든지, 겨울이든지에 상관없이 해마다 품질이 일정하도록 유지하는 작업이 진행된다.

🍃 티 산업계에서는 최종 상품을 대량 생산하기 위하여 거대한 공장에서 기계를 사용하여 그러한 작업을 진행하는데, 이때는 블렌딩 전문가의 기술이 반드시 요구되고, 실제로 그러한 블렌딩 전문가들에 의하여 작업이 진행되고 있다.

사실 이 커머셜 블렌딩은 역사상 클래식 홍차 블렌드의 생산과 깊은 관련이 있다. 홍차 블렌드 제품의 품질과 향미의 균질성은 곧 소비자의 제품 신뢰도와 직결되기 때문에 차이를 느끼지 못하도록 하는 기술이 필요하다.
예를 들면 **잉글리시 브렉스트**English Breakfast나 **얼 그레이**Earl Grey와 같은 **클래식 블렌드**Classic Blend가 대표적이다.

🍃 결국 커머셜 블렌딩은 티 기업에서 자사 브랜드의 홍차, 예를 들면 잉글리시 브렉퍼스트와 같은 클래식 블렌드를 대량으로 생산하면서 그 특유의 향미를 일정하게 유지하기 위하여 발전시킨 기술인 것이다.
더 나아가 티 기업에서는 최종 상품의 품질이 산지의 원재료인 찻잎의 품질에 크게 좌우되기 때문에 그곳의 티 전문가와 연계하거나 자사 매니저를 상주시켜 그곳의 차나무나 가공 과정을 관리하고 있기도 하다.
이러한 작업도 결국 성공적인 커머셜 블렌딩을 확보하기 위한 준비 노력이다.

시그니처 블렌딩 (Signature Blending)

시그니처 블렌딩Signature Blending은 티 애호가들 또는 소비자들에게 인기 있는 상품을 만들기 위하여 다양한 재료들을 테이스팅 및 연구 후 새로운 향미를 창조하는 예술적 수준의 **공예 블렌딩**이다.

즉 기존의 싱글 오리진 티나 티 블렌드에 말린 허브, 과일, 꽃, 향신료들을 혼합하여 전혀 다른 향미의 티를 창조하는 것이다.

🌿 예를 들면, 여러 지역에서 만든 찻잎을 2~3가지 혼합한 (블렌디드 Blended) 뒤에 콘플라워Cornflowers나 향신료 및 베르가모트를 착향해서 만든 **얼 그레이**Earl Grey가 있고, 또는 멍크 블렌드Monk's Blend처럼 홍차에 칼렌듈라Calendula (금잔화), 데이지Daisy, 메리골드Marigold와 같은 꽃들을 배합한 뒤 에센셜 오일을 혼합하여 새로운 향미를 창조해 시판하고 있는 상품들이 대표적이다.

🌿 사실 **최초의 플레이버드 티**로 알려진 **얼 그레이**도 이러한 시그니처 블렌딩의 과정을 거쳐 탄생하였고, 그것이 오랜 시간이 흐르는 가운데 시장에 정착하면서 **클래식 블렌드**가 된 것이다.

이러한 시그니처 블렌딩은 오늘날 티숍, 그리고 티 브랜드 업체에서 독점 상품을 제공하기 위하여 진행하고 있다

 ## 물의 경도에 따라 맞춘 블렌딩

티는 물의 성질에 따라 색色, 향香, 미味에서 크게 차이를 보인다. 즉 물이 **칼슘, 마그네슘**과 같은 **미네랄 성분의 함유량**인 **경도**硬度, Hardness에 따라 일정 기준 이상이면 **경수**硬水, Hard Water, 일정 기준 이하이면 **연수**軟水, Soft Water로 나뉘는데, 그

물의 종류에 따라 최종적으로 우린 티의 찻빛과 향미적 특성이 달라지는 것이다.

🌿 예를 들면, 동일한 레시피의 티 블렌드라도 물이 경수일 경우에는 찻빛이 진해지는 반면 **향**과 **마우스필** (떫은맛)은 약해지고, **연수**일 경우에는 찻빛이 연해지는 반면 **향**과 **마우스필** (떫은맛)은 강해지는 것이다.

🌿 영국은 석회암층의 분포도에 따라 잉글랜드에서 북부의 스코틀랜드로 올라갈수록 물이 점차 경수에서 연수로 변화한다.

🌿 19세기 (1892년) 스코틀랜드의 티 상인 로버트 드라이즈데일Robert Drysdale은 이러한 수질을 감안해 아삼, 실론, 기문홍차를 블렌딩한 블렌드를 개발하였는데, 이것이 영국 최초의 '**브렉퍼스트 티 블렌드**Breakfast Tea Blend'가 된다.

🌿 잉글리시 브렉퍼스트 티 블렌드도 마찬가지다. 더욱이 최초의 플레이버드 티인 얼 그레이도 역사적으로 각 지역의 수질에 맞춰 달리 블렌딩하여 판매하였다.

🌿 이처럼 서양의 티 블렌딩 역사에서 수질에 맞춘 블렌딩은 아이리시, 잉글리시, 스코티시 브렉퍼스트 티와 애프터눈 티, 그리고 얼 그레이 블렌드를 탄생시킨 전통적인 블렌딩 기법이다.
이는 지금도 영국을 비롯해 세계 유수의 브랜드에서도 레시피 개발에 적용하고 있다. 따라서 수질에 따라서 맞춘 블렌딩은 소비자가 최종적으로 마시기 위해 우린 한 잔의 티에 큰 영향을 주기 때문에 시장에서 품질 평가에 큰 영향을 미친다. 이로 인해 블렌딩 전문가들은 끊임없는 노력과 수많은 테이스팅 실습을 통해 수질에 최적인 블렌딩 레시피를 찾아내야 한다.

 티 블렌딩 전문가의 역할

티 산업계에서는 **티 소믈리에**Tea Sommelier 또는 **티 블렌딩 전문가**Tea Blending Master로 불리는 사람들이 종사하고 있다. 두 전문가 모두 티나 허브 등 각 재료의 향미 프로파일이나 그 지식에 근거하여 상상력, 창조성 등을 발휘하여 최종 상품의 맛과 향을 창조할 수 있는 능력을 갖춘 사람들이다.

티 소믈리에 Tea Sommelier는 티 기업에 종사하면서 티 테이스팅을 기반으로 최종 상품의 대량 생산 과정에서 향미의 균질성을 유지하는 일에 종사하는 사람을 주로 가리킨다면, **티 블렌딩 전문가**Tea Blending Master는 새로운 향미의 창조에 집중하는 예술적 블렌딩에 종사하는 사람을 가리키는 경우가 많다. 두 전문가 모두 어떤 작업에 중점을 두고 있는지에 따라 약간씩 달리 부를 뿐 향미 창조의 기본적인 지식과 능력은 공통으로 갖추고 있어야 한다

티 블렌딩 전문가인 홍차언니가 블렌딩하는 모습

저자인 홍차언니가 인도 다르질링 (Darjeeling)의
다원에서 테이스팅하는 모습 (2023년 3월)

PART 2

티 블렌딩의 유형

티 블렌딩의 다양한 유형들

아시아, 중동 등 일부 국가에서는 오랜 식습관의 전통적인 문화에 따라 티 블렌딩을 개발하였고, 19세기 때 영국은 각 지역의 수질에 따라 티의 맛과 향이 달라진다는 점에 착안하여 그 향미를 보완하고 더 새롭게 창조하려는 목적으로 티 블렌딩을 개발하였다.

그러한 목적을 위하여 어떤 블렌딩은 산지는 동일하지만 수확기가 다른 찻잎들을 섞기도 하고, 동일 지역에 있는 다른 산지들의 찻잎을 배합하는 경우도 있다. 심지어 다른 종류의 티들이나 허브들을 혼합하기도 한다.

그런데 오늘날 티 블렌딩은 다양한 향미의 창조에서 더 나아가 시대적 요구 사항인 건강 기능성 트렌드와 결부되어 매우 복잡한 형태로 진행되고 있다. 이 책에서는 이러한 여러 가지 티 블렌딩을 이해하기 위하여 블렌딩 용어에 대해 소개한다.

1 싱글 오리진 블렌딩 (Single-Origin Blending)

싱글 오리진 블렌딩은 **동일 국가**나 **동일 지역**에서 생산된 **2~3종류의 찻잎들을 혼합한 것**이다. 이 블렌딩은 싱글 티^{Single Tea}에서는 맛볼 수 없는 새로운 향미 프로파일을 창조하기 위하여 진행된다. 예를 들면, **중국 녹차**와 **중국 홍차**를 함께 **블렌딩**하여 두 티와는 전혀 다른 **새롭고도 독특한 향미를 창조**하는 것이다.

2 멀티 오리진 블렌딩 (Multi-Origin Blending)

멀티 오리진 블렌딩은 말 그대로 **서로 다른 국가나 지역**에서 생산된 티들을 **블렌딩**하는 것이다. 이 또한 싱글 티^{Single Tea}에서는 전혀 경험할 수 없는 향미 프로파일을 창조하기 위하여 진행된다. 예를 들면, **중국 녹차**와 **일본 녹차**를 함께 **블렌딩**하여 두 티와는 전혀 다른 독창적인 향미를 창조하는 작업이다. 대표적인 예로는 **브렉퍼스트 티**^{Breakfast Tea} 블렌드나 **애프터눈 티**^{Afternoon Tea} 블렌드가 대표적이다.

3 블렌디드 블렌딩 (Blended Blending)

블렌디드 블렌딩은 **서로 다른 산지**나 **다른 국가로부터 생산된 티**들을 2개 또는 3개 이상으로 **섞은 여러 블렌디드 티**^{Blended Tea}들을 다시 함께 **블렌딩**하여 싱글 티에서는 찾아볼 수 없는 새로운 향미 프로파일을 창조하는 작업이다.

4 플레이버드 티 블렌딩 (Flavored Tea Blending)

플레이버드 티 블렌딩은 **2개 또는 3개 이상의 티들을** 허브, 향신료, 과일, 꽃, 착향료와 같은 **부재료들과 함께 블렌딩**하여 싱글 티에서는 전혀 찾아볼 수 없는 새로운 향미 프로파일을 창조하는 작업이다. 예를 들면, 중국 녹차와 인도 홍차를 혼합한 블렌디드 티에 독일 캐모마일^{German Chamomile}이나 재스민^{Jasmine}, 로즈 페탈^{Rose Petals}과 같은 꽃들을 혼합하여 두 티에서는 경험할 수 없는 새로운 향미를 창조하는 것이다. 대표적인 예로는 **영국의 얼 그레이**^{Earl Grey} **홍차, 중국의 재스민 티**^{Jasmine Tea, 茉莉花茶}, **인도의 마살라 차이**^{Masala Chai} 등이 있다.

5 허브 블렌딩 (Herbal Blending)

허브 블렌딩은 재료에 **티**^{Tea}**가 들어가지 않고 허브나 과일 등을 위주로 블렌딩**하는 작업이다. 이 허브 블렌딩은 사람들이 카페인의 섭취를 피하고 건강 효능을 추구하는 트렌드와 맞물리면서 오늘날 전 세계의 티 브랜드 기업에서 매우 다양한 상품들을 판매하고 있다.

6 클래식 블렌드 (Classic Blend) vs 시그니처 블렌드 (Signature Blend)

티 블렌딩은 각 나라마다 고유한 음식 문화와 함께 오래전부터 발달해 왔다.

동양에서는 녹차에 재스민 꽃의 향을 가한 중국의 재스민 티^{Jasmine Tea, 茉莉花茶}를 비롯하여 일본의 겐마이차^{Genmaicha, 玄米茶}, 인도의 마살라 차이^{Masala Chai} 등이 있다.

영국을 비롯한 유럽은 찻잎을 혼합한 블렌디드 티인 잉글리시, 스코티시, 아이리시 브렉퍼스트, 애프터눈 티 블렌드 등이 오래전부터 많은 사람들의 사랑을 받고 있다. 이를 흔히들 '**클래식 블렌드**^{Classic Blend}'라고 한다.

반면, 현대에 들어와서는 **웰니스의 트렌드**를 바탕으로 카페인 성분이 들어 있는 티를 베이스로 하지 않고, **무카페인의 허브나 향신료, 과일**만을 기반으로 **혼합한** 이른바 '**시그니처 블렌드**^{Signature Blend}'도 많이 소비되고 있다.

칼럼

티 블렌딩의 주요 유형

Darjeeling 2nd SFTGFOP1 (왼쪽), Assam FTGFOP1 (가운데), Nuwara Eliya OP1(오른쪽)

1. 싱글 오리진 티 (Single Origin Tea)

　: 다른 산지의 티를 블렌딩하지 않은 티

예) 인도의 다르질링 퍼스트 플러시, 중국의 황산모봉, 서호용정, 대만의 동정우롱 등

※ 다른 찻잎을 블렌딩하지 않은 의미의 '싱글 티$^{Single Tea}$'와는 약간 다른 개념

　이다.

2. 싱글 오리진 블렌딩 (Single-Origin Blending)

　: 동일 지역 또는 국가 내에서 생산된 여러 티들의 블렌딩

예) 홍차 (중국) + 홍차 (중국), 홍차 (아삼) + 홍차 (아삼), 녹차 (중국) + 우롱차 (중국)

3. 멀티 오리진 블렌딩 (Multi-Origin Blending)

: 서로 다른 지역 또는 국가에서 생산된 여러 티들의 블렌딩

예) 잉글리시 브렉퍼스트 티 : 홍차 (아삼) + 홍차 (실론) + 홍차 (케냐) 등

4. 블렌디드 블렌딩 (Blended Blending)

: 서로 다른 지역 또는 국가에서 생산된 여러 블렌디드 티들의 블렌딩

예) 블렌디드 홍차 (아삼) + 블렌디드 홍차 (실론) 등

5. 플레이버드 티 블렌딩 (Flavored Tea Blending)

: 티를 베이스로 허브, 향신료, 꽃, 착향료 등을 혼합한 블렌딩

예) 1) 얼 그레이 : 실론 홍차 (또는 아삼 홍차) + 오렌지 필 + 콘플라워 + 베르가모트 오일

　　2) 마살라 차이 : 아삼 홍차 + 각종 향신료

　　3) 재스민 티 : 중국 녹차 + 재스민 꽃 향 (또는 착향료)

　　4) 모로칸 민트 티 : 건파우더 (녹차) + 민트 잎

　　5) 정산소종 = 랍상소총 : 중국 홍차 + 스모크 (소나무 향)

6. 허브 블렌딩 (Herbal Blending)

: 티를 베이스로 하지 않고 허브, 꽃 향신료 등을 혼합한 블렌딩

PART 3

티 블렌딩
기술

입문
티블렌딩

사단법인
한국 티(TEA)협회
TEA ASSOCIATION of KOREA

사단법인 한국티(TEA)협회 인증

티 블렌딩
이해 1   티블렌더 자격 과정

한국 티소믈리에 연구원

# 티 블렌딩의 준비 과정

티 블렌딩은 완벽한 향미를 창조하는 예술적인 작업이다. 그러한 작업을 위해서는 재료의 계량기에서부터 블렌더, 보관 용기, 스트레이너에 이르기까지 다양한 블렌딩 준비 도구들이 필요하다. 이러한 블렌딩 도구들은 일관된 향미의 블렌드를 창조하는 데 큰 도움이 된다. 여기서는 블렌딩에 사용되는 도구들의 기능에 관하여 소개한다.

티 블렌딩에 사용되는 도구들

· 전자저울 : 블렌딩에 사용할 재료들의 무게를 재기 위하여 사용한다.
　　　　　　정밀 블렌딩에는 티 스푼보다 전자저울을 주로 사용한다.
· 티 스푼 : 찻잎이나 허브의 양을 티 스푼 단위로 계량할 때 사용한다.
· 피펫 : 착향할 에센스 오일을 계량할 때 사용한다.
· 정밀 자 : 재료들의 크기를 측정한다.
　　　　　　(블렌딩에서는 재료들의 균일한 크기도 중요하다. 예를 들면 찻잎의 크기가 다르면
　　　　　　최종 블렌드를 우렸을 때 향미가 우러나는 정도와 시점이 달라지기 때문이다)

🌿 블렌딩 스푼 (Blending Spoon)
티와 허브 등의 재료들을 떠내는 데 사용한다.

🌿 볼 (Bowl)
재료들을 혼합하는 데 사용한다.

🍃 블렌더 (Blender) 또는 푸드 프로세서 (Food Processor)

블렌더는 찻잎과 찻잎, 또는 찻잎과 허브 (또는 향신료)를 새로운 향미로 창조하기 위하여 함께 섞어 주는 기계이다. 또한 찻잎, 허브, 향신료를 고운 가루의 형태로 만들기 위하여 사용할 수도 있다. 블렌더는 그 크기와 용도가 매우 다양하여 자신이 필요한 목적에 맞게 선택하는 것이 중요하다.

🍃 블렌딩 용기

티 블렌딩 전문가가 직접 수작업으로 각종 재료들을 함께 혼합하여 블렌딩할 때 사용하는 대형 용기이다.

🍃 접시 또는 쟁반

찻잎이나 허브 등의 재료들을 이동시키거나 블렌딩하기 전에 잠시 놓아 두는 용기이다.

🍃 위생 복장

위생 복장은 식품 제조 품질 관리 기준GMP, Good Manufacturing Practices에 관련된 위생 표준에 따라 보통 다음과 같은 의복이 필요하다.

- 앞치마
- 위생용 모자
- 마스크
- 위생 장갑
- 기타

🍃 최종 보관 용기

최종 블렌딩한 창조물을 보관하는 용기로 최종 블렌드가 안정화될 수 있도록 한다. 즉 최종 향미가 안정적으로 고착될 수 있도록 하면서 변질이 잘 발생하지 않도록 고안된 것이 좋다.

🌿 스트레이너 (Strainer)

스트레이너는 티나 허브티 등을 뜨거운 물에서 우린 뒤 걸러 내는 거름망이다. 스트레이너는 다양한 크기와 유형이 있으며, 자신의 블렌딩에 필요한 것을 선정하는 것이 중요하다.

🌿 체 (Sieve)

체는 허브나 찻잎을 블렌딩하여 일정한 크기인 것을 걸러 내는 데 사용된다. 다양한 크기와 유형으로 판매되며, 블렌딩의 목적에 편리한 것을 선택하는 것이 중요하다.

🌿 티 인퓨저 (Tea Infusers)

티 인퓨저는 주로 잎차를 넣고 봉인한 뒤 뜨거운 물에 넣어 티를 우리는 도구이다. 오늘날 스테인리스, 도자기, 플라스틱 등 매우 다양한 재질로 다채로운 모양의 디자인으로 판매되고 있다.

🌿 티 프레스 (Tea Press)

티 프레스는 내부에 거름망이 설치된 티포트이다. 찻잎을 우린 뒤 거름망을 올리거나 우린 액체를 아래로 빼내거나 하여 찻잎과 우러난 티를 분리해 마실 수 있다. 간편하게 우려내 마실 수 있는 편리한 티포트이다. 오늘날에는 플라스틱이나 유리 재질의 것이 많이 판매되고 있다.

🌿 유리병 (Glass Jars)
블렌딩할 찻잎, 허브, 향신료들을 넣어 보관하거나 또는 최종적으로 섞은 혼합물을 보관하는 유리 용기이다.

🌿 라벨지 (Labels)
블렌딩 과정에서는 여러 차례의 실험적인 혼합이 진행되는데, 그때 재료의 성분, 블렌딩 일시, 향미적 특성 등을 간단히 기재할 수 있는 용도로 사용한다.

🌿 펜, 기록 차트
일시, 재료의 출처, 종류, 양, 배합 순서, 관능적인 특성, 우리는 시간, 온도 등 블렌딩 과정을 기록으로 남기기 위한 필기도구이다.
블렌딩의 수정 작업 시 꼭 필요한 도구이며, 남긴 기록을 근거로 수정 작업을 계속 거친 뒤 최종적으로 블렌딩이 완성될수 있다.

블렌딩에서 재료를 계량하고 노트에 레시피를 기록하는 모습

 티 블렌딩의 원칙

티 블렌딩은 매우 다양한 재료들을 사용하여 독창적인 결과물을 얻는 과정이기 때문에 그 방법은 딱히 정해진 것이 없다. 무수히 많은 방법상의 **기술적 테크닉**이 있기 때문이다. 그런데 그러한 티 블렌딩에도 크게 3가지의 원칙이 있다. '**목표 설정**', '**균형과 조화**', '**스토리텔링**'이다.

1. 목표 설정

티 블렌딩에서 첫 번째로 할 일은 자신이 어떤 블렌드를 창조할지 **목표를 세우는 일**이다. 목표를 세우지 않으면 블렌딩의 **방향성을 잃기 때문**이다. 따라서 자신이 원하는 최종 블렌드가 무엇인지 목표를 세우는 일은 블렌딩 작업에서 가장 중요하다. 예를 들면, 자신이 만들고 싶은 블렌드가 건강상에 유익한 블렌드인지, 향미를 새롭게 창조한 예술적인 블렌드인지를 결정하는 일이다.

2. 균형과 조화

자신이 원하는 블렌딩의 목표가 설정되었다면 거기에 필요한 재료들을 준비하여 블렌딩 작업을 진행한다. 여기서 가장 중요한 것은 블렌딩에 사용하는 **모든 재료들의 향미적인 특징**, 즉 **원물 하나하나마다** 주는 **맛**, **향**, **수색**의 특징들을 미리 알고 있어야 한다는 점이다.

그래야 재료들을 혼합할 때 서로 충돌하거나 상쇄하지 않고 **조화**를 이루면서 **균형**을 갖도록 할 수 있다.

이러한 균형과 조화에는 다음 4가지의 측면을 고려해야 한다.

1) 시각적인 아름다움

블렌딩에는 보통 찻잎이나 허브, 향신료들을 건조된 상태로 사용하는데, 이러한 재료들을 모두 한데 섞어서 최종 블렌드를 창조하였을 경우 **눈으로 보기에도 아름다워야** 한다. 오늘날의 시각적인 아름다움을 중요시하는 '비주얼 세대'나 'MZ 세대'의 요구도 무시할 수 없기 때문이다.

2) 풍부한 향들의 조화

다양한 재료들을 혼합하였을 때 각 재료들이 지닌 개성적인 향들을 최종 블렌드에 반영하면서도 **조화**를 이루도록 해야 한다. 서로 다른 재료의 향들이 서로 상쇄하지 않으면서 조화를 찾도록 만들면 상승효과로 인해 더욱더 새롭고도 복합적인 향들을 낼 수 있기 때문이다.

3) 맛의 훌륭한 균형

최종 블렌드를 물에 우렸을 때 입안의 미각을 통해 느껴지는 맛은 매우 중요한 요소이다. 맛은 사람에게 큰 기쁨을 가져다주는 요소이기 때문이다. 또한 미뢰에서 감지하는 맛과 촉감인 '마우스 필Mouthfeel'이 훌륭한 균형을 이루어야 한다.

향과 맛의 목 넘김이 훌륭하다면 많은 사람들에게 좋은 평가를 받을 것이다.

4) 찻빛 (또는 인퓨전)의 색상미

최종 블렌드를 찻잔에 우려낸 찻빛 (또는 인퓨전)이 맑고 투명하면서 시각적인 아름다움을 선사한다면 그 향미와 함께 더 큰 즐거움을 가져다줄 것이다. 찻빛 (또는 인퓨전)이 혼탁하다면 그 향미의 느낌도 반감될 수 있으니 주의한다.

3. 스토리텔링 (Storytelling)

티 블렌드는 마시는 사람들에게 스토리텔링의 전달이 중요하다. 티 블렌드를 마시는 사람들이 자신의 추억이나 감정을 일깨우면서 스토리를 서로 공감할 수 있어야 한다.

🫖 티 블렌딩의 준비 지식

티 블렌딩은 아주 복잡한 과정으로 어려워 보이지만, 실은 첫 출발지인 티, 허브, 향신료 등의 기본 재료가 지닌 각각의 향미 프로파일에 대하여 충분히 숙지하고 있으면, 그 과정이 훨씬 더 쉬워진다. 티 블렌딩에 처음 입문하는 사람들은 그러한 재료들에 대한 사전 지식을 숙지하고, **재료의 가짓수를 2~3개로 시작해서** 점점 가짓수를 늘려가면서 **발란스 맞추는 연습을 한다면 그 길이 보일 것이다.**

☕ 재료의 성질 파악

🌿 모든 식품의 최종 품질은 재료의 신선도와 상태에 따라 크게 좌우된다. 티 (또는 허브) 블렌드도 마찬가지이다. 따라서 재료인 티나 허브, 그리고 향신료의 품질 상태를 확인하는 방법도 알고 있어야 한다.

🌿 신선도나 오염 여부 등을 판가름한 뒤에는 각 재료의 고유한 향미 프로파일과 질감, 우러나는 온도 등에 대해 숙지하고 있어야 한다.
그러기 위해서는 다양한 재료들을 단품으로 우려내 마셔 보고 그 향미에 친숙해질 때까지 오랫동안 끊임없이 테이스팅을 실습해 보아야 한다.

🌿 이렇게 각 재료의 향미에 대하여 **친숙할 정도로 알지 못하면,** 자신이 창조하는 최종 산물인 블렌드의 향미를 **사전에 예상하지 못할 뿐 아니라 결과물이 시각적, 향미적으로 전혀 어울리지 않는 조합이 될 수 있다.** 따라서 재료의 성질 파악은 블렌딩 작업에서 **첫 출발점**이다.

🍃 오늘날 인기 있는 티 (또는 허브) 블렌드의 대부분은 티 블렌딩 전문가들이 오랜 시간을 들여서 블렌딩하고 테이스팅해 본 뒤 실패하고, 또다시 블렌딩하는 수많은 시행착오를 거쳐 탄생한 결과물이다.

1) 주재료 - 티 (Tea)

티 블렌딩에서는 티가 주재료이다.

그런 만큼 녹차, 백차, 황차, 청차 (우롱차), 홍차, 보이차 (흑차)에 속하는 '차인차'의 향미와 특성들에 대하여 티 블렌딩에 나서는 사람들은 기본적인 지식을 갖추고 있어야 한다. 그러한 티는 가공 과정에 따라서 생기는 특성으로 분류된다. 여기서는 6대 분류의 티에 대한 가공 과정에 따른 특성과 주요 블렌딩 사례에 관하여 간략히 소개한다.

🌿 녹차 (綠茶, Green Tea) : 비산화차

녹차는 찻잎을 딴 뒤 공장으로 운송하여 시들게 하는 **위조**萎凋, Withering 과정, 찻잎을 증기로 찌거나 고열로 가열된 팬에 덖어 산화 효소를 파괴하여 산화 과정을 억제하는 **살청**殺靑, Fixation, 찻잎을 비비고 굴려서 방향유가 배어 나오게 하고 모양을 만드는 **유념**揉捻, Rolling, 수분을 제거하여 향미를 고정하는 **건조**乾燥, Drying 과정을 거쳐 **선별**을 통해 생산된다. 따라서 찻잎이 자연 그대로의 성분을 간직하고 있어 향미 프로파일이 **산뜻하고 깔끔하면서 감미롭고 신선한 향이 난다**. 티 블렌딩에서는 이러한 녹차의 향미 프로파일을 고려해서 진행한다.

시장에서는 녹차의 산뜻한 향미를 잘 살리기 위하여 **시트러스계의 오렌지, 레몬 등과 같은 과일 또는 베리, 그리고 민트 (페퍼민트, 스피어민트, 나나 민트) 등과 많이 블렌딩하고 있다. 녹차가 블렌딩에 주로 사용되는 사례로는 모로칸 민트티**Morocan Mint Tea, **재스민 티**Jasmine Tea, 茉莉花茶, **겐마이차**Genmaicha, 玄米茶 **등이 있다.**

🌿 백차 (白茶, White Tea) : 자연 산화차

백차는 단아單芽 (새싹) 또는 일아일엽一芽一葉을 위주로 찻잎을 따서 자연적으로 약간 산화된 상태에서 위조, 건조 과정으로 최소한의 가공만 거쳐 생산된다. 따라서 백호白毫가 가득한 새싹으로 만든 **백호은침**白毫銀針이나 일아일엽으로 만든 **백모단**白牧丹은 자연의 풍미를 최대한 담고 있어 향긋하고 싱그러우면서 산뜻한 풍미와 함께 마우스필도 부드럽다. 티 블렌딩에서는 이러한 **백차의 자연적인 향미를 최대한 살리는 것이 좋다.**

시장에서는 녹차와 마찬가지로 시트러스계의 과일이나 은은한 꽃잎과 함께 블렌딩하는 경우가 많다. 티 블렌딩에 사용되는 백차로는 **백모단, 백호은침, 수미**壽眉, **공미**貢眉가 있다.

🌿 황차 (黃茶, Yellow Tea) : 경미 발효차

황차는 기본적인 가공 과정이 녹차와 동일하지만, **민황**悶黃이라는 독특한 경미 발효의 과정이 추가되었다. **군산은침**君山銀針이 대표적이다. 오로지 단아單芽 (새싹) 만으로 생산되기 때문에 찻잎이 연하고 부드럽고 찻빛은 등황색을 띠면서 독특한 향미를 풍긴다. 황차는 생산량이 적고 희소하여 일반적으로 경미 발효의 고유한 향미를 즐기는 경우가 많아 단품으로 주로 마시지만, 티 블렌딩을 원한다면 이러한 황차의 특색을 고려하는 것이 좋다.

🌿 청차/우롱차 (青茶/烏龍茶, Blue Tea/Oolong Tea) : 부분 산화차

청차 (또는 우롱차)는 매우 복잡한 가공 과정을 통해 **부분적으로 산화시킨 것**으로서 녹차의 향미와 홍차의 향미를 동시에 갖추고 있다. 따라서 청차 (우롱차)의 향미는 매우 복합적이다. 찻잎을 딴 뒤 위조 과정을 거친 뒤 찻잎을 체에 놓고 흔들어 상처를 내고 산화시키는 '**주청**做青' 과정을 통해 원하는 정도의 부분 산화 과정을 거친다. 대만의 고산 지대 우롱차는 꽃 향, 밀키 향 등이 풍부하여 단품으로 즐기는 경우가 많다.

만약 블렌딩에 나선다면 강한 산화도로서 농향濃香을 보이는 '블랙 우롱차Black Oolong Tea'인지, 약한 산화도로서 청향淸香을 보이는 '그린 우롱차Green Oolong Tea'인지에 따라서 그의 향미에 맞게 블렌딩 재료를 달리 선정해야 한다. 시장에서는 주로 **그린 우롱차**에 **꽃 향이나 과일 향**의 재료들을 블렌딩한 제품들이 많다. 블렌딩에 주로 사용되는 청차 (우롱차)로는 대만의 **이산우롱**梨山烏龍, **제이드우롱** Jade Oolong, **아리산우롱**阿里山烏龍, **동방미인**東方美人 등이 있다.

🌿 홍차 (紅茶, **Black Tea**) : 완전 산화차

홍차는 일반적으로 찻잎을 따서 **위조**Withering, **유념**Rolling, **산화**Oxidation, **건조** Drying 과정으로 생산되는 **100% 완전 산화차**이다. 이런 홍차는 강한 산화도로 인해 찻빛이 맑고 투명한 홍색을 보이고, 바디감도 **라이트 바디드**Light Bodied, **풀 바디드**Full Bodied, **헤비 바디드**Heavy Bodied까지 종류에 따라 다양하다.

다르질링과 같은 비교적 산뜻한 맛으로 **라이트 바디드**한 풍미의 홍차는 **시트러스계의 과일 향이나 꽃 향**의 재료들과 블렌딩한 경우가 많고, 아삼 홍차와 같이 몰티 향으로 **풀 바디감**이 있는 경우에는 강한 풍미의 **향신료**들을 블렌딩한 경우가 많다. 이는 부재료들이 주재료인 티의 향미를 가리지 않고 균형과 조화를 이룰 수 있도록 블렌딩한 것이다.

예를 들면 다르질링 티는 강한 풍미의 향신료와 블렌딩하면 그 향미가 가려진다. 반면 아삼 홍차의 강한 풍미는 여러 향신료와 블렌딩해도 견뎌 낼 수 있다. 이러한 이유로 마살라 차이Masala Chai에서는 아삼 홍차에 강하고 진한 풍미의 인도 향신료를 여러 종류로 넣어도 맛있게 마실 수 있는 것이다. 블렌딩에 주로 사용되는 홍차로는 **인도의 아삼**Assam, **닐기리**Nilgiri, **실론**Ceylon, **중국의 기문**Keemun, **케냐**Kenya, **르완다**Rwanda 등이 있다.

🌿 흑차/보이차 (黑茶/普洱茶, Dark Tea/Pu-erh Tea) : 미생물 발효차

보이차는 미생물 발효차로서 **목재 향과 미네랄 풍미**가 특징이다. 녹차와 기본적으로 같은 과정을 거쳐 자연적으로 숙성하는 '**보이생차**普洱生茶'와 **악퇴**渥堆라는 속성 발효 과정을 통해 인위적으로 숙성하는 **보이숙차**普洱熟茶는 그 향미가 다르다.

보이생차는 찻빛이 맑고 투명한 황금색이고, 바디감은 가볍고, 향미는 산뜻하면서 녹차에 가깝다. 반면 보이숙차는 찻빛이 진갈색에서 홍갈색을 보이고, 바디감은 대체로 강하고 맛도 진하다. 오래 묵을수록 독특하게 생성되는 '**진향**陳香'을 느끼려는 사람들이 많아 **주로 단품으로 마시는 경우가 많다.** 만약 블렌딩을 고려한다면 보이생차와 보이숙차의 서로 다른 향미 프로파일에 맞춰 재료들을 선정해야 한다.

시장에서의 보이차 블렌딩은 스위트 계열, 시트러스 계열, 베리 및 과일 계열 등과 같은 여러 계열로 선보이고 있다

2) 부재료 - 허브 (Herb)에서 향신료까지

허브의 종류는 수없이 많다. 식물의 잎, 줄기, 뿌리와 같이 부위에 따라 그 향미와 성질이 다를 뿐 아니라 건강 효능도 차이가 있다. 또한 허브는 건조 상태의 향미와 뜨거운 물에 우려냈을 때의 향미가 서로 다른 경우가 많다.

이때 가장 중요한 것은 **뜨거운 물에 우렸을 때의 향미**이다.

티 블렌딩에 나서는 사람들은 허브에 대해서도 신선도, 건조 상태의 향미, 우려냈을 때의 최종 향미 등에 대하여 **끊임없는 테이스팅 실습을 통해 기본적인 향미 프로파일, 마우스필과 같은 특성들을 잘 알고 있어야 한다.**

또한 그러한 재료들을 함께 섞었을 때 **상호 조화를 이루면서 시너지 효과를 내는지, 주재료의 향미를 가리는 허브인지도 파악하고 있어야 한다.**

티 블렌딩에서는 허브를 지나치게 많이 블렌딩하면 **최종적인 맛이 쓰거나 떫어서 불쾌한 향미를 초래할 수도 있다.**

3) 기타 부재료

티 블렌딩에서는 티나 허브 외에도 향미를 더해 주거나 강화하기 위하여 넣는 재료들도 있다. 대표적인 것들로는 건조한 (또는 신선한) 과육, 과일 껍질, 초콜릿, 천연 또는 인공 착향료 (에센스 오일) 등이 있다.

티 블렌딩에 입문하는 사람들이 이와 같은 기타 부재료의 용도를 잘 숙지하고 있으면, 훌륭한 향미의 블렌드를 만드는 데 큰 도움이 된다.

블렌딩에 사용되는 다양한 부재료들

 **칼럼**

※ 허브 사용 주의 사항!

식물성 재료인 허브는 약리적인 성질이 있어 건강에 유익할 수도 있지만, 사람에 따라서 부작용을 보이는 수도 있어 사용이나 복용에 주의해야 한다.

예를 들면, 질환으로 이미 의료기관에서 치료를 받는 사람이거나 임신 또는 수유 중인 임산부들은 특히 허브의 복용에 주의해야 한다.

특히 임신 중에는 기분의 잦은 변화나 몸의 상태 변화로 인해 종종 예민한 상태가 된다. 이러한 상태에서는 허브티를 마실 때 주의가 필요하다. 다음은 임신 중이거나 수유 중에 마셔서는 안 되는 허브를 소개한다. 특히 무카페인 허브라도 임신 중에는 먼저 주치의와 상담하는 것이 안전하다.

＊ 임신 중에 마셔서는 안 되는 허브 : 안젤리카Angelica, 사플라워Safflower, 紅花, 시나몬Cinnamon, 주니퍼베리Juniper Berry, 진저Ginger, 세이지Sage, 타임Thyme, 피버퓨Feverfew, 서양톱풀Yarrow, 리코리스Licorice, 레드 클로버Red Clover, 레몬그라스Lemongrass, 로즈메리Rosemary

＊ 카페인이 든 허브 : 마테Mate

＊ 수유 중에 마셔서는 안 되는 허브 : 리코리스Licorice, 세이지Sage. 특히 세이지는 모유 분비를 억제할 목적으로 사용되는 허브이다.

이외에도 일부 허브들은 독성을 띠거나 체질에 따라 알레르기 반응이 일으키는 경우가 있어 사람마다 복용에 유의해야 한다.

따라서 티 블렌딩에 나서는 사람들은 이러한 약리적인 성질도 잘 이해하고 있어야 한다. 티 블렌딩 전문가가 되려면 수많은 허브에 대한 잠재적인 부작용과 건강 효능에 대해 부단히 공부하고 연구해야 할 필요가 있다.

티 블렌딩의 다양한 부재료

부재료 구분	종류
허브 (Herb) (잎, 줄기 등 지상부)	고투콜라(Gotukola)/귀리(Oats)/김네마(Gimnema)/네틀(Nettle)/단델리온(Dandelion)/라즈베리(Raspberry)/레드 클로버(Red Clover)/레몬 밤(Lemon Balm)/레몬그라스(Lemongrass)/레몬 머틀(Lemon Myrtle)/레몬 버베나(Lemon Verbena)/로즈메리(Rosemary)/루이보스(Rooibos)/린덴(Linden)/마테(Mate)/멀베리(Mulberry)/뮤레인(Mullein)/바질(Basil)/서머 세이버리(Summer Savory)/세이지(Sage)/세인트 존스 워트(St. John's Wort)/스위트 클로버(Sweet Clover)/스테비아(Stevia)/스피어민트(Spearmint)/아이브라이트(Eyebright)/안젤리카(Angelica)/알팔파(Alfalfa)/얘로(Yarrow)/(서양톱풀)/에키네이셔(Echinacea)/예르바 마테(Yerba Mate)/올리브(Olive)/유칼립투스(Eucalyptus)/은행(Gingko)/타임(Thyme)/패션 플라워(Passion Flower)/페퍼민트(Peppermint)/피버퓨(Feverfew)/허니부시(Honeybush)/호스테일(Horsetail)/홀리 바질(Holy Basil)/황금(Skullcap)
과실 (Fruit) (열매, 과피)	귤(Tangerine)/라임(Lime)/라즈베리(Raspberry)/레드커런트(Redcurrant)/레몬(Lemon)/로즈 힙(Rose Hip)/리치(Lychee)/만형자(蔓荊子)/망고(Mango)/멜론(Melon)/밀크 시슬(Milk Thistle)/바나나(Banana)/베르가모트(Bergamot)/복숭아(Peach)/블랙베리(Blackberry)/블랙커런트(Blackcurrant)/블루베리(Blueberry)/사과(Apple)/산딸기(Wild Strawberry)/살구(Apricot)/세리즈(Cerise)/소팔메토(Saw Palmetto)/스트로베리(Strawberry)/시트러스 필(Citrus Peel)/엘더베리(Elderberry)/오렌지 필(Orange Peel)/자몽(Grapefruit)/체리(Cherry)/칼라파테 프루트(Calafate Fruit)/파인애플(Pineapple)/파파야(Papaya)/패션 푸르트(Passion Fruit)/포도(Grape)/호손 베리(Hawthorn Berry)
향신료 (Spice) (잎, 씨, 열매, 껍질, 뿌리)	그레인 아니스(Grain Anise)/스타 아니스(Star Anise)/시나몬(Cinnamon)/아니스 시드(Anise Seed)/주니퍼 베리(Junifer Berries)/진저(Ginger)/카르다몸(Cardamom)/코리앤더 시드(Coriander Seed)/코코아 빈(Cocoa Bean)/클로브(Clove)/페퍼(Pepper)/펜넬(Fennel)
꽃 (Flower) (꽃잎, 꽃받침, 꽃봉오리)	라벤더(Lavender)/레드 클로버(Red Clover)/린덴 플라워(Linden Flower)/릴리(Lilly)/메리골드(Marigold)/모란(Peony)/블루 멜로(Blue Mallow)/사플라워(Safflower)/아마란스(Amaranth)/에리카(heath)/엘더플라워(Elderflower)/오렌지 블러섬(Orange Blossom)/오스만투스(Osmanthus)(계화)/장미(Red Rose, Pink Rose)/재스민(Jasmine)/저먼 캐모마일(German Chamomile)/콘플라워(Cornflower)/허니석클(Honeysuckle)/히비스커스(Hibiscus)

스위트류 (Sweets)	꿀(Honey)/바닐라(Vanilla)/초콜릿(Chocolate)/캐러멜(Caramel)/코코아(Cocoa)/크림(Cream)		
그 밖의 목피·뿌리·땅속줄기·구근류·채소류	감자(Potato)/느릅나무 목피(Slippery Elim)/단델리온(뿌리)/당근(Carrot)/리코리스(Licorice Root)/마시멜로(Marshmallow)/발레리안(Valerian)/안젤리카(Angelica)/와일드 체리(Wild Cherry)(목피)/양파(Onion)/오가피(五加皮)/우엉 뿌리(Burdock Root)/윌로 바크(Willow Bark)/치커리 뿌리(Chicory Root)/호박/화이트 윌로(White Willow)(목피)		
착향료 (Flavoring)	향별 (Scent)	감귤 향(Citric)/과일 향(Fruity)/꽃 향(Flowery)/단 향(Sweet)/매운 향(Spicy)/밀키 향(Milky)/허브 향(Herbal)	
	맛별 (Flavor)	위스키(Whisky), 초콜릿(Chocolate), 캐러멜(Caramel) 등	

☕ 부재료인 허브, 향신료의 건조 방법

허브는 신선한 상태의 허브나 건조 상태의 말린 허브나 모두 블렌딩에 사용할 수 있다. 그러나 일반적으로 신선한 허브는 뜨거운 물에 우리면 건조 상태의 말린 허브보다 향미가 진하게 우러나지 않는다. 따라서 대부분 허브는 적당히 말려 향미 성분의 에센셜 오일을 농축시켜 사용한다. 이는 또한 향후 보관 과정에서 변질의 가능성도 낮춰 준다.

 해외에서 수입한 허브들은 대부분 산지에서 손질과 멸균 과정을 거쳐 건조 상태로 유통되는 경우가 많다. 그런데 직접 허브를 재배하여 자신만의 블렌드를 창조할 경우에는 신선한 허브를 블렌딩에 앞서 건조 과정을 거쳐야 한다.

이렇게 자신이 직접 재배한 허브는 잘 건조하면 오랜 유통 과정을 거쳐 상점에서 판매되는 허브보다 신선도와 품질이 더 우수한 경우가 많다. 또한 오늘날 '탄소 발자국Carbon Footprint'을 줄이려는 친환경적인 트렌드에도 부합할 수 있다.

여기서는 블렌딩에 앞서 허브나 과일 또는 향신료의 건조 및 보관 방법을 소개한다.

🌿 자연 건조 방식

허브는 그늘지고 통풍이 잘되며 약 43도 이하의 장소나 건조한 공기 속에서 말리는 것이 좋다. 자연 건조할 때는 시트를 깐 뒤 그 위에 늘어놓고 필요에 따라 뒤집어 주거나, 종이 봉지에 일정량으로 넣고 매일 흔들어 준다. 또다른 방법으로는 다발로 묶어서 통풍이 잘되는 장소에 매달아 두는 등 다양한 방법을 활용할 수 있다. 그런데 식물체인 허브 (또는 향신료)의 사용 부위에 따라서 효율적으로 건조하기 위해서는 다음과 같이 약간씩 방법을 달리하는 것이 좋다.

1) 큐티클 층이 두꺼운 잎의 허브
식물은 잎과 줄기에 수분의 손실을 막아 주는 외부층으로서 '큐티클Cuticle'이 있다. 그런데 허브 중에는 그 큐티클의 두께가 두꺼운 종류도 있는데, 이러한 허브들은 통풍이 잘되고 시원하며 건조한 장소에 1주~3주 정도 다발로 묶어서 매달아 공기로 건조하는 방식이 좋다.

2) 씨앗을 가진 허브
아니스Anise, 펜넬Fennel, 코리앤더Coriander와 같이 씨앗을 간직한 허브는 종이 봉지에 넣고 건조시킨다. 건조되는 과정에서 씨앗은 떨어져 나가 종이 봉지 아래에 모이면서 분리된다.

3) 잎이 크고 부드러운 허브
페퍼민트나 스피어민트, 파슬리와 같이 잎이 크고 부드러운 허브들은 곰팡이가 생기기 쉽기 때문에 채집한 뒤 빨리 말려야 한다. 따뜻한 실내 온도의 방에서 건조대 위에 시트를 깐 뒤 허브를 놓고 말린다. 이때 창가에 두어 **직사광선을 받지 않도록 한다.** 햇빛은 허브의 색상을 **변색**시키고 **향미를 잃게 만들기 때문이다.** 허브의 잎이 바삭바삭해지면 적당히 건조된 것이다.

🌿 기계를 사용한 건조 방식

허브 건조기로 허브와 과일을 말린 모습

한편, 허브를 일상에서 자연 건조 방식으로 말리는 방법 외에도 건조기나 오븐을 사용해 말릴 수도 있다. **건조기**는 온도와 시간을 조절할 수 있어 미묘한 향미의 허브나 과일, 그리고 단단한 재질의 향신료들도 그 풍미를 제대로 살리면서 건조할 수 있는 장점이 있다.

또 오븐의 경우 가장 낮은 온도로 설정한 뒤 통풍이 잘되도록 문을 열어 둔다.

그리고 허브를 베이킹 시트에 놓고 오븐에 넣은 뒤 고르게 마르도록 수시로 뒤집어 주면서 바삭해질 때까지 건조한다.

1) 허브 건조하기

잘 손질된 신선한 허브를 건조기를 통해 말리는 경우에는 온도를 최대한 낮게 맞춘다. 일반적으로 온도가 낮은 상태에서 말릴수록 **허브의 색상과 향미가 좋고, 영양소의 파괴도 줄어들기 때문**이다. 허브마다 온도나 건조 시간에서 차이가 있지만, 최종적으로 허브의 잎이나 줄기를 손으로 집었을 때 **바삭하면 잘 건조된 것**이다.

2) 과일 건조하기

티 블렌딩에 사용할 과일은 **완전히 익은 것**을 골라 건조해야 최상의 색상과 풍미, 그리고 질감을 살릴 수 있다. 과일을 씻은 뒤 물기를 완전히 제거하여 필요한 경우에는 껍질을 벗긴다. 포도, 자두, 크렌베리, 무화과와 같이 껍질로 덮인 경우에는 칼집을 내서 내부의 수분이 잘 증발할 수 있도록 하거나 절단한다. 그 뒤 건조기에 넣어 적당한 시간과 온도에 말리는데, 건조 조건은 과일에 따라 다르다.

이때 주의해야 할 점은 향미 프로파일이 서로 다른 종류의 과일을 함께 건조하거나 건조 시간이나 온도가 많이 차이가 나는 과일을 동시에 건조기에 넣고 말려서는 안 된다. 예를 들면 시트러스계의 오렌지와 수박 향의 멜론과 같은 경우이다. 물론 같은 향미 프로파일의 레몬이나 라임의 경우는 상관없다. **또한 빨리 건조하기 위하여 온도를 지나치게 높이지 않는 것이 좋다.** 이 경우에는 겉만 건조되고 속은 완전히 건조되지 않아 향후 보관 중에 안에서부터 **곰팡이가** 생길 수 있기 때문이다. 최종적으로 과일이 가죽처럼 유연하고 탄력성이 있으면 적당히 건조된 것이다.

3) 향신료 건조하기

자신이 재배한 향신료를 블렌딩에 사용하는 경우에는 반드시 성숙한 상태인지 확인한 후 채집하여 사용한다. 이물질을 제거하고 동일한 속도로 건조될 수 있도록 같은 크기로 절단한다. 건조기 내의 트레이에 일정한 간격을 두고 배치하여 열의 효율성을 높여 건조시킨다. 향신료에 대한 건조 시간과 온도는 종류에 따라서, 크기에 따라서 달라진다.

건조한 허브, 과일, 향신료의 보관 방법

🌿 건조기에서 허브나 과일, 그리고 향신료를 적당한 온도와 시간을 통해 잘 말렸다면, 이제는 건조된 재료들을 용기에 넣어 잘 보관해야 한다. 이때 건조기에서 문을 열거나 트레이를 절반 정도 꺼내 재료들이 실온으로 식을 때까지 그대로 둔다. 아직 열기가 식지 않은 상태의 재료를 보관 용기에 옮겨 넣으면 결로가 생겨 차후 보관 용기 내에서 곰팡이가 생길 수 있기 때문이다.

🌿 완전히 식힌 건조 상태의 재료들은 각각 밀폐 용기에 넣고 직사광선이 들지 않고 서늘하면서 건조한 장소에 보관한다. 이때 보관 용기의 라벨에는 재료명과 건조 날짜를 기재해 둔다.
이때 각 재료는 가능하면 분쇄하지 않고 통째로 보관한다. 분쇄하면 산소와 접촉하는 표면적이 넓어져 빠르게 산화하거나 휘발성의 에센셜 오일이 빨리 날아가 결과적으로 변색이 빠르고 향미와 효능도 빨리 손실되기 때문이다.

🌿 따라서 허브의 잎이나 씨앗 그리고 향신료는 분쇄하지 않고 통째로 보관하면서 전체적인 품질을 보존하도록 한다. 특히 향신료의 경우에는 통째로 저장하면 최대 1년까지 품질을 유지할 수 있다. 그리고 필요할 때마다 향신료를 꺼내 절구

에 넣어 찧거나 분쇄기로 으깨어 사용하면 풍부하고 신선한 향미를 최종 블렌드에 온전히 불어넣을 수 있다.

블렌딩에서 건조 재료의 주요 향미적 기능

건조된 상태의 티나 허브, 꽃, 과일, 향신료 등은 각기 저마다 전체 블렌드의 향미 프로파일에서 차지하는 주요 기능이 있다. 각 재료들을 무조건 최고 품질로 엄선하여 블렌딩한다고 최상의 풍미를 지닌 블렌드가 창조되는 것이 아니다.
따라서 **각 재료마다** 주요 향미적 기능을 알고 **블렌딩해야** 균형 잡힌 맛과 조화로운 향으로 **최상의 풍미를 창조할 수 있다**.

🌿 티 (Tea)

티 블렌딩에서 베이스인 티는 주요 향미의 기반이다. 즉 티 특유의 향미로 **전체적인 티 블렌드의 특성을 결정한다**. 따라서 최종 블렌드의 목표를 세울 때 중요한 기준이 된다.

🌿 허브 (Herb)

티 블렌딩에서 허브는 특유한 **휘발성 아로마**와 **신선한 풍미의 노트**를 높이는 역할을 한다. 따라서 전체 블렌드인 향미와 노트를 상승시키는 기능이 있다. 이와 함께 **약리적인 건강 효능**도 더해 준다. 민트, 레몬그라스, 세이지 등이 대표적이다.

🌿 꽃 (Flower)

블렌딩에서 꽃은 가볍지만 향미는 강할 수 있다.
그러므로 다른 재료의 향미 프로파일에 맞춰 조심스럽게 사용해야 한다.
로즈 페탈, 라벤더, 캐모마일이 대표적이다.

🍃 과일 (Fruit)

티 블렌딩에서 과일은 특유의 향도 제공하지만, 최종 한 잔의 티로 우려냈을 때는 과일 특유의 맛을 더해 주는 기능이 더 높다. 비타민 등 미네랄 성분과 함께 건강에 좋은 유효 성분도 제공한다. 사과, 베리류, 망고, 파인애플이 대표적이다.

🍃 향신료 (Spice)

티 블렌딩에서 향신료는 특유의 방향성 오일로 매우 풍부하고도 복합적인 향미와 온화하고 따뜻한 마우스필을 제공하는 기능을 한다. 그 밖에도 특유의 건강 효능을 지닌 다양한 유효 성분을 제공한다. 시나몬, 스타 아니스, 클로브, 진저 등이 대표적이다.

☕ 계절과 기분에 어울리는 블렌딩

🍃 티 블렌드는 그 재료와 향미에 따라서 계절과 사람의 기분에 맞는 것이 있다. 예를 들면, 만물이 생성하는 봄, 신록이 넘실거리는 여름, 추위가 다가오는 환절기인 가을, 매서운 추위를 보이는 겨울에 각기 맞는 블렌드가 있는 것이다.

🍃 또한 사람의 희로애락喜怒哀樂에 맞춰서 마음의 상태나 기분을 개선할 수 있는 블렌딩도 가능하다.
　→ 캐모마일이나 레몬 밤은 우울한 마음을 안정시키기에 좋은 허브이다

🍃 티 블렌딩 작업에 나설 때 이처럼 계절과 기분에 맞는 재료나 향미에 대하여 잘 알고 있으면 훌륭한 티 블렌드를 창조하는 데 큰 도움이 된다.

1) 봄/여름

✽ 만물에 생명력이 넘치고 신록이 펼쳐지는 봄과 여름에는 주로 **과일, 꽃, 스위트 블렌드가 잘 어울린다.**

기분이 흥겨울 때 어울리는 **과일 블렌드**Fruity Blends에는 **오렌지, 레몬, 사과, 복숭아, 딸기, 베리류, 베르가모트 등의 과일류와 캐모마일, 레몬 버베나, 민트, 콘플라워, 레몬그라스**와 같은 허브들이 주로 블렌딩된다.

✽ **꽃 블렌드**Floral Blends는 주로 기분이 우울하거나 낭만적일 때 주로 마시면 좋은데, **복숭아, 사과, 배**와 같은 과일과 함께 **라벤더, 콘플라워, 재스민, 로즈 페탈, 로즈 힙, 히비스커스, 콘플라워, 엘더플라워** 같은 허브들이 주로 사용된다.

✽ 또한 사교적이거나 활기가 넘치거나 기분이 밝을 때 잘 어울리는 **스위트 블렌드**Sweet Blends에는 **루이보스, 허니부시, 로즈 힙**과 같은 허브에 달콤한 맛의 꿀과 감미료가 주로 블렌딩 된다.

2) 가을/겨울

✽ 낮보다 밤이 길어지기 시작하는 환절기의 가을과 본격적인 추위를 보이는 겨울에는 주로 **견과류, 향신료**를 사용하는 블렌드들이 잘 어울린다. 혼자 사색하거나 마음이 차분한 상태에 잘 어울리는 **견과류 블렌드**Nutty Blends에는 루이보스와 함께 **너트메그**Nutmeg의 사용이 추천된다.

✽ 그리고 크리스마스 축제 분위기에 잘 어울리는 **향신료 블렌드**Spicy Blends에는 **루이보스**를 비롯하여 **너트메그, 시나몬 스틱, 카르다몸, 아니스, 클로브** (정향), **핑크 페퍼** 같은 재료들도 많이 사용된다.

* 그 밖에도 가을과 겨울에는 **스모키**하거나 **구수**하게 볶은 향미의 블렌드들도 잘 어울린다. 녹차에 볶은 현미를 블렌딩한 **겐마이차**^{Genmaicha, 玄米茶}라든지, 홍차에 소나무를 태워 훈연한 **랍상소총**^{Lapsang Souchong} (**정산소종**)과 같은 플레이버드 티도 훌륭하다.

🍵 최종 블렌드에 따른 물의 선택 방법

🌿 물은 한 잔의 우린 티에서 최종적인 색, 향, 미에 결정적인 영향을 주는 요소이다. 그리고 티의 최종적인 품질도 한 잔의 티로 우린 뒤에 **테이스팅**을 통해 판가름하기 때문에 자신이 창조하려는 블렌드와 잘 어울리는 물의 성질을 알고 있어야 한다.

즉 수질에 따른 전통적인 블렌딩 기법을 발휘하려면 자신이 사용하는 물의 성질을 잘 알고 있어야 한다.

🌿 물은 경도에 따라 크게 **연수 (단물)**와 **경수 (센물)**로 나뉜다.

경도의 기준은 각 나라마다 약간씩 차이가 있지만, 우리나라와 일본의 경우에는 물 1L당 탄산칼슘 ($CaCO_3$)이 몇 mg이 용해되어 있는지에 따라 정해진다.

일반적으로 탄산칼슘의 용존량이

- · 75mg/L 이하이면 연수,
- · 75~150mg/L 이면 아경수,
- · 150~300mg/L 이면 경수,
- · 300mg/L 이상이면 초경수로 분류한다.

🌿 그런데 **티를 우리는** 데는 물의 성질이 **연수**인 것이 더 좋다. 탄산칼슘과 마그네슘 등 미네랄 성분의 함유량이 낮아서 우린 티의 **찻빛이 맑고 투명**하면서 자연 그대로의 향미가 강하게 우러나기 때문이다. 또한 **미네랄 성분이 적게 들어 있어 마우스필의 목 넘김도 부드럽다.**

🌿 따라서 자신이 준비하는 티가 비산화차인 녹차, 산화도가 낮은 그린 우롱차, 자연 산화차인 백차이거나, 또는 이러한 티를 베이스로 꽃, 과일 등을 블렌딩한 플레이버드 티나 허브 향미가 풍부한 허브 블렌드를 창조하려는 경우에는 그러한 향미를 최대한 살릴 수 있다는 측면에서 **연수를 선택하는 것이 바람직하다.**

🌿 우리나라와 일본의 경우에는 지역에 따라서 다르지만 대부분 물의 수질이 연수이다. 특히 **우리나라**에서는 석회 지대인 영월, 단양의 일부 지역을 제외하고는 물이 **대부분이 연수이다.** 시중에 판매되는 우리나라 생수인 '**삼다수** (18.4mg/L)', '**평창수** (61mg/L)', 프랑스의 생수인 '**볼빅**Volvic (62mg/L)'이 대표적이다.

🌿 반면 **경수**는 탄산칼슘이나 마그네슘의 함유량이 많아 **중후한 바디감**이 있고, 티를 우리면 그 미네랄 성분이 찻잎의 타닌 성분과 화합하여 찻빛이 진해지면서 **타닌의 떫은맛은 감소하는 성질이 있다.** 아일랜드, 영국의 잉글랜드 지방은 석회암 지대로서 오래전부터 지역의 경수를 바탕으로 **중후한 바디감**과 함께 **우유**를 넣어 **밀크 티**로 우릴 경우에도 진한 찻빛이 우러나올 수 있도록 강한 바디감의 **인도 아삼 홍차**를 베이스로 **브렉퍼스트 티를 창조**하였다. 따라서 자신이 창조하려는 블렌드가 풀 바디감이 넘치는 홍차 블렌드이거나 우유를 넣어 밀크 티로 우려도 진한 찻빛이 살아나고 떫은맛을 줄여 달콤한 맛을 부각하려면 경수를 사용해야 효과를 발휘할 수 있다.

 경수로는 우리나라 생수인 '닥터유 제주용암수' (200mg/L), 미국의 피지^{Fiji} (60~120mg/L), 프랑스 생수인 '**에비앙**^{Évian} (306mg/L)', '비텔^{Vittel} (768mg/L)', '콘트 렉스^{Contrex} (1500mg/L 이상)' 등이 있다.

이같이 **물의 수질에 따라** 훌륭한 블렌드를 창조하려면 자신이 목표로 삼은 최종 블렌드와 어울리는 **물의 특성을 미리 알고 있어야** 훌륭한 향미를 설계하고 실현 할 수 있다.

🌼 칼럼

나라마다 다른 물의 경도

＊ 경도^{Hardness}는 쉽게 말하면 비누가 물에 잘 풀리지 않는 정도를 말한다. 이 러한 현상은 물속에 용존하는 **Ca^{2+}**, **Mg^{2+}** 등의 이온에 의해 발생하는데, 경도 는 이를 탄산칼슘 ($CaCO_3$) (mg/L)의 함유량으로 표시한 것이다.

이러한 **물의 경도는 각 나라마다, 또 지역마다 다르다.**

삼다수 / 볼빅 / 에비앙
연수 ← 낮다 ― 경도 ― 높다 → 경수

영국의 **잉글랜드, 웨일스,** 그리고 **아일랜드**와 같은 지역이나 **프랑스 해안**의 '백악白堊' 지역은 **석회암층** (탄산칼슘 퇴적층)이 지반을 이루고 있다. 따라서 이 지역의 물은 대부분 경도가 높아 **경수인 경우가 대부분**이다. 그리고 **북미의 미국**도 석회암 지대가 국토의 다수를 차지하고 있어 **물의 수질이 대부분 경수**이다.

＊ 반면 **일본**과 **우리나라**는 일부 지역 (영월, 단양 등)을 제외하고는 **화강암층**이 지반을 이루고 있는 경우가 많아 물에 탄산칼슘의 용존량이 적어 대부분 물이 **연수**이다. 그런데 **중국**은 일본, 우리나라와 달리 물이 **경수인 경우가 많다**. 이러한 배경으로 티의 종주국인 중국에서는 예로부터 티 (녹차 등)를 우리기에 좋은 물을 찾기 위한 노력들이 많았던 것으로 전해지고 있다. 티를 우리기에 좋은 우물로는 서호西湖 인근의 '용정龍井'을 최고로 친다는 전설 등이다.

＊ 이같이 영국, 프랑스 등의 서유럽이나 북미의 미국, 그리고 동양의 한국, 일본, 중국에서는 각기 물의 성질, 즉 경도가 달라서 같은 제품의 티 또는 블렌드라도 최종적으로 한 잔의 티로 우려냈을 때 색, 향, 미가 약간씩 달라지는 것이다. 예를 들면, 물의 수질이 경수인 런던 지방으로 여행하면서 맛있게 먹었던 브렉퍼스트 티를 구입해 물의 수질이 연수인 일본이나 우리나라에서 다시 우려내 마신다면 그 향미가 달라지는 것이다.

티 블렌딩 기본 작업의 순서

티 블렌딩의 기본 재료나 계절과 사람의 기분에 어울리는 재료 등에 관한 사전 지식을 충분히 숙지하고 나면 이제는 본격적으로 티 블렌딩 실습에 나설 차례이다. 가장 먼저 해야 할 일은 깨끗한 작업 환경 속에서 자신이 창조할 블렌딩에 필요한 재료와 도구들을 준비하는 일이다.

1. 올바른 재료의 선정

티 블렌딩의 최종 목표를 선정한 다음에는 그에 맞는 올바른 재료들을 선정해야 한다. 이때 재료를 선정할 때는 각 재료의 질감이나 맛, 향의 프로파일, 그리고 가장 잘 우러나는 최적 온도와 시간을 고려해야 한다. 만약 선정한 재료마다 고유의 향미가 가장 잘 침출되는 온도와 시간에서 크게 차이가 난다면 개별 재료들의 특성을 최종 블렌드에 담을 수 없기 때문이다. 다음의 내용은 올바른 재료를 선정할 때 진행해야 하거나 고려해야 할 사항들이다.

1) 테이스팅을 통한 품질 파악

재료들의 다양한 특성들을 고려하여 재료의 종류를 선정하였다면 가능하면 **품질이 높은 것을 사용**한다. 재료의 품질이 최종 블렌드의 품질에도 큰 영향을 주기 때문이다.

먼저 육안으로 재료의 건조 상태, 이물질의 포함 여부, 변색 여부, 냄새를 파악하여 품질을 판별한다. 그 뒤 재료들을 각기 테이스팅해서 그 맛과 향의 세기, 질감을 파악한다. 이는 **균형과 조화의 원칙에 따라 최종 블렌드의 향미를 창조하는 과정에서 각 재료들의 혼합비를 결정하는 데 도움이 된다.**

2) 재료의 균일성

재료의 종류를 선정하였다면 블렌딩에서 고려해야 할 또 하나의 요소로는 **재료의 균일성**이 있다. 즉 함께 섞을 재료들이 **크기, 무게, 밀도 등이 서로 비슷하거나 일정**해야 한다. 왜냐하면 그러한 요소에 따라 각 재료의 최적 향미가 우러나는 시간, 온도가 달라지기 때문이다. 예를 들면 클래식 블렌드에서 홀 리프Whole Leaf 등급은 홀 리프 등급끼리, 브로큰Broken 등급은 브로큰 등급끼리 배합하는 것이 좋다. 그렇지 않으면 재료마다 침출 시간이나 온도에 차이가 나서 최종 블렌드를 우렸을 때 각 재료의 향미가 동시에 반영되기 어려우니 참고한다.

한편, 블렌딩에 처음 나선 **초보자들은** 많은 재료들의 특성에 대하여 다 숙지하지 못한 상태가 대부분이기 때문에 사용하는 재료의 가짓수를 **최소화하는 것이 좋다**. 예를 들면 처음에는 2종류의 재료만 선정하여 블렌딩을 간소화해 숙달될 때까지 진행하는 것이다. 그런 뒤에 **재료의 가짓수를 늘려가면서 향미의 복합성을 점진적으로 높여 간다**. 즉 블렌드에서 '**향미의 계층**'을 만드는 일이다. **이러한 일에는 오랜 시간과 노력, 그리고 기술 (테크닉)이 필요하다.**

2. 블렌딩 도구 준비

블렌딩에 사용할 올바른 재료들이 선정되었으면, 다음으로는 블렌딩에 사용할 적당한 도구들을 준비해야 한다. 블렌딩의 최종 목표에 따라 필요한 도구들을 준비하는 것이다. 깨끗하고 청결한 작업 환경에서 꼭 필요한 도구만 갖추고 정돈된 상황에서 블렌딩 작업을 진행하는 것이 효율적이다. 이때는 **계량컵, 계량 스푼, 혼합용 볼 (사발)은 필수적이다.**

3. 블렌딩 작업의 포뮬레이션

＊ 재료들이 준비된 뒤에는 적당량으로 혼합용 볼 (사발)에 넣고 고르게 배합한다.

이 작업은 각 재료의 향미가 **전체 블렌드에 균형 있게 반영되도록 하는 매우 중요한 작업**이다. 이때 위생용 장갑을 끼고 손으로 혼합할 수도 있고, 대량 생산의 경우 회전식 실린더형 블렌더를 사용할 수도 있다.

그런데 최종 블렌드의 향미는 매우 복합적이고도 미묘한 경우가 많아서 각 재료들의 무게나 부피 등을 정밀하게 계량하여 배합하는 경우가 많다. 보통 최종 블렌드를 목표로 작성한 레시피의 혼합비에 따라 전자저울과 같은 계량기를 사용하여 블렌딩한다. 이러한 정밀 블렌딩을 **'포뮬레이션**Formulation**'**이라고 한다.

이 포뮬레이션은 영감을 통해 떠올린 최종 목표의 블렌드에 따라 달라지기 때문에 딱히 정해진 공식은 없다. 예를 들면 자신의 목표가 건강 효능의 블렌드인지, 향미가 훌륭한 예술적인 블렌드인지에 따라 포뮬레이션이 달라지기 때문이다. 그러나 이러한 포뮬레이션에도 가장 중요한 것은 **최종 블렌드 향미의 '균형' + '조화' = 즉 '발란스'가 좋아야 한다.** 따라서 재료의 혼합비를 결정할 때도 최종 블렌드 향미의 '균형'과 '조화'를 최우선 조건으로 삼는다.

다양한 재료들을 블렌딩하는 모습과 테이스팅 장면

＊ **티**Tea**를 사용하는 블렌딩**에서는 **주재료인 티의 향미와 부재료인 허브나 향신료의 향미가 균형을 이루도록 하는 것이 관건이다.** 이때 부재료는 주재료의 향미를 가리거나 상쇄시키지 않고 상승효과를 내면서 상호 보완을 이루도록 혼합비를 정해야 한다. 예를 들면, 홍차와 허브 (또는 향신료)들을 블렌딩하여 플레이버드 티를 만들 때 허브 (또는 향신료)는 홍차의 향미를 해치지 않는 선에서 사용하면서 최상의 향미를 내도록 **각 재료들의 혼합비를 찾아내야 한다.**

＊ 또한 주재료와 부재료의 향미가 균형을 이룬 최종 블렌드를 우려냈을 때 향의 측면에서도 **베이스 노트**Base Note, **미들 노트**Middle Note, **톱 노트**Top Note가 **상호 완벽한 조화를 이루도록 해야 한다.** 그러한 블렌드를 창조하기 위해서는 레시피의 기록에서 **재료의 혼합비를 달리하면서 끈기와 노력으로 부단히 실험해야 한다.**

＊ 또한 허브와 허브를 블렌딩할 경우에는 최종 블렌드의 목표에 따라 **주재료인 '베이스 허브**Base Herbs**', 두드러진 특색을 보이는 '스타 허브**Star Herbs**', 향미에 악센트를 줄 '하이라이트 허브**Highlight Herbs**'**를 정해 놓는다. 그리고 레시피에 따라서 **베이스 허브**를 먼저 혼합용 볼 (사발)에 넣은 뒤 스타 허브를 섞고, 다음으로는 향미에 악센트를 주는 하이라이트 허브를 더한 뒤 **'테스트 배치**Test Batch**'**를 일단 만든다. 이때 분량은 테이스팅 기준으로 2~3g 정도면 된다. 보통 동일한 레시피로 3개의 테스트 배치를 만들어 두면 온도와 시간에 따른 **비교 테이스팅이 가능하다.** 그리고 이 배치와 재료의 혼합비를 달리하여 2종류의 테스트 배치를 더 만들어 둔다. **이때 각각의 배치에 사용된 재료의 혼합비는 반드시 기록해 둔다.**

4. 테이스팅 및 혼합비 조절

＊ 테스트 배치를 설탕이나 감미료를 넣지 않은 상태에서 각각 적당한 온도와 시간으로 1회 분량으로 우려낸 뒤 테이스팅을 통해 향미를 감별하고 비교한다. 이

테스트 배치는 여러 재료를 균일하게 혼합한 것이지만, 각 재료마다 약간씩은 우러나는 시간과 온도가 다르다. 따라서 실험을 통해 각 재료의 향미가 최대한 동시에 반영될 수 있도록 적당한 온도와 우리는 시간을 찾아내야 한다. 이를 위해 동일한 레시피의 테스트 배치 3개를 각각 우리는 온도와 시간을 달리하면서 테이스팅을 통해 향미를 비교한다. **이때 재료의 사용량, 우리는 온도, 시간을 기록해 둔다.**

그리고 혼합비를 달리한 2종류의 테스트 배치도 각각 위의 과정에서처럼 온도와 시간을 달리하여 우려내 테이스팅을 통해 향미를 판별하고, 재료의 사용량, 온도와 시간을 기록해 둔다. 이와 같은 테이스팅 작업이 끝나면, 각 테스트 배치의 레시피에서 혼합비를 미세하게 조절해 나간다.

5. 블렌드 향미의 안정화

혼합비의 미세한 조절이 끝난 테스트 배치들은 보관 용기에 넣어서 서로 다른 재료의 향이 **융합되어 안정화될 때까지 기다린다.** 찻잎의 경우 허브나 향신료의 향을 흡수하여 안정화될 때까지는 **적어도 24시간은 걸린다.**

6. 테이스팅 및 최종 블렌드 결정

블렌드의 향미가 안정화된 뒤에는 보관 용기에서 꺼내 적당한 온도의 물에 우려내 향미를 **다시 테이스팅한다.** 그 뒤 자신이 원하는 향미가 나올 때까지 ④~⑥의 **과정을 계속 반복하여 테스트 배치들 중에서 최종 블렌드를 결정한다.**

7. 최종 블렌드의 보관

최종 블렌드를 결정한 뒤에는 햇빛, 열 등의 변질 요인을 차단하는 적당한 용기에 넣고 **건조한 장소에서 보관**한다. **보관 용기로는 틴^{Tin}이나 은박 알루미늄 지퍼 봉투가 많이 사용되고 있다.**

 칼럼

2% 부족한 블렌드 채우는 방법

블렌딩에서 향미를 더욱더 확장하는 데 주로 사용되는 재료로는 **감미료, 과일, 향신료, 착향료** 등이 있다.

1. 감미료 (Sweetness)

최종 블렌드가 완성되고 나면 그 맛을 더욱더 확장하기 위하여 감미료를 넣어 우려내 마실 수 있다. 대표적인 감미료로는 **설탕**이나 **꿀**이 있다. 이는 **음식에 설탕이나 매실액을 적당히 사용하면 그 음식의 맛을 더욱더 살릴 수 있는 것과 같은 원리이다.**

2. 과일 (Fruit)

최종 블렌드에 산뜻하고 상큼한 향미를 더해 주고 싶다면 시트러스계의 과일인 레몬, 라임 등의 조각이나 주스 (또는 농축액)를 첨가하면 된다.

3. 향신료 (Spice)

최종 블렌드에 미묘하거나 깊이 있는 향미를 더해 주고 싶다면, 카르다몸, 진저 (생강), 시나몬, 클로브 (정향)과 같은 향신료를 첨가하면 된다.

4. 착향료 (Essential Oil)

최종 블렌드에 향의 세기를 더 높여 주려면 **과일**과 함께 그 **과일 향의 착향료를** 더해 줄 수도 있다.

✱ 완성된 레시피를 제품으로 계산하는 방법

포뮬레이션을 통해 테스트 패치로 최종 블렌드를 결정한 뒤 좀 더 많은 양의 블렌드를 만들고 싶다면 레시피에 기록된 각 재료의 혼합비를 이용하면 된다.

1) 먼저 만들고 싶은 최종 블렌드의 전체 총량을 정한다.

2) 포뮬레이션을 통해 얻은 각 재료의 혼합비를 확인한다.

3) 그램 수를 백분율로 계산한다.

4) 각 재료의 양이 산출된다.

5) 스토리텔링과 맞는 네이밍을 짓는다.

예시) ✱ 총 그램 수 : 3g (100%)

✱ 목표설계 : 심신의 안정 및 스트레스를 풀고 싶을 때 마시는 허브 블렌딩 티

✱ 주재료 : 캐모마일 0.99g (33%)

✱ 부재료 : 레몬 밤 0.3g (10%)

　　　　　레몬 버베나 0.51g (17%)

　　　　　라벤더 0.3g (10%)

　　　　　페퍼민트 0.9g (30%)

✱ 티 이름 : 데이타임 캄 (Daytime Calm)

→ 테이스팅 후 최상의 발란스 비율을 결정한 뒤 대량으로 다시 만든다.

✱ 총 그램 수 : 100g

✱ 목표설계 : 심신의 안정 및 스트레스를 풀고 싶을 때 마시는 허브 블렌딩 티

✱ 주재료 : 캐모마일 33g (33%)

✱ 부재료 : 레몬 밤 10g (10%)

　　　　　레몬 버베나 17g (17%)

　　　　　라벤더 10g (10%)

　　　　　페퍼민트 30g (30%)

✱ 티 이름 : 데이타임 캄 (Daytime Calm)

셀프 블렌딩 1 : 서로 다른 홍차를 섞어 홍차 블렌드 만들기

＊ 블렌딩의 기본 지식을 충분하게 숙지하였다면 이제는 실전에 나서 볼 차례이다. 시중에는 서로 다른 종류의 홍차들을 블렌딩한 제품들이 많이 판매되고 있다.

예를 들면 **강한 몰티 향과 바디감이 강한 아삼 홍차**에 **산뜻하고 가벼운 향미의 스리랑카 홍차**나 **케냐 홍차**를 **블렌딩**한 것들이다.

이러한 블렌딩으로는 아삼 홍차의 강한 향미를 보다 완화하여 티의 향미를 전체적으로 온화하고 부드럽게 만들어 즐길 수 있는 것이다. 이를 위해서는 **혼합하는 아삼, 스리랑카, 케냐 홍차의 산지에 따른 찻잎의 특성에 대해서 잘 알고 있어야 한다.** 참고로 시중에 판매되는 아삼, 스리랑카, 케냐 홍차도 품질의 균일성을 유지하기 위하여 이미 티 전문가에 의해 블렌딩 과정을 거쳐 판매되는 경우가 많다. 여기서는 서로 다른 세 종류의 홍차를 혼합한 '**홍차 블렌드**Black Tea Blends'를 만드는 과정에 대하여 간단한 예를 들어 원리를 소개한다.

왼쪽부터 아삼 홍차, 스리랑카 홍차, 케냐 홍차

1. 재료 준비

: 아삼 홍차 (3g), 스리랑카 홍차 (3g), 케냐 홍차 (3g)

2. 도구 준비

: 테이스팅 컵, 티볼^{Tea Bowl}, 테이스팅 스푼, 소분 스푼, 소분 접시, 머그잔,
 계량 스푼, 전자 저울 (계량기), 필기구, 기록지 등

3. 티 우리기 (3g + 95℃ + 3분)

아삼, 스리랑카, 케냐 홍차의 건조 찻잎을 각각 테이스팅 컵에 3g씩 담고 +
95℃ 이상의 뜨거운 물을 부어 뚜껑을 덮고 적당한 시간 (3분) 우린 뒤 = 티볼
에 조심히 넣어서 찻물이 나오도록 한다.
이는 블렌딩에 앞서 각 티의 **맛, 향, 수색**의 **품질을 확인하기 위한 작업**이다.

4. 테이스팅 (Tasting)

세 종류의 각 티, 즉 아삼, 스리랑카, 케냐가 풍기는 향을 맡아 보고 맛을 본
뒤에 기록지에 **각각 향미 프로파일, 향의 구조** (톱 노트, 미들 노트, 베이스 노트),
질감, 바디감 등에 관하여 기록한다.

5. 블렌디드 티 만들기

새로운 티볼에 계량 스푼을 사용하여 우려진 세 종류의 찻물을 동일한 양부
터 서로 다른 양으로 혼합하여 블렌디드 티를 실험해 본다.

6. 블렌디드 티의 테이스팅

블렌디드 티를 테이스팅하면서 향미의 프로파일, 구조, 질감, 바디감 등에
관하여 평가하고 기록한다.

7. 실험을 통한 혼합비 결정

원하는 향미가 나올 때까지 실험을 계속 진행한다.

이때 계량 스푼으로 무슨 티의 찻물을 얼마나 넣었는지 반드시 기록해 둔다.

찻물을 계량 스푼으로 추가한 횟수가 곧 혼합비가 되기 때문이다.

8. 건조 찻잎을 혼합비로 준비

원하는 향미가 나왔다면 티볼에 들어간 아삼, 스리랑카, 케냐 홍차의 혼합비를 확인한 뒤 그 혼합비와 동일한 비율로 **건조 찻잎을 준비**한다.

예를 들면 티볼에 계량 스푼으로 아삼, 스리랑카, 케냐 홍차의 찻물을 넣은 부피의 혼합비가 1 : 2 : 1이라면, 각 건조 찻잎의 양 (그램 수)도 동일한 비율인 1 : 2 : 1로 준비한다.

9. 건조 찻잎의 블렌딩과 혼합비의 미세 조정

세 건조 찻잎을 각 혼합비로 섞은 홍차 블렌드를

＊ 적당한 온도 **(홍차는 95℃ 이상의 물) + 3분 우린다**

 = 티볼에 찻물을 부은 뒤 향미를 판별하고 평가한다. (테이스팅)

　향미의 미세한 조정이 더 필요하다면 ⑤~⑨의 과정을 반복한다.

10. 최종 홍차 블렌드 완성

혼합비의 미세 조정을 통해 건조 찻잎을 블렌딩하면 최종 홍차 블렌드 완성!

이와 같은 방법은 홍차뿐만 아니라 녹차, 우롱차, 보이차 등의 다른 티 블렌드에도 활용할 수 있다.

허브 블렌딩의 재료 선정 및 블렌딩 순서

🌿 허브 블렌드Herbal Blend도 물론 앞서 언급한 포뮬레이션 (68쪽 참조)과 이와 같은 절차를 통해 창조할 수 있다. 그런데 허브 블렌드에서는 티와 티를 블렌딩하는 티 블렌드Tea Blend보다 훨씬 더 많은 종류의 허브를 사용할 수 있으므로, 최종 블렌드의 목표를 머릿속으로 염두에 두지 않으면 자칫 길을 잃을 수 있다는 사실을 명심해야 한다.

🌿 즉 허브를 사용한 건강 트렌드의 블렌드인지, 향미를 중시하는 예술적인 블렌드인지에 따라 수많은 허브 중에서 **재료의 선택이 달라진다.**

이러한 재료의 선정과 사용에는 일반인이 언뜻 보기에 원칙이 없는 것 같지만, 티 블렌딩 전문가들은 블렌딩의 목표에 따라서 다양한 허브들을 여러 그룹으로 분류한 뒤 블렌딩한다.

🌿 예를 들면, 재료의 허브들을 **베이스 허브**Base Herbs, **스타 허브**Star Herbs, **하이라이트 허브**Highlight Herbs의 세 그룹으로 분류한 뒤 허브들의 포지션을 정한다.

1. 베이스 허브의 선정

＊ **베이스 허브**Base Herbs는 전체 허브 블렌드에서 차지하는 비중이 **40~60%**로 가장 많은 부분을 차지하는 **주재료**이다.

이 베이스 허브는 전체적인 향미의 특징에서 중립성Neural을 이루면서 목 넘김의 부드러움에 크게 영향을 주는데, 일반적으로 너무 무겁거나, 가볍지 않는 바디감과 부드럽고 산뜻한 향미가 좋다.

＊ 예를 들면 **루이보스, 캐모마일, 페퍼민트, 레몬 밤** 등을 고려할 수 있다.

단 블렌딩의 목표에 따라서 달리 선정할 수 있다.

2. 스타 허브의 선정

✽ **스타 허브**Star Herbs는 허브 블렌드의 전체적인 향미에 두드러진 **특색**을 띠게 하는 허브이다. 바디감이나 향미의 특색이 베이스 허브보다는 더 강하고 하이라이트 허브보다는 약한 중간 특색의 허브이다.

이 스타 허브는 전체 향미의 복합성에서 매우 중요한 역할을 차지한다.

✽ 이러한 스타 허브로는 **민트, 로즈메리, 타임, 세이지**와 같은 것들이 있다.

이 또한 블렌딩의 목표에서 따라 달라질 수 있다.

3. 하이라이트 허브의 선정

✽ **하이라이트 허브**Highlight Herbs는 전체 허브 블렌드의 향미에 **악센트**를 주는 허브이다. 따라서 허브 블렌드에 사용되는 모든 재료들 중에서도 **향미와 특성이 가장 강하다.**

✽ 하이라이트 허브 중 꽃은 **라벤더, 로즈 페탈 등이 있고,** 과일은 시트러스계의 **오렌지 필, 민트 등이 있으며** 향신료는 **진저**와 같은 것들이다.

4. 세 그룹 허브의 블렌딩 순서

✽ 허브 블렌딩에 사용하는 수많은 허브들은 사람들마다 다르겠지만, 실제로 블렌딩할 때 이와 같은 세 그룹을 형성하여 블렌딩하거나 허브들을 **피라미드 계층**을 이루도록 하여 블렌딩한다.

✽ 그리고 절대적인 것은 아니지만, 허브 블렌딩의 순서에도 규칙이 있다. 혼합 볼에 베이스 허브를 넣고 여기에 스타 허브를 넣어 섞은 뒤 최종적으로 하이라이트 허브를 넣는 것이다.

✽ 이와 같은 절차에 따라서 허브들을 혼합하여 테이스팅한 뒤 앞서 셀프 티 블렌딩에서 소개한 것과 동일한 방식으로 최종 허브 블렌드를 창조할 수 있다. (79쪽~81쪽 참조)

셀프 블렌딩 2 : 서로 다른 허브를 섞어 **허브 블렌드** 만들기

1. 재료 준비

허브 블렌딩에 사용할 재료들을 처음에는 가짓수를 적게 하여 선정한다. 이때 자신의 심신 건강 상태를 고려하면 더욱더 좋다. 여기서는 마음이 울적할 때를 가정하여 예시로 들어 본다.

- **베이스 허브** : 캐모마일
- **스타 허브** : 민트
- **하이라이트 허브** : 라벤더

이때 주재료인 베이스 허브의 혼합비를 40~60% 비중으로 하고, 나머지 스타 허브, 하이라이트 허브들은 차후 혼합비의 미세 조정 과정에서 조절하면 된다.

2. 도구 준비

: 테이스팅 컵, 티볼Tea Bowl, 테이스팅 스푼, 소분 스푼, 소분 접시, 머그잔, 계량 스푼, 핀셋, 전자 저울 (계량기), 필기구, 기록지 등

3. 각 재료 우리기 (3g + 95℃ + 3분)

캐모마일, 민트, 라벤더의 건조 허브들을 각각 3g씩 테이스팅 컵에 담고
+ 95℃ 뜨거운 물을 부어 뚜껑을 닫고 3분 동안 우린 뒤
= 테이스팅 컵을 티볼에 넣고 찻물이 흘러 나오도록 한다.
그리고 각 허브마다 맛, 향, 수색을 확인한다.

4. 각 재료의 테이스팅

세 종류의 허브, 즉 **캐모마일, 민트, 라벤더**가 풍기는 각기 향을 맡아 보고 맛을 본 뒤 기록지에 각각 **향미 프로파일, 향의 구조** (베이스 노트, 미들 노트, 톱 노트), **질감, 바디감 등에 관하여 기록한다.**

5. 허브 인퓨전의 혼합

새로운 티볼에 계량 스푼을 사용하여 우려진 세 종류의 허브를 동일한 양부터 서로 다른 양으로 혼합하여 실험해 본다.

6. 허브 인퓨전의 테이스팅

혼합한 허브 인퓨전을 테이스팅하면서 **향미의 프로파일, 구조, 질감, 바디감 등에 관하여 평가하고 기록한다.**

7. 실험을 통한 혼합비 결정

원하는 향미가 나올 때까지 각 허브의 찻물을 계량 스푼으로 떠서 허브 인퓨전이 담긴 티볼에 추가하는 실험을 진행한다. 이때 계량 스푼으로 무슨 허브의 찻물을 얼마나 더 추가하였는지 기록해 둔다. 각 허브의 찻물을 계량 스푼으로 추가한 횟수가 곧 혼합비가 되기 때문이다.

8. 건조 허브 잎을 혼합비로 준비

＊ 테이스팅을 통하여 자신이 좋아하는 최적의 향미가 나왔다면 티볼에 들어간 **캐모마일, 민트, 라벤더의 혼합비를 확인한 뒤 그 혼합비와 동일한 비율로 건조 허브 잎을 준비한다.**

＊ 예를 들면 티볼에 계량 스푼으로

캐모마일, 민트, 라벤더의 인퓨전을 넣은 혼합비가 6 : 3 : 1이라면,

각 건조 허브 잎의 양 (그램 수)도 동일한 비율인 6 : 3 : 1로 마련한다.

9. 건조 허브 잎의 블렌딩과 혼합비의 미세 조정

＊ 세 건조 허브 잎을 섞은 허브 블렌드를 적당한 온도와 시간으로 우려내 테이스팅한 뒤 향미를 판별하고 평가한다. 이때 주의해야 할 점은 허브는 보통 티보다 최적으로 우러나는 온도가 더 높고, 우러나는 시간도 더 길다는 사실을 인식하고 있어야 한다.

즉 각 허브가 침출하는 속도가 달라 최적의 향미로 우러나는 온도와 시간의 분포대가 티와 티를 혼합 경우보다 더 넓기 때문에 여러 차례의 실험을 통해 그 온도와 시간을 찾아낸 뒤 우려낸다. (보통 3분~5분이지만, 5분~8분도 있다)

향미의 미세한 조정이 더 필요하다면 ⑤~⑨의 과정을 반복한다.

10. 최종 허브 블렌드 완성

각 허브의 혼합비를 미세 조정한 뒤 건조 허브 잎을 블렌딩하면 최종 허브 블렌드가 완성된다.

여기서는 허브들만 블렌딩하는 경우를 들었지만, 이 방법은 티를 베이스로 허브, 향신료를 혼합한 플레이버드 티 블렌딩의 경우에도 동일하게 적용할 수 있다.

저자인 홍차언니가 블렌딩한 히비스커스 블루 민트 (왼쪽)와 초콜릿 쿠키 루이보스 (오른쪽)

PART 4

블렌딩의
가향·가미

가향·가미 여부에 따른 세 분류

티 음료는 가향, 가미 여부에 따라서 크게 세 분류로 나눌 수 있다.

'유럽 티 위원회ETC, European Tea Committee'와 '유럽 허브 인퓨전협회EHIA, European Herbal Infusions Association'가 통합하여 탄생한 '티 앤 허브 인퓨전 유럽Tea & Herbal Infusions Association Europe'에서는 유럽연합EU의 식약청과 함께 티 음료를 크게 가향, 가미 여부에 따라 다음과 같이 '티Tea', '플레이버드 티Flavored Tea', '티 (또는 플레이버드 티) + 식품 첨가제'로 나누고 있다.

 ## 티 (Tea)

티는 오직 차나뭇과 동백나무속의 차나무인 카멜리아 시넨시스종Camellia sinensis (L.) O. Kuntze의 찻잎을 따서 가공 과정을 거쳐 만든 것이다. 유럽 식품 규격에서는 찻잎 외에 다른 식물 기원의 재료들은 들어가지 않는다고 정의하고 있다.

티의 범주에는 **녹차**綠茶, Green Tea, **백차**白茶, White Tea, **황차**黃茶, Yellow Tea, **청차**靑茶, Blue Tea/**우롱차**烏龍茶, Oolong Tea, **홍차**紅茶, Black Tea, **흑차**黑茶, Dark Tea/**보이차**普洱茶, Pu-erh Tea의 6종류뿐 아니라 산지가 다른 티들을 서로 혼합한 '**잉글리시 브렉퍼스트**English Breakfast'나 '**이스트 프리시안 티**East Frisian Tea'와 같은 '티 블렌드Tea Blend'도 포함된다.

 **플레이버드 티 (Flavored tea)**

유럽 식품 규격에 따르면, 플레이버드 티^{Flavored Tea}의 정의는 특별한 향미를 내기 위해 **향미성 물질**^{Flavorings}이나 **향미적 특성**이 있는 식품 재료를 첨가한 티이다. 플레이버드 티는 다음과 같은 구성으로 되어 있다.

1) **티 (Tea)** : 플레이버드 티는 **녹차, 백차, 황차, 청차, 홍차, 흑차**와 같이 6대 분류의 싱글 티를 또는 서로 다른 산지나 수확기의 티를 섞은 **티 블렌드를 베이스 티로 사용할 수 있다.** 블렌딩 전문가가 목표로 삼은 최종 블렌드에 따라서 자유롭게 사용할 수 있다.

2) **식품 재료 (허브, 향신료 등)** : 이 식품 재료들은 향미적인 특성을 지닌 것들이다. **허브**나 **향신료**와 같은 방향성 성분이 든 식물의 일부분 (잎, 줄기, 뿌리 등)이나 **감미료** 같은 것들이다.

3) **착향료 (Essential Oil)** : 향미성 물질인 착향료로는 주로 **에센셜 오일** (액체형)이 사용되고 있다.
티에 다른 향미를 추가하여 최종 플레이버드 티를 새로운 향미로 창조하거나 주재료인 티의 향미와 상호 조화를 이루면서 더욱더 북돋워 주는 효과를 내기 위하여 사용된다.

4) **식품 첨가제** : 향신료나 향미를 더하거나 창조하기 위한 식품 외의 첨가제이다. 보통 비타민 C, 비타민 복합체, 각종 미네랄 성분 (물질) 등이다.

 플레이버드 티의 표시법

이러한 플레이버드 티는 식품 규격상 가향하기 위하여 첨가된 재료를 반드시 함께 표기해야 한다. 예를 들어 티에 바닐라^{Vanilla} 향미를 가하기 위하여 향미성 물질이나 착향료를 첨가하였다면 '플레이버드 티 - 바닐라^{Flavored Tea – Vanilla}'로 상품 겉면에 액면상으로 표시해야 한다

그리고 플레이버드 티의 베이스 티에 대한 좀 더 명확한 설명도 덧붙일 수 있다. 예를 들면, 베이스 티에 '**FOP**^{Flowery Orange Pekoe}' 등급의 홍차를 사용하였다면, 홍차의 특성을 좀 더 명확히 설명하기 위하여 '**FOP**'를 표기할 수 있다.

또한 플레이버드 티에서 베이스로 사용된 티가 여러 산지의 찻잎들로 혼합한 **티 블렌드인 경우에는** 그 티 블렌드 중에서도 **향미의 특성을 대표하면서 함유량 의 비율이 절반 이상인 티의 산지명을 단 하나만 표기할 수 있다.** 예를 들면, '**플레 이버드 아삼 티 블렌드-바닐라**^{Flavored Assam Tea Blend – Vanilla}'이다.

이 이름의 뜻은 플레이버드 티에 바닐라를 첨가하여 향을 가하였고, 베이스 티로 사용한 티 블렌드의 특성은 아삼 홍차가 티 블렌드에서 절반 이상의 비중을 차지 하여 주요 향미를 이루고 있다는 뜻이다.

 티 (또는 플레이버드 티) + 식품 첨가제

블렌딩하는 식품 첨가제 (성분)는 '착향료 또는 향미적인 특성을 지닌 재료를 제 외한 다른 식품 재료 (성분)'를 가리킨다. 이러한 식품 첨가제 (성분)로는 '**비타민** ^{Vitamin}', '**미네랄**^{Mineral}', '**쌀**^{Rice}' 등이 있다. 물론 식품 규격에 따라 이러한 정보들 은 상표에 액면상으로 표기되어야 한다.

예로서 '티 플레이버드 바닐라 위드 비타민 A, C, E (Tea Flavoured **Vanilla** with Vitamins A, C, E)'와 같은 제품을 들 수 있다.

이는 **티를 베이스로 바닐라를 첨가해 가향하고 플레이버드 티를 만든 뒤 비타민 A, C, E를 첨가한 제품이라는 뜻이다.**

오늘날에는 전 세계적으로 웰니스의 열풍을 타고 티 음료 시장에서도 건강 기능성이 많이 요구되고 있어 이와 같이 티나 플레이버드 티에 비타민과 같은 각종 미네랄 등 건강 기능성 식품 첨가제 (성분)들이 들어간 제품들도 많이 판매되고 있다.

오늘날 웰니스의 열풍을 타고 사람들의 인기를 끌고 있는 허브티 음료

플레이버드 티의 다양한 가향 방법

티에 향미를 가하는 가향, 가미차인 플레이버드 티는 중국을 비롯하여 일부 동남 아시아에서는 아주 오래전부터 발달해 왔다. 예를 들면 재스민 꽃을 더한 **말리화 차**茉莉花茶 (재스민 녹차), 소나무 향을 배도록 훈연한 **정산소종**正山小種=**랍상소총** Lapsang Souchong (훈연 홍차), **로투스 티**Lotus Tea (연꽃티) 등이다.

서양에서는 얼 그레이를 비롯하여 수많은 플레이버드 티들이 큰 인기를 얻어 많은 사람들로부터 사랑을 받아 왔다. 여기서는 플레이버드 티의 가향 방법에 대하여 간략히 소개한다.

음화 (窨花)

재스민 꽃을 녹차와 함께 뒤섞는 음화 과정

🌿 중국의 고대 역사에서도 등장하는 매우 오래된 가향 방식으로는 '음화窨花'가 있다. 그러한 음화 방식으로 생산된 대표적인 티가 오늘날 '벽담표설碧潭飄雪'로 유명한 '재스민 티Jasmine Tea'이다. **중국에서는 재스민 꽃을 말리화茉莉花라고 부르기 때문에 '말리화차茉莉花茶'라고 한다.**

🌿 음화窨花에서 '음窨'은 중국어로 '저장하다'는 뜻인데, 오늘날에는 '꽃에 향을 더한다'는 의미로 발전하였다. 이 음화의 과정은 가향 차의 종류마다 다르다. 그러나 공통점이 있다면, 찻잎이 냄새 (향)를 잘 흡수하는 성질을 이용하여 **찻잎에 꽃을 섞어서 향을 배도록 하여 만든다는 점이다.**

음화는 오늘날 화차花茶 가공 과정의 가장 기본적인 방법으로 자리를 잡았지만, 그 장인의 기술과 원하는 품질에 따라서 가공 과정도 달라져 매우 복잡한 경우도 있다. 여기서는 말리화차의 가장 널리 알려진 음화 방법을 간략히 소개한다.

🌿 음화 과정

찻잎과 신선한 재스민 꽃을 층층이 교대로 고르게 포개 놓는다. 이를 **'음화평화窨花拼和'**라고 한다. 이때 **신선한 꽃은 아직 개화하지 않은 상태**이다. 시간이 지나면서 재스민 꽃의 강한 향기가 풍기면서 찻잎에 밴다. **저녁이 되면 꽃이 개화하고 향이 소진된다.**

이렇게 향이 날아간 꽃들은 체를 이용하여 **찻잎으로부터 걸어 낸다.**

꽃의 수분이 찻잎에 스며들면서 찻잎의 수분 함량이 8~9% 이상 되면 수분 함량을 줄이기 위하여 열을 가해 **재건조 과정**을 거친다. 이렇게 재건조된 찻잎을 다시 냉각한 뒤 꽃을 교대로 다시 놓아서 두 번째 음화 과정을 거친다. 이러한 음화 과정은 원하는 품질의 향이 나올 때까지 반복한다. 고품질의 말리화차는 최소 7~8회 정도 이러한 음화 과정을 반복해서 생산되기 때문에 재스민 꽃의 향이 많이 사용된다.

훈연 (燻煙, Smoking)

훈연실에서 연기로 찻잎을 훈연하는 정산소종의 가공 과정

나무를 태워 그 연기로 찻잎에 향을 가하는 방법이다.

대표적인 것이 세계 최초의 홍차인 '정산소종正山小種'이다. 서양에서는 '랍상소총 Lapsang Souchong'이라고도 하는데, 소나무나 가문비나무의 장작을 태운 뒤 그 연기로 향을 찻잎에 배도록 하는 것이다. **오늘날에는 전문 훈연실燻煙室 속에서 연기를 통해 대량의 찻잎에 향을 배도록 하는 방법이 사용되고 있다.** 훈연燻煙의 전통적인 방법에 대해서는 220쪽을 참조하길 바란다.

 ## 스티밍 (Steaming)

향이 있는 재료와 함께 가열하여 증기로 찌면서 가향하는 방법이다.

대표적인 것이 '밀키 우롱Milky Oolong'이다. 밀키 우롱은 산화도가 낮은 '그린 우롱티Green Oolong Tea'를 **우유**Milk**와 함께 찌거나** 우유를 가열하여 그 증기에서 나는 우유 향을 **그린 우롱티의 찻잎에 스며들도록 한 뒤 동그랗게 구형으로 말아서 가공한 것이다.** 이때 밀키 우롱은 '스티밍Steaming'이라는 인위적인 가공 과정을 통해 가향된 것으로서 대만의 고산 지대에 서식하는 차나무의 품종이나 테루아적인 요인에 의하여 자연적으로 우유 향이 나는 '금훤金萱'과 같은 우롱차와는 **전혀 다른 것임을 유의하자!**

 ## 착향료의 세 종류

티 블렌딩에 사용되는 티 전용 에센셜 오일

플레이버드 티들은 허브, 과일, 꽃, 향신료 등의 부재료들을 직접 찻잎에 가하거나 앞서 소개한 음화, 훈연, 스티밍을 통해 가향하는 방법 외에도 특히 대량 생산의 경우에 착향료Flavoring를 사용하여 향을 가하는 방법들이 많이 사용되고 있다. 이 착향료에는 크게 '**천연 착향료**Natural Flavoring Oil', '**천연 모방 착향료**Natural Artificial Flavoring Oil', '**인공 착향료**Artificial Flavoring Oil'가 있다.

1) 천연 착향료 (Natural Flavoring Oil)/엑스트랙트 (Extract)

＊ 천연 착향료는 자연계에서 찾아볼 수 있는 '아로마 화합물Aroma Compounds'을 말한다. 자연계의 물질에서 화학적인 기술을 사용하지 않고 효소나 미생물을 가하여 산업적으로 대량으로 추출한다. **일반적으로 식물의 잎이나 과일, 꽃, 뿌리, 기타 부위에서 아로마 화합물을 고농도로 추출한 '**에센셜 오일Essential Oils'**이 대표적이다.**

＊ 천연 에센셜 오일의 추출 방법은 레몬 필과 같이 압착하여 얻는 오일을 얻는 간단한 형태에서부터 바닐라 빈Vanilla Beans을 알코올에 넣어 오일을 추출해 내는 복잡한 형태까지 매우 다양하다.

＊ 이러한 천연 착향료의 향미 프로파일은 **자연계에 존재하는 향미인 만큼 수없이 많다.** 그러나 이러한 향미는 크게 여러 그룹을 나눌 수 있다. **시트릭**Citric, **스파이시**Spicy, **플라워리**Flowery, **베지터블**Vegetable, **스위트**Sweet 등이다.

2) 천연 모방 착향료 (Natural Artificial Flavoring Oil)

＊ **화학자가 화학적인 방법을 동원하여 자연계에 있는 어떤 물질의 방향성 성분과 화학적으로 완전히 동일하게 만든 아로마 화합물이다.**
이러한 착향료는 화학적인 과정을 통해 분리해 내거나 화학 물질로부터 합성해

만들 수 있다.

이 착향료는 천연 착향료보다 훨씬 더 화학적으로 안정적이고 가격도 저렴한 특징이 있어서, 오늘날 플레이버드 티에 많이 사용하고 있다.

* 천연 향미를 화학적으로 동일하게 재현한 천연 모방 착향료의 향미 프로파일은 천연 착향료의 그룹에 포함될 수 있다. 반면에 미국 식품의약국FDA, Food and Drug Administration에서는 천연 모방 착향료를 따로 분류하지 않고 인공 착향료에 포함시키고 있다.

3) 인공 착향료 (Artificial Flavoring Oil)

* 이 인공 착향료는 사람이 화학 물질로부터 합성한 것으로서 **자연계에는 존재하지 않는 인공 아로마 화합물**이다.

화학자들이 분자적인 차원에서 화학적인 기술을 통해 새롭게 창조한 것이다.

이러한 창조물로는 전혀 새로운 향미나 더 진하고 강한 향미를 저렴하게 낼 수 있다. **인공 착향료의 향미 프로파일 그룹은 아몬드, 캐러멜, 초콜릿, 허니, 위스키, 파인애플, 체리, 크림, 럼 등이 있다.**

* 그런데 구분의 경계가 모호한 경우도 있다. 바닐라Vanilla 향미는 바닐라 시드Vanilla Seed에서 추출한 천연 착향료로 낼 수도 있지만, 화학적으로 합성한 바닐린Vanillin을 통해서도 바닐라 향미를 낼 수 있기 때문이다.

그런데 바닐라 시드의 추출 성분은 바닐린이 아니다. 따라서 바닐린은 자연계에 존재하지 않아 인공 착향료의 성분이지만, 그 향미는 천연 바닐라 향미를 재현하여 '천연 모방 착향료'로도 볼 수 있다.

플레이버드 티의 재료 선정 및 블렌딩 순서

허브들을 블렌딩하기 전에 무게를 재는 모습

블렌딩의 기본 작업 과정을 비롯하여 가향·가미의 방법을 이해했다면, 좀 더 나아가 최종 블렌드의 향미에 **복합성**을 더해 주거나 **시각적인 아름다움**을 추가하는 **세련된 기술을** 발휘할 수 있다.

즉 플레이버드 티의 **블렌딩**에 도전하는 것이다. 오늘날에는 시각적인 아름다움도 매우 중요시되는 시대인 만큼 플레이버드 티의 소비는 계속해 증가하는 추세이다. 이 책에서는 예술적인 가치와 상품적인 가치가 높은 **플레이버드 티를 만드는 방법**에 대하여 간략히 소개한다.

1. 주재료 (티)의 선정

플레이버드 티에서는 주재료가 티이다. 따라서 6대 분류의 티 (48쪽 참조)에서 자신이 목표로 삼은 플레이버드 티에 무슨 종류의 티를 사용할지 결정해야 한다.

이때는 그 목표에 따라 마시는 시기가 아침 또는 오후인지 또는 계절과 심적 상태에 맞출 수도 있고, 건강 효능에 맞출 수도 있으며, 향미에 초점을 맞춰 선정할 수도 있다. 일반적으로 주재료인 티의 양은 전체 플레이버드 티에서 40~60% 비중을 추천한다.

2. 부재료의 선정

부재료는 주재료인 티의 향미 프로파일에 따라 신중하게 선정해야 한다.

주재료가 바디감이 가볍고 산뜻하면서 약한 향미인 티의 경우에는 부재료는 강한 향미를 사용해서는 안 된다.

1) 주재료가 바디감이 가벼운 경우

＊ 바디감이 가볍고 향미가 미묘하면서 풍부한 변화를 보이는 **녹차, 백차, 홍차 (다르질링), 그린 우롱차**의 경우에는 진저, 카르다몸, 클로브 (정향)와 같은 재료의 사용은 피하거나 적게 사용하는 것이 좋다.

이러한 향신료의 강한 향은 주재료인 티의 천연적인 향미를 압도하기 때문이다.

＊ 이 경우에는 **로즈 페탈, 라벤더, 캐모마일, 재스민 꽃이나 건조 과일과 같은 가볍고 향긋하면서 부드러운 향미의 부재료를 사용하는 것이 훨씬 더 향의 조화와 맛의 균형을 성취할 수 있다.**

또한 신선한 민트나 시트러스계의 레몬그라스와 같은 허브나 과일을 사용하면 산뜻하고 섬세한 향미를 더욱더 돋보이게 하면서 향미의 복합성을 더해 줄 수 있다. 이처럼 **바디감이 가벼운 티에 중후하고 강한 향미의 향신료를 사용하는 경우에는 티의 천연적인 향미가 가려질 수가 있어 사용에 매우 주의해야 한다.**

2) 주재료가 바디감이 강한 경우

주재료가 바디감이 중후하고 풍부한 홍차라면 (아삼 등) 클로브, 스타 아니스, 아니스 시드 등 강한 풍미의 향신료를 혼합해도 그 티의 천연적인 향미가 견딜 수 있다.

따라서 홍차, 블랙 우롱차, 보이차 (보이숙차)와 같은 바디감이 무거운 티에는 다양한 종류의 향신료들을 혼합해 볼 수 있다. 물론 향신료의 사용량은 전체 플레이버드 티의 향미에 균형과 조화를 이루어야 한다.

3) 주재료에 시각적인 효과를 줄 경우

주재료인 티의 종류에 상관없이 시각적인 아름다움을 더해 주기 위하여 오늘날에는 꽃이 많이 사용된다. 홍차에 푸른 쪽빛의 **콘플라워**^{Cornflower} 또는 분홍색 (또는 진홍색)의 **로즈 페탈**^{Rose Petal}, 녹차에 황금빛의 **메리골드**^{Marigold}나 하얀 **재스민 꽃**^{Jasmine Flower} 또는 보라색의 **라벤더 꽃**^{Lavender Flower}을 적정량으로 함께 넣어 강렬한 색채 대비로 **시각적인 아름다움을 선사할 수 있다.**

주재료인 티에 허브, 향신료 등의 부재료를 블렌딩한 모습

3. 착향료의 선정

＊ 착향료는 플레이버드 티의 종류에 따라 향의 세기를 더해 주거나 새롭고도 미묘한 향을 추가할 때 사용한다.

그런데 에센셜 오일과 같은 착향료는 휘발성이 강하여 전체 플레이버드 티의 향미에서 제일 먼저 인식되는 '**톱 노트**^{Top Note}'를 구성하는 경우가 많다. **톱 노트는 첫인상**에 강한 영향을 주기 때문에 결국 착향료의 선정은 블렌딩에 나선 사람이 이를 즐기는 사람에게 전달하려는 의도, 즉 '스토리 텔링^{Storytelling}'과도 밀접한 관련이 있다. 따라서 착향료의 향미 (프루티, 바닐라, 플로럴, 스파이시 등)는 자신이 창조하려는 **플레이버드 티의 목표를 최우선시하고 선정한다.**

＊ 다음으로는 주재료, 부재료를 혼합한 전체적인 풍미나 분위기를 보고 선정한다. 예를 들면, **봄과 여름**의 꽃, 과일이 풍성한 플레이버드 티나 허브 블렌드는 그러한 향미에 악센트를 주기 위하여 **꽃이나 과일 향미의 천연 착향료나 천연 모방 착향료를 사용한다. 가을, 겨울**의 느낌이 풍기는 플레이버드 티나 허브 블렌드는 주로 마음을 차분히 가라앉히는 데 도움이 되는 **견과류, 스모키 풍미**의 인공 착향료를 많이 사용한다.

4. 각 재료의 블렌딩 순서

＊ 플레이버드 티에서 주재료, 부재료, 착향료를 혼합할 때는 일반적으로 혼합용 볼에 베이스 티를 넣고 착향료를 피펫으로 떨어뜨리거나 스포이트로 뿌려서 고르게 섞어서 흡착시킨 뒤 (코팅), 허브, 과일, 향신료, 꽃의 순서로 블렌딩한다. **착향료의 사용량**은 보통 전체 무게의 약 0.5%~5% 사이이다.

예를 들면 플레이버드 티를 12g으로 사용할 경우 0.06mL(g)~0.6mL(g) 사이가 된다. 이때 착향료의 밀도는 약 1g/mL으로 산정했을 때이다.

셀프 블렌딩 3 : 허브, 과일을 사용한 **플레이버드 티 만들기**

1. 재료 준비

블렌딩에 처음 도전하는 사람들이라면 티 블렌드, 허브 블렌드를 만들 때와 마찬가지로 사용할 재료들의 가짓수를 적게 하는 것이 좋다. 여기서는 플레이버드 티의 블렌딩 과정을 간단한 예시를 통해 간략히 소개한다.

＊ 플레이버드 티 목표 중량 (예시 20g)

· **주재료** : 녹차 (호우지 차)

· **부재료** : 허브 (로즈 페탈 + 로즈 힙) / 과일 (건조 딸기)

· **착향료** : 딸기 향, 바닐라 향

일반적으로 플레이버드 티에서 주재료의 사용량은 경우에 따라 다르지만, **전체 총량에서 약 40~60%를 추천한다.** 블렌딩에 처음 나선 사람들은 주재료인 녹차 (호우지 차)의 양을 플레이버드 티 목표 중량 (20g)의 약 60% (12g)로 정해 놓고, 나머지 부재료인 로즈 페탈과 로즈 힙, 건조 딸기의 양을 달리하여 테스트 패치를 만들어 실험에 나서면 편리하다.

2. 도구 준비

: 테이스팅 컵, 티볼Tea Bowl, 테이스팅 스푼, 소분 스푼, 소분 접시, 머그잔, 계량 스푼, 핀셋, 전자저울 (계량기), 피펫 (또는 스포이트), 필기구, 기록지 등.

3. 각 재료 우리기

주재료인 녹차 (호우지 차)와 부재료 3가지 (로즈 페탈, 로즈 힙, 건조 딸기)를 각각 테이스팅 컵에 모두 **3g**씩 담고 + **95℃ 뜨거운 물**을 부어 = **3분** 동안 우린다.

테이스팅 컵에서 우린 티를 티볼에 넣고 각 재료의 **맛, 향, 수색**을 확인한다.

4. 테이스팅

주재료인 녹차 (호우지 차)와 부재료 3가지 (로즈 페탈, 로즈 힙, 건조 딸기)에서 풍기는 각 **향**을 맡아 보고 **맛**을 본 뒤 **기록지**에 각각 향미 프로파일, 향의 구조 (베이스 노트, 미들 노트, 톱 노트), 질감, 바디감 등에 관하여 기록한다.

5. 우린 찻물과 인퓨전의 혼합 실험을 통한 혼합비 결정

✳ 녹차 (호우지 차) + 로즈 페탈 + 로즈 힙 + 건조 딸기
= 계량 스푼을 사용하여 우린 인퓨전을 티볼에 넣어서 맛을 보며 여러 가지로 혼합해 본다.

✳ 플레이버드 티는 향미를 큰 특징으로 하기 때문에, **톱 노트, 미들 노트, 베이스 노트**를 포함하여 원하는 향미가 나올 때까지 **각 부재료의 인퓨전을 계량 스푼으로 떠서 여러 번 실험해야 한다.**

이때 주재료의 포지션과 여러 부재료의 인퓨전을 계량 스푼으로 양을 달리하면서 추가하고 기록해야 한다. 전체 부피에서 찻물과 각 인퓨전이 차지하는 부피의 비가 곧 혼합비이다.

6. 건조 재료들을 혼합비로 준비

✳ 테이스팅을 통해 자신이 좋아하는 최적의 향미가 나왔다면, 각 재료들의 혼합비를 확인한 뒤 그 혼합비와 동일한 비율로 건조 상태의 주재료와 부재료를 준비한다.

＊ 테이스팅할 수 있는 양을 정한 뒤 (3g) 그 양에 맞춰서 주재료와 부재료의 양을 계산한다.

예시) 테이스팅 컵에 재료들을 소분 접시에 계량해서 **한 번에 하나씩** 넣어 준다.

① 주재료 베이스 티인 녹차 (호우지 차) 1.8g (60%) +

② 부재료 로즈 페탈 0.3g (10%) + 로즈 힙 0.51g (17%) + 건조 딸기 0.3g (10%)를 넣는다.

③ 피펫 (또는 스포이트)으로 딸기와 바닐라 착향료를 0.09g (3%)를 넣은 뒤

 = 테이스팅 뚜껑을 닫은 뒤 잘 섞어 향이 골고루 배도록 코팅한다.

※ **착향료의 사용량**은 보통 전체 무게의 약 0.5%~5% 사이를 추천한다!

7. 티 테이스팅

혼합한 플레이버드 티를 테이스팅하면서 향미의 프로파일, 구조, 질감, 바디감 등에 관하여 평가하고 기록한다.

8. 블렌딩과 혼합비의 미세 조정

주재료와 부재료를 섞은 플레이버드 티를 적당한 온도와 시간으로 우려내 테이스팅한 뒤 향미를 판별하고 기록지에 평가한다. 이때 각 재료의 향미 성분이 최적으로 우러나는 온도와 시간을 실험을 통해 기록하면서 찾아낸다. 향미의 미세한 조정이 더 필요하다면 ⑤~⑧의 과정을 반복한다.

9. 최종 플레이버드 티의 완성

각 재료의 혼합비를 미세하게 조정한 뒤 주재료와 부재료를 블렌딩하면 최종 플레이버드 티가 완성된다.

10. 플레이버드 티 대용량 만들기

예시) **∗ 총 그램 수** : 20g (100%)

∗ 목표 설계 : 달콤한 딸기 향이 느껴지는 플레이버드 그린 티

∗ 주재료 : 녹차 (호우지 차) 12g (60%)

∗ 부재료 : 로즈 페탈 2g (10%)

로즈 힙 3.4g (17%)

건조 딸기 2g (10%)

∗ 에센셜 오일 : 딸기향, 바닐라향 0.6g (3%)

∗ 티 이름 : 스트로베리 호우지 (Strawberry Houji)

녹차에 허브, 과일을 블렌딩한 플레이버드 티

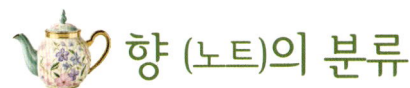 향 (노트)의 분류

🌿 최종 블렌드를 만들고 나면 향미를 테이스팅하고 분석하는 작업에 나설 차례이다. 그런데 향미들은 자연계에 존재하는 향미도 있고, 사람이 인공적으로 창조한 새로운 향미들도 있으며, 또한 한 잔의 티로 우렸을 때 그러한 향미들이 복합적으로 뒤섞여 최종적으로 새로운 향미가 나타나기도 한다.

그러한 향미들은 올팩토리Olfactory를 통해 감각적으로 테이스팅할 때 향미 성분의 휘발성에 따라 순차적으로 느껴지기도 한다.

🌿 **블렌딩에 나선 사람들은 그러한 수없이 많은 향미들을 올팩토리를 통해 판별하고 구분해서 기술할 수 있어야 하는데, 그러한 일은 결코 쉬운 일이 아니다.**

이를 위해서는 **수많은 테이스팅 실습을 통해 감각의 훈련이 요구되고, 아울러 향미 그룹에 대한 지식도 충분히 숙지하고 있어야 한다.** (캐릭터 분석)

휘발성에 따른 향 (노트)의 분류

🌿 최종 블렌드를 우려냈을 때 풍기는 향미는 블렌딩 과정에서 사용한 각 재료들의 향미가 동시에 복합적으로 반영된 것이다. 훌륭한 블렌드는 그러한 재료의 향들이 방향성 성분의 휘발성에 따라서 순차적으로 발현되면서 '감각적인 조화 Sensory Harmony'를 이룬다.

🌿 그러한 향들은 휘발성의 세기에 따라 분류할 수 있는데, 가장 휘발성이 강한 것부터 '**톱 노트**Top Note', '**미들 노트**Middle Note', '**베이스 노트**Base Note'의 세 종류

가 있다. 이때 노트^{Note}는 본래 향수 개발이나 조향 분야에서 사용하는 용어로서 식별이 가능한 두드러진 '향^{Scent}'을 의미한다.

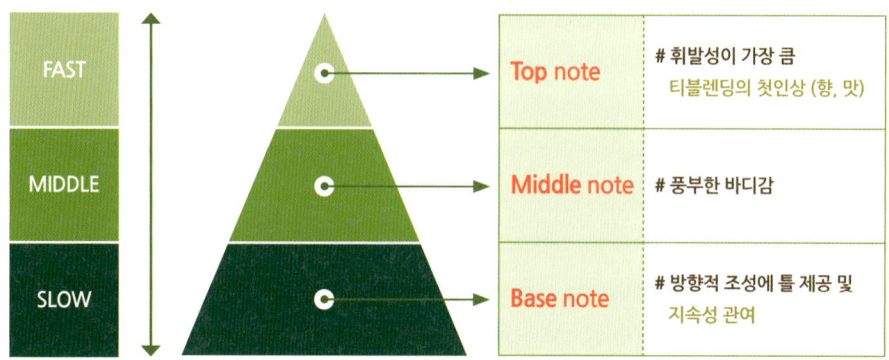

1) 톱 노트 (Top Note)

＊ 최종 블렌드로 한 잔의 티로 우려내 마실 때 휘발성이 가장 강하여 제일 먼저 감지되는 향이다. **'헤드 노트**^{Head Note}'라고도 한다.

주로 우린 찻물의 상층부에서 가장 빠르게 휘발되는 가벼운 분자의 방향성 성분으로 구성되어 있다.

향의 특징은 일반적으로 가볍고 산뜻하면서 상쾌한 향들이다. 향의 그룹에서는 **식물 향**^{Vegetal} 그룹에 속하는 **신선한 풀 향**^{Fresh Grass}, 방향성의 **상쾌하고 시원한 허브 향**^{Aromatic Herbs}, 그리고 **과일 향**^{Fruity} 그룹에 속하는 **시트러스**^{Citrus} 등이다.

＊ 이러한 톱 노트는 티의 향미에서 아주 중요한 역할을 한다. **사람들이 티의 향미를 처음 맛볼 때 첫인상을 강렬하게 주는 요소이기 때문이다.** 그런데 톱 노트는 휘발성이 강하여 빨리 날아가 버려 **지속되는 시간이 가장 짧다.** 따라서 톱 노트를 판별하기 위해서는 티를 우린 즉시 코를 찻잔에 대고 빨리 맡아 보아야 한다.

2) 미들 노트 (Middle Note)

✽ 미들 노트는 한 잔의 티에서 톱 노트가 점차 약해지면서 나타나는 향이다. 최종 블렌드에 사용된 재료들의 향미적인 특성이 한데 뒤섞여 나타나는 **매우 복합적인 향**이다. 향이 시간의 경과와 함께 점차 미묘하게 변화하면서 더욱더 깊어진다.

✽ 이 미들 노트는 톱 노트의 상쾌한 향을 대체하면서 **최종 블렌드의 향에 깊이와 풍부함을 더해 준다.** 전체적인 향에서는 톱 노트보다 지속되는 시간이 길고 몸통을 이룬다고 볼 수 있어 '**바디 노트**Body Note'라고 한다.
향의 그룹에서는 **꽃 향**Floral, **스파이스 향**Spicy의 그룹 등이 있다. 향의 조성에서 마지막 베이스 노트로 이어지기 전에 느낄 수 있는 '**클라이맥스**Climax'의 향인 셈이다.

3) 베이스 노트 (Base Note)

✽ 베이스 노트는 미들 노트가 펼쳐지고 난 뒤에 두드러지게 느낄 수 있는 향이다. 최종 블렌드의 향 성분 중에서도 **가장 무거운 방향성 성분들로 구성되어 있다.** 이러한 성분들은 서서히 발향되면서 지속 시간이 가장 길다.
또한 베이스 노트는 향도 가장 깊어서 '**딥 노트**Deep Note'라고도 한다. 한마디로 최종 블렌드를 한 잔의 티로 우렸을 때 느낄 수 있는 전체적인 향의 조성에서 기반을 이루는 향이다. 향의 그룹에서는 **목재 향**Woody, **동물 향**Animal 그룹의 **가죽**Leather 등이 있다.

✽ 이러한 베이스 노트는 블렌드의 전체적인 향에 지속성을 부여할 뿐 아니라 앞에 발현된 톱 노트, 미들 노트와 함께 조화를 이루면서 전체적인 향을 완성한다. 따라서 최종 블렌드의 향미에 개성과 특징을 결정하는 중요한 요소이다.

# 티 플레이버/아로마 그룹

🌿 티 블렌드 또는 플레이버드 티 등을 창조하는 과정에서는 앞서 소개한 **톱 노트, 미들 노트, 베이스 노트의 프로파일을 분석한 뒤 미세한 조정을 통해 최종적인 향미를 탄생시킨다.**

이를 위해서는 올팩토리를 통해 느낀 뒤 향을 기록하면서 분류해야 한다. 향수 업계의 조향^{調香} 분야나 와인, 티의 식음료 분야에서는 수많은 향들을 몇몇 그룹으로 분류하고 다시 세분해 놓고 활용하고 있다.

🌿 티의 분야에는 '**티 플레이버·아로마 휠**Tea Flavor & Aroma Wheel'이 있다. 일부에서는 간단히 줄여 '**플레이버 휠**Flavor Wheel'이라고도 한다. 그런데 향이라는 것은 눈에 보이지 않기 때문에 플레이버 휠에서는 그 향과 유사한 향을 풍겨서 연상되는 사물 (식물, 동물, 광물)과 대응시켜 놓은 것이 대부분이다.

이러한 향의 분류는 향미의 프로파일을 분석하고 미세한 조정 작업을 진행하는데 큰 도움이 된다.

또한 블렌딩에 처음 입문한 사람들이 원하는 향을 목표로 세우고 블렌딩 작업을 시작할 때부터 적극적으로 활용할 수 있다.

그런데 이러한 향의 분류는 미국, 캐나다의 북미, 유럽, 아시아 등 지역마다 약간씩 차이가 있다. **여기서는 국내의 티 전문 교육기관 (한국티소믈리에연구원)에서 사용하는 플레이버 휠을 기준으로 소개한다.**

TEA SOMMELIER'S FLAVOR WHEEL

FAMILIES OF AROMAS

테이스팅 용어를 정확히 사용하는 방법을 익히려면 그에 앞서 티 향들의 다양한 그룹을 익히는 것이 좋다. 이와 같은 테이스팅 용어들은 그 정의나 이름을 외워서 익히는 것이 아니라 각자의 후각적 능력에 따라 향의 그룹을 체득해야 한다. 티의 향 성분들은 다음의 향 그룹으로 분류할 수 있다.

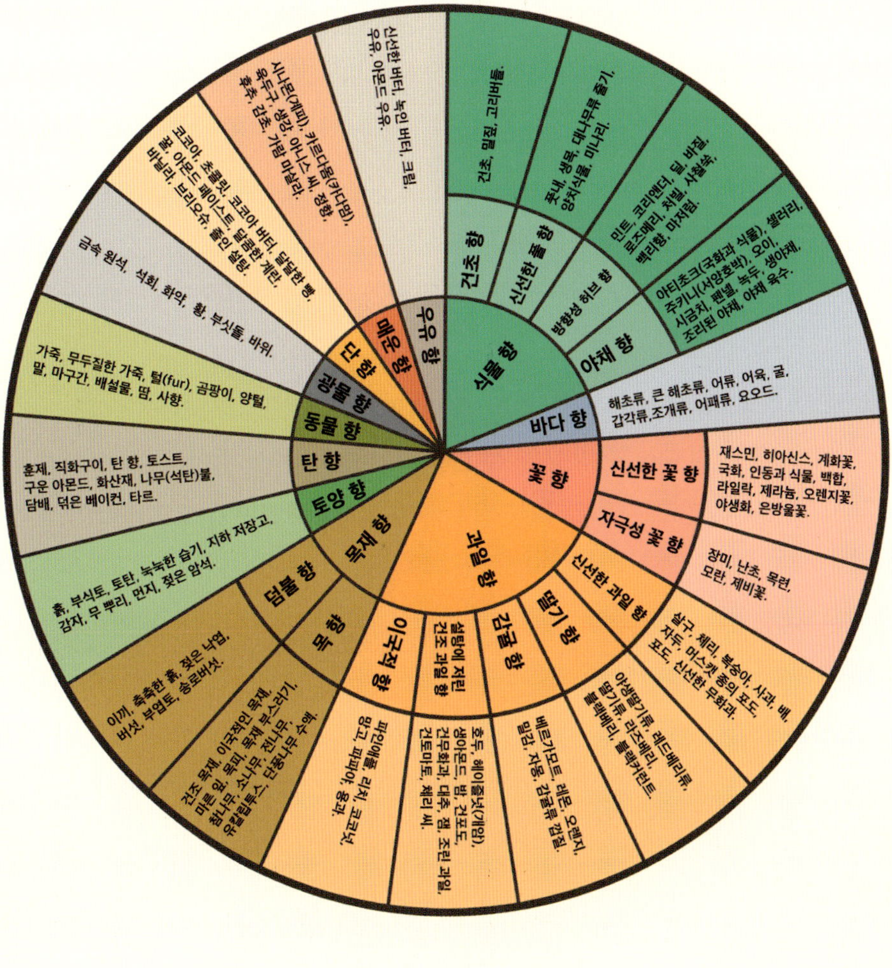

식물 향

- 우유 향 — 신선한 버터, 녹인 버터의 크림. / 우유, 아몬드 우유.
- 건초 향 — 건초, 볏짚, 고사리들.
- 신선한 풀 향 — 풋내 생목, 대나무류 미나리, 양치식물 미나리.
- 방향성 허브 향 — 민트, 코리앤더, 딜, 바질, 로즈메리, 차빌, 사향쑥, 백리향, 마저럼.

아채 향 — 아티초크(국화과 식물) 셀러리, 주키니(서양호박), 오이, 시금치, 펜넬, 녹두 생아채, 조리된 아채, 아채 육수.

바다 향 — 해초류, 큰 해초류, 어류, 어육, 굴, 갑각류, 조개류, 어패류, 요오드.

꽃 향
- 신선한 꽃 향 — 재스민, 히아신스, 계화꽃, 국화, 인동과 식물, 백합, 라일락, 제라늄, 오렌지꽃, 야생화, 은방울꽃.
- 자극성 꽃 향 — 장미, 난초, 목련, 모란, 제비꽃.

과일 향
- 신선한 과일 향 — 살구, 체리, 복숭아, 사과, 배, 자두, 머스캣 종의 포도, 포도, 신선한 무화과.
- 말기 향 — 야생딸기류, 라즈베리류, 딸기류, 까치밥나무류, 블랙베리류.
- 감귤 향 — 베르가모트, 레몬, 오렌지, 임귤, 자몽, 감귤류 껍질.
- 이국적 향 / 건조 과일 향 — 설탕에 저린 건조 과일 향, 건과일 향. / 호두, 헤이즐넛(개암), 생아몬드, 밤, 건조도, 건무화과 대추 말린 과일, 건포도 종, 조린 과일, 건토마토, 체리 씨.

목재 향
- 목 향 — 건조 목재, 이국적인 목재, 마른 잎, 묵미, 묵재 부스러기, 참나무 잎, 소나무, 단풍나무 수액.
- 덤불 향 — 이끼, 축축한 흙, 젖은 낙엽, 버섯, 부엽토, 송로버섯.

토양 향 — 흙, 부싯돌, 토탄, 눅눅한 습기, 지하 저장고, 감자, 무 뿌리, 먼지, 젖은 암석.

탄 향 — 훈제, 직화구이, 탄 향, 토스트, 구운 아몬드, 화산재, 나무(석탄)불, 담배, 덖은 베이컨, 타르.

동물 향 — 가죽, 무두질한 가죽, 털(fur), 곰팡이, 양털, 말, 마구간, 배설물, 땀, 사향.

광물 향 — 금속 원석, 석회, 화약, 향, 부싯돌, 바위.

단 향 — 크림과 초콜릿, 코린트 산 건포도, 꿀, 아몬드 페이스트, 블랑망제, 계란, 바닐라, 브리오슈, 볶은 설탕.

매운 향 — 신나무(계피), 카더더멈(카다멈), 정향, 후추, 생강, 아니스 씨, 회향.

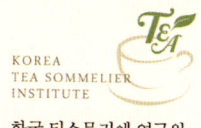

KOREA TEA SOMMELIER INSTITUTE

한국 티소믈리에 연구원

1. 식물 향 (Vegetal)

식물 향Vegetal 그룹은 신선하고 상쾌한 향들이 많이 속해 있어 톱 노트에서 느낄 수 있는 것들이 많다. 6대 분류의 티에서는 **녹차**에서 많이 볼 수 있는 향의 그룹이다. 이 그룹은 다시 다음의 네 중간 그룹으로 분류된다.

1) 건초 향 (Dried Grass)

건초 향의 그룹 내에는 **건초**Hay, **밀짚**Straw, **고리버들**Wicker, **버드나무**Willow 등이 있다.

2) 신선한 풀 향 (Fresh Grass)

이 향 그룹은 신선하고 상쾌하여 **톱 노트**에 발현되는 경우가 많다.
갓 자른 풀 Cut Grass, **생나무**Green Wood, **식물 줄기**Stem, **양치식물**Fern 등이 있다.

3) 방향성 허브 향 (Aromatic Herb)

이 향의 그룹은 휘발성의 방향성 성분을 함유한 경우가 많아 톱 노트에서 자주 느낄 수 있다. **민트**Mint, **코리앤더**Coriander, **딜**Dill, **바질**Basil, **로즈메리**Rosemary, **처빌**Chervil, **타라곤**Tarragon, **타임**Thyme 등이 있다.

4) 야채 향 (Vegetables)

아티초크Artichoke, **셀러리**Celery, **주키니**Zucchini, **오이**Cucumber, **시금치**Spinach, **펜넬**Fennel, **그린 빈**Green Bean, **생야채**Raw Vegetable, **데친 야채**Cooked Vegetable, **야채 육수**Vegetable Cooking Water 등이 있다.

2. 바다 향 (Marine)

이 향의 그룹은 바다의 짠 냄새와 비린내 등이 특징이다. **요오드**Iodine 향이 풍기는 **해초류**Seaweed, **어류**Fish, **어육**Fish Meat, **굴**Oyster, **갑각류**Shellfish, **조개류**Clams 등이 있다. 6대 분류의 티에서는 **태평후괴**太平猴魁와 같은 일부 **녹차**에서 **요오드 향을 경험**할 수 있다.

3. 꽃 향 (Floral)

꽃 향 그룹은 예외도 있지만, 일반적으로 향이 복합적이고 미묘한 변화를 보이는 미들 노트를 이루는 경우가 많다. 6대 분류의 티에서는 **백차, 우롱차** 등에서 경험할 수 있다. 이 그룹은 다시 두 개의 중간 그룹으로 세분된다.

1) 신선한 꽃 향 (Fresh Floral)

이 그룹에는 상쾌하고 향긋한 향미의 꽃들이 속해 있다. **재스민**Jasmine, **히아신스**Hyacinth, **오스만투스**Osmanthus, **허니서클**Honeysuckle, **라일락**Lilac, **제라늄**Geranium, **오렌지 블로섬**Orange Blossom 등이다.

2) 자극성 꽃 향 (Heady Floral)

이 향의 그룹은 문자 그대로 자극성이 강한 꽃 향들이다. **장미**Rose, **난초**Orchid, **모란**Peony, **제비꽃**Violet 등이 있다.

4. 과일 향 (Fruity)

과일 향은 그 종류가 매우 많아 세분되는 중간 그룹의 수가 가장 많다. 또한 그 성분의 휘발성에 따라서 향이 톱 노트, 미들 노트에서 모두 보이는 경우가 있다. 6대 분류의 티에서는 **홍차나 우롱차**에서 경험할 수 있다. 이 그룹은 다음 다섯 개의 중간 분류로 세분된다.

1) 신선한 과일 향 (Fresh Fruit)

이 향의 그룹에는 상큼한 과일 향들이 매우 많이 속해 있다. **사과**Apple, **살구**Apricot, **자두**Plum, **머스캣 포도**Muscat Grape, **포도**Grape, **무화과**Fig, **체리**Cherry 등이 있다.

2) 베리류 향 (Berries)

비교적 단맛이 강한 다양한 베리류의 그룹이다. **레드 베리**Red Berry, **스트로베리**Strawberry, **라즈베리**Raspberry, **블랙베리**Blackberry, **블랙커런트**Blackcurrant 등이 있다.

3) 시트러스 향 (Citrus)

시트러스Citrus가 '감귤속柑橘屬' 과일의 총칭인 만큼, **만다린**Mandarin (감귤), **오렌지**Orange, **레몬**Lemon, **베르가모트**Bergamot**를 비롯하여 그레이프프루트**Grapefruit**가 포함된다.**

4) 건과일, 가당 과일 향 (Dried and Candied Fruit)

이 향의 그룹은 견과류, 건과일 또는 그러한 것들을 설탕에 절인 것들을 포함한다. **호두**Walnut, **헤이즐넛**Hazelnut, **신선한 아몬드**Fresh Almond, **밤**Chestnut, **건포도**Raisin, **말린 무화과**Dried Fig, **말린 토마토**Dried Tomato, **가당 과일**Sweetened Fruit 등이 있다.

5) 이국적 과일 향 (Exotic Fruit)

남방의 이국적인 느낌이 물씬 풍기는 과일 향의 그룹이다. 과일 대부분이 남방인 열대, 아열대 지방이 원산지이다. **파인애플**Pineapple, **리치**Lychee, **코코넛**Coconut, **망고**Mango, **파파야**Papaya 등이 있다.

5. 목재 향 (Woody)

목재 향의 그룹은 향의 성분이 보통 무거운 것들이 많아 휘발성이 낮다. 6대 분류의 티에서는 홍차인 **정산소종**正山小種=**랍상소총**Lapsang Souchong에서 목재인 소나무 향을 느낄 수 있다. 이 그룹은 다음 두 개의 중간 그룹으로 세분된다.

1) 목재 향 (Woody)

목재 향의 그룹에는 **마른 목재**Dried Wood, **열대 남방의 이국적인 목재**Exotic Wood, **마른 낙엽**Dead Leaf, **나무껍질**Bark, **나뭇조각**Wood Chip, **오크**Oak, **소나무**Pine, **유칼립투스**Eucalyptus, **전나무**Fir, **단풍나무 수액**Maple Sap 등이 포함된다.

2) 덤불 향 (Undergrowth)

이 그룹은 주로 숲속 땅 위에 습기 있는 곳의 덤불 향이다. **이끼**Moss, **축축이 젖은 흙**Damp Earth, **젖은 나뭇잎**Wet Leaves, **버섯**Mushroom, **부엽토**Humus, **송로버섯**Truffles 등이 포함된다.

6. 토양 향 (Earthy)

흙과 지하에 관련된 향을 강하게 풍기는 그룹이다. **흙**Earth, **곰팡이**Mold, **젖은 암석**Wet Rock, **토탄**Peat, **눅눅한 습기**Humidity **냄새, 지하 저장고**Cellar, **흙에서 캐낸 감자**Potato, **비트루트**Beetroot, **그리고 먼지**Dust 등이 포함된다. 6대 분류의 티에서는 보이차에서 주로 경험할 수 있다.

7. 탄 향 (Empyreumatic)

이 그룹은 불에 태우면서 생기는 향이다. **훈연**Smoked, **직화**Grilled, **탄화**Burnt, **토스트**Toast, **볶은 아몬드**Roasting Almond, **재**Ash, **장작불**Wood Fire, **담배**Tabacco, **구운 베이컨**Roasting Bacon 등이 있다. 6대 분류의 티에서는 정산소종正山小種=**랍상소총**

Lapsang Souchong과 같은 홍차나 로스팅 과정을 거치는 대만 우롱차에서 경험할 수 있다.

8. 동물 향 (Animal)

이 향의 그룹은 오직 동물에서 유래하는 향들이다. **동물의 가죽**Leather, **무두질한 가죽**Beaten Leather, **모피**Fur, **털**Wool, **마구간**Stable, **배설물**Dung, **땀**Sweat, **사향**Musk 등이 있다.

9. 미네랄 향 (Mineral)

이 그룹은 비금속, 금속을 포함하는 광물 성분이 내는 향이다. 향이 상당히 무거워 가라앉는다. **철광석**Metal Stone, **백악**Chalk, **황**Sulfur, **부싯돌**Flint, **암석질**Rocky 등이 포함된다. 6대 분류의 티에서는 보이차 (흑차), 무이산武夷山에서 생산되는 무이암차武夷岩茶와 같은 우롱차에서 경험할 수 있다.

10. 스위트 향 (Sweet)

이 그룹에는 오늘날 인공 착향료로 만든 향들이 많이 포함되어 있다. **코코아**Cocoa, **초콜릿**Chocolate, **코코아 버터**Cocoa Butter, **허니**Honey, **아몬드 페이스트**Almond Paste, **바닐라**Vanilla, **빵의 일종인 브리오슈**Brioche, **녹인 설탕**Caramelized Sugar 등이다. 6대 분류의 티에서는 백차, 우롱차에서 경험할 수 있다.

11. 스파이스 향 (Spicy)

이 향의 그룹은 열대 지방에서는 아주 흔하게 경험할 수 있다. 향신료의 원산지가 대부분 열대 지방이기 때문이다. **시나몬**Cinnamon, **카르다몸**Cardamom, **너트메그**Nutmeg, **진저**Ginger, **아니스 시드**Anise Seed, **클로브**Clove (정향), **페퍼**Pepper, **리코리스 루트**Licorice Root 등이 있다.

이 그룹은 다양한 향신료들이 들어간 **마살라 차이**^{Masala Chai}에서도 경험할 수 있다.

12. 우유 향 (Milky)

이 향의 그룹은 동물의 젖이나 유제품의 향을 가리킨다. **신선한 버터**^{Fresh Butter}, **녹인 버터**^{Melted Butter}, **크림**^{Cream}, **우유**^{Milk}, **치즈**^{Cheese} 등을 말한다. 6대 분류의 티에서는 **금훤**金萱**과 같은 대만 우롱차**에서 경험할 수 있다.

티 전문가가 향미를 판별하는 티 테이스팅 룸의 모습

🫖 티의 '마우스필 (Mouthfeel)'

🍃 최종 블렌드를 테이스팅하여 위에서 소개한 플레이버 휠을 통해 향미 프로파일을 판별하고 분석한 뒤에는 또 하나의 체크 사항이 있다.

티를 맛보고 마우스필 Mouthfeel**의 구조를 분석하는 일이다.**

이때 '마우스필Mouthfeel'이란 일종의 입안에서 느껴지는 '**텍스처**Texture' 또는 '**구강 촉감**'을 뜻하는데, 식품계에서는 '**식미감**食味感'이라고 한다.

이는 직업적으로는 '티소믈리에'Tea Sommelier'의 전문 분야에 속한다고 할 수 있다.

🍃 하지만 블렌딩에 나서는 사람들도 어느 정도는 부단한 훈련과 실습을 통하여 입안에 티 한 모금을 머금고 마우스필을 분석할 수 있는 능력을 키워야 한다.

자신이 만든 최종 블렌드를 테이스팅하여 향미를 감별하면서 아울러 입안에서 마우스필의 구조도 확인하여 개선한다면 최상의 블렌드를 창조할 수 있을 것이다.

티 전문가인 홍차언니이자 저자가 티의 향기와 마우스필을 분석하는 모습

마우스필의 확인 요소

1) 수렴성 (Astringent)

＊ 찻물을 한 모금 마셨을 때 떫은맛이 나타나거나 입안이 바짝 마르는 듯한 '구강 건조감Mouth-Drying'이 나타나는 텍스처이다.

이러한 수렴성은 특정한 성분이 입안의 점막이나 피부와 접촉하였을 때 느껴지는데, 대표적인 성분이 티와 레드 와인을 비롯하여 감, 포도, 사과 등의 풋과일에 많이 들어 있는 '타닌Tannin' 성분이다.

＊ 이 타닌은 폴리페놀계Polyphenols의 수용성 성분으로서 입안의 침 (타액) 속에 용해되는 과정에서 떫은맛이나 입안이 건조한 듯한 수렴성의 촉감 (질감)을 주는 것이다.

이 수렴성은 티 음료의 맛에서 균형을 조절하는 데 중요한 기능을 한다.

과도한 수렴성은 떫은맛이 강하여 입안에 텁텁함과 불쾌감을 줄 수 있다. 따라서 최종 블렌드의 향미와 조화를 이루도록 조절하는 것이 좋다.

2) 타르트 (Tart)

타르트는 신맛Sour이나 산미酸味, Acidity가 톡 쏘는 듯한 느낌이 들 정도로 두드러지는 느낌이다. 이 특성은 티 음료의 맛에 신선하고 산뜻한 느낌을 더해 준다. 과일 중에서도 레몬, 라임, 청포도, 체리의 산미에서 경험할 수 있다. 이러한 특성도 지나치면 전체적인 맛의 균형을 무너뜨릴 수 있어 적당한 것이 좋다.

3) 팅글링 (Tingling)

팅글링은 입안에서 느껴지는 **약간의 짜릿함 (또는 찌릿함)**을 말한다. 식품 재료에 든 활성 성분이나 기체가 입안에서 화학적인 반응을 일으킬 때 일시적으로 혀나 입안에서 약간 얼얼하거나 짜릿한 (찌릿한) 느낌이 발생한다. **과일에서 생성된 산미가 탄산과 함께 입안에서 짜릿한 (찌릿한) 느낌을 주는 것이 대표적이다.** 이러한 팅글링은 입안의 마우스필을 훨씬 더 풍부하게 만들어 주는 중요한 요소이다.

4) 브리스크 (Brisk)

입안에서 **차가운 상쾌함과 함께 경쾌한 활기가 느껴지는 느낌**이다. 음료에서는 맛과 함께 입안에서의 마우스필을 전체적으로 높여 준다. **과일주스, 탄산음료, 청량음료, 시트러스계의 음료 등에서 주로 경험할 수 있다.**

5) 크리스프 (Crisp)

입안에서 느껴지는 감각 중에서 **신선하면서 산뜻하고 바삭한 느낌을 말한다.** 입안에 경쾌하고 활기찬 느낌을 제공하여 맛과 함께 음식 (음료)의 품질을 높여 주는 요소이다. **음료보다는 빵이나 과일, 채소 등에서 주로 경험할 수 있다.**

6) 델리케이트 (Delicate)

입안에서 느껴지는 부드럽고 섬세한 느낌이다. 음식 (음료)이 입안에 들어가는 순간 부드럽게 녹아들거나 가볍게 스며들면서 느껴지는 부드럽고 산뜻한 감각이다. 음식 재료의 질감이나 조리 방식에 따라서 그 정도가 달라진다. **부드러운 초콜릿이나 크림, 그리고 섬세한 향미의 티에서 주로 느낄 수 있다.**

7) 바디 (Body)

바디감은 입안의 음식 (또는 음료)에서 느껴지는 **두께, 무게감, 텍스처**Texture**의 풍**

부한 정도를 의미한다. 바디감이 높은 음식 (또는 음료)은 **입안에서 풍부하면서 진한 느낌과 함께 입안이 가득 차고 풍성한 느낌을 준다.** 음식 (또는 음료)에서 사용되는 재료의 특성이나 조리 (가공) 방법에 크게 영향을 받는다.

8) 라이트 (Light) 또는 라이트 바디드 (Light-Bodied)

라이트 또는 라이트 바디드는 **입안에서 바디감이 비교적 가볍고 약한 상태를 가리킨다.** 홍차에서는 예외도 있지만, 아삼 홍차보다는 스리랑카 홍차가 일반적으로 바디감이 약하다.

9) 헤비 (Heavy) 또는 헤비 바디드 (Heavy-Bodied)

헤비 또는 헤비 바디드는 **음료가 입안에서 큰 무게감과 더 깊고 집중된 맛, 그리고 풍부한 텍스처로 입안을 가득 채우는 느낌을 말한다.** 음식에서는 크림소스Cream Sauce를 넣은 요리에서, 음료에서는 진한 커피를 마실 때 주로 경험할 수 있다.

10) 풀 바디드 (Full-Bodied)

풀 바디드는 입안에서의 느낌과 텍스처가 풍성할 때 사용하는 용어이다. 주로 와인, 커피, 티 등의 음료에서 **적당한 무게감과 함께 맛과 텍스처가 풍부하여 입안을 가득 채우는 느낌일 때 사용한다.** 풀 바디감의 음료는 그 음료를 마시는 사람들에게 깊은 인상을 남긴다. 참고로 말하면, 헤비 바디드는 풀 바디드보다 더 강한 무게감과 집중된 맛을 보일 때 기술한다. 텍스처가 풍부하다는 면에서는 비슷하지만, 무게감과 맛의 집중도에서 차이가 있다.

11) 라운드 바디드 (Round-Bodied)

음료를 한 모금 마셨을 때 **입안에서 마우스필이 매우 부드럽고 균형이 잡힌 특성을 말한다.** 바디감이 풍부하지만 중간 정도이며, 입안에서의 느낌이 가볍지 않으면서도 **약간 풍성하여 과하지 않은 바디감을 의미한다.**

12) 워밍 (Warming)

입안과 목구멍 주변에서 느껴지는 따뜻한 감각이다. 음식 (음료)의 온도, 특정 재료 (향신료), 재료 성분의 효과로 발생할 수 있다. 따뜻하게 우린 티, 커피를 마실 때나 향신료가 사용된 음식 (음료)을 먹을 때 주로 경험할 수 있다. 일반적으로 음식 (음료)을 먹을 때 편안함과 안정감을 주는 효과가 있다.

13) 덴스 (Dense)

입안에서 음식 (음료)**의 농도가 높고 맛이 집중된 느낌이다.** 농도가 높아 일반적으로 무게감이 있고 점성도가 높아서 **걸쭉한 느낌**이다. 이러한 **높은 농도는 보통 입안에서 풍부한 텍스처와 집중된 맛을 제공한다.** 음식의 경우에는 초콜릿 케이크나 캐러멜 소스에서, 음료의 경우에는 진한 농도의 코코아 음료에서 풍부한 텍스처와 집중된 단맛을 느낄 수 있는 것이 대표적이다.

14) 쿨링 (Cooling)

입안에 음식 (음료)이 들어갈 때 **시원하면서 차가워지는 느낌**이다. 입안의 체온을 낮추는 효과로 신선하고 상쾌한 맛을 떠올리게 한다. **레몬, 라임, 오렌지와 같은 신맛 과일의 차가운 청량음료를 마시거나 민트 향을 맡을 때 경험할 수 있다.**

15) 리프레싱 (Refreshing)

음식 (음료)을 먹을 때 입안에서 느껴지는 **상쾌하고 기분 좋은 느낌이다. 기분을 전환시키고 활기를 불어넣어 주는 효과가 있다.** 주로 티, 과일주스, 허브가 든 음료, 얼음을 넣은 음료에서 주로 경험할 수 있다.

16) 비스커스 (Viscous)

비스커스^{Viscous}는 '**점성**'을 뜻하는데, **마우스필에서는 입안에서 음료의 느낌이 끈적거리거나 유동성이 느린 느낌을 가리킨다.** 음료의 성분이 높은 점도가 있거나 유동성이 느려 입안에 더 오래 남아 있는 특성이 있을 때 경험할 수 있다. **블렌딩에서는 설탕이나 꿀의 양을 더 늘릴 필요가 있을 때 고려해야 할 사항이다.** 즉 점도가 높은 설탕 성분이나 꿀의 성분이 들어가면 티 음료가 입안과 혀 사이에 더 오래 머무르면서 더 풍부한 텍스처를 줄 수 있기 때문이다.

17) 마우스 워터링 (Mouth-Watering)

입안에서 침샘을 자극하여 침이 고이는 느낌이다. 보통 맛과 향이 매혹적인 음식이나 음료를 마실 때 침샘이 자극되어 **입안에 침이 고이면서 촉촉해지는 느낌이다.** 식욕을 자극하고 훌륭한 맛을 느끼도록 하는 중요한 요인 중 하나이다. 식욕을 자극하거나 맛과 향이 아주 훌륭하여 매혹적일 때 사용한다.

18) 스무스 (Smooth)

입안에서 음식이나 음료가 부드럽게 흐르는 느낌이다. **텍스처가 매우 부드러워 입안에서 쉽게 혼합되고 매끄럽게 목구멍으로 넘어가는 상태에 사용한다.** 맛의 일관성을 유지하는 데 관계되는 느낌이다. 부드러운 크림이나 우유와 같은 음료를 마실 때 경험할 수 있다.

19) 코팅 (Coating)

입안에서 음식이나 음료가 점막이나 혀를 **덮거나 감싸는 느낌**이다. 입안에서 달라붙는 접촉감을 높여서 음식이나 음료의 풍미와 텍스처를 더 오랫동안 풍성하게 경험할 수 있도록 한다. 주로 유지나 기름기가 있는 크림, 소스, 기름 등이 첨가될 때 경험할 수 있다.

20) 크리미 (Creamy)

입안에서 음식 (음료)이 부드러운 유지 성분이 든 크림^{Cream}과 같은 텍스처를 가지는 느낌을 말한다. 입술과 혀에 닿을 때 부드럽게 미끄러지듯이 들어가며 입안에서의 촉감을 풍부하게 만들어 준다. 크리미한 맛과 텍스처는 주로 크림, 우유, 버터, 치즈와 같이 유지 성분이 든 음식이나 음료에서 주로 경험할 수 있다.

21) 실키 (Silky)

입안에서 음료의 촉감이 부드러우면서 윤기가 있어 매끄러울 때 사용한다. 입안에서 점성과 유동성을 동시에 표현하는 용어로서 음료의 텍스처 품질을 긍정적으로 평가할 때 고려하는 요소이다.

22) 벨베티 (Velvety)

입안에서 느껴지는 감각이 벨벳처럼 부드러운 텍스처일 때 표현하는 용어이다. 텍스처가 부드럽고 촉촉하면서 입안에서 부드럽게 스며드는 느낌이다. 크리미와 함께 입안에서의 부드럽고 매끄러운 느낌을 표현할 때 사용된다. 크림이나 우유와 같이 부드러운 재료를 넣은 음료를 평가할 때 사용된다.

23) 러프 (Rough)

입안에서 거칠고 불균일한 텍스처가 느껴지는 상태를 말한다. 스무스와 상대되는 개념으로서 품질이 낮은 음료에서 자주 보이는 텍스처이다.

24) 오일리 (Oily)

입안에서 기름기의 느낌이 들 때 사용하는 용어이다. 입안에 들어올 때 매우 부드럽고 윤기가 있으며, 입과 혀에 기름기가 묻는 느낌이 든다. 커피와 같은 음료에서 주로 경험할 수 있다.

25) 티 라이크 (Tea-Like)

입안에서 음료가 가벼운 향과 함께 촉감이 섬세하고 깔끔하면서 산뜻한 느낌이 들 때 사용한다. 주로 커피 업계에서 테이스팅을 통해 마우스필을 파악하고 품질을 평가할 때 자주 사용하는 용어이다. 티의 맛이 일반적으로 산뜻하고 향이 섬세하면서 신선한 특징을 보이는 데서 커피 업계가 차용한 용어이다.

26) 할디 (Hearty)

입안에서 음식이나 음료의 맛이 풍부하고 풍성하여 크게 만족스러울 때 사용한다. 특히 와인 업계에서는 '**풀 바디감**^{Full Bodied}'을 보이는 와인을 묘사할 때 사용한다.

홍차언니가 티를 우린 뒤 테이스팅을 통해 마우스필을 확인하는 모습

PART 5

홍차언니의 **블렌딩**
레시피 테크닉 35

1 Pink Shangrila 핑크 샹그릴라

🌿 Description : 카페인이 없는 과일 티로, 하루 종일 뜨겁거나 차갑게 즐길 수 있는
히비스커스 블렌딩

🌿 Color : ★ 맑고 선명한 이쁜 루비색

🌿 Taste : 은은새콤 망고 복숭아 단맛

🌿 Ingredients :

· **Hibiscus** 히비스커스

· **Rose Hip** 로즈 힙

· **Apple Bits** 건조 사과

· **Pineapple** 건조 파인애플

· **Orange Peel** 오렌지 필

· **Natural Flavors** 착향료 :

(**Peach, Apricot, Passion Fruit**)

* 재료 및 부재료는 아만프리미엄티 제품 사용

124 ·

2 Tropical Paradise 트로피칼 파라다이스

🌿 Description : 구연산의 히비스커스와 비타민 C의 로즈 힙이 만나 피로회복에
좋은 허브 블렌딩

🌿 Color : 선명한 이쁜 루비색

🌿 Taste : 짠맛체리 바나나 단맛

🌿 Ingredients :

· **Hibiscus** 히비스커스

· **Rose Hip** 로즈 힙

· **Blueberry** 건조 블루베리

· **Apple Bits** 건조 사과

· **Banana** 건조 바나나

· **Raspberry Leaf** 라즈베리 잎

· **Blackcurrant Leaf** 블랙커런트 잎

· **Orange Peel** 오렌지 필

· **Marigold** 메리골드

· **Natural Flavors** 착향료 :

  (Banana, Raspberry)

* 재료 및 부재료는 아만프리미엄티 제품 사용

3 Strawberry Hibiscus 스트로베리 히비스커스

🌿 Description : 풍부한 항산화제와 비타민 C가 풍부한 히비스커스 블렌딩

🌿 Color : ★ 맑고 선명한 은은 루비색

🌿 Taste : 믹스베리 딸기단맛 은은로즈

🌿 Ingredients :

· **Hibiscus** 히비스커스

· **Rose Hip** 로즈 힙

· **Assam Loose Leaf** (FTGFOP1)
  아삼 잎차

· **Rose Petals** 로즈 페탈

· **Strawberry Pieces** 건조 스트로베리

· **Raspberry** 라즈베리

· **Cherries** 체리

· **Natural Flavors** 착향료 :
  (**Raspberry, Cherry, Vanilla**)

* 재료 및 부재료는 아만프리미엄티 제품 사용

4 Hibiscus Blue Mint 히비스커스 블루 민트

🌿 Description : 히비스커스가 캐모마일, 라벤더, 민트를 만나 상쾌하게 꿈을 꾸는
듯한 만족감을 선사한다.

🌿 Color : 진하고 붉은 체리색

🌿 Taste : 새콤체리 은은민트 과일단맛

🌿 Ingredients :

- **Hibiscus** 히비스커스
- **Peppermint** 페퍼민트
- **Spearmint** 스피어민트
- **Rooibos** 루이보스
- **Lavender** 라벤더

- **Lemongrass** 레몬그라스
- **Cornflower** 콘플라워
- **Apple Bits** 건조 사과
- **Natural Flavors** 착향료 :

  (**Apple, Lemon, Honey**)

  * 재료 및 부재료는 아맛프리미엄티 제품 사용

5 Hibiscus Apple Pie 히비스커스 애플 파이

🌿 Description : 달콤한 견과류에 사과 향미를 얹어서 애플 파이 디저트가 연상되는 무 카페인 히비스커스 블렌딩

🌿 Color : ★ 맑고 선명한 이쁜 체리색

🌿 Taste : 달콤애플 시나몬 쿠키단맛

🌿 Ingredients :

· **Hibiscus** 히비스커스

· **Rose Hip** 로즈 힙

· **Apple Bits** 건조 사과

· **Cinnamon** 시나몬

· **Rooibos** 루이보스

· **Almonds** 아몬드

· **Cacao Nibs** 카카오 닙스

· **Natural Flavors** 착향료 :
(**Apple, Cinnamon, Vanilla, Peanut**)

* 재료 및 부재료는 아만프리미엄티 제품 사용

128 ·

6 Hibiscus Vitamin Tea 히비스커스 비타민 티

🌿 Description : 감기 독감에 대표적인 엘더플라워와 구연산의 히비스커스가 만나
　　　　　　　　우리의 몸과 마음의 피로를 풀어주는 무카페인 허브블렌딩

🌿 Color : ★ 선명한 체리색

🌿 Taste : 은은새콤 베리 민트단맛

🌿 Ingredients :

· **Hibiscus** 히비스커스

· **Rose Hip** 로즈 힙

· **Rooibos** 루이보스

· **Apple Bits** 건조 사과

· **Vitamin Leaf** 비타민 잎

· **Elderflower** 엘더플라워

· **Lemon Myrtle** 레몬 머틀

· **Nana Mint** 나나 민트

· **Kiwi** 건조 키위

· **Natural Flavors** 착향료 :
　(**Raspberry, Orange**)

* 재료 및 부재료는 아만프리미엄티 제품 사용

7 Jeju Hanrabong Rooibos
제주 한라봉 루이보스

🌿 Description : 하루 중 언제든지 즐길 수 있는 휴식을 위한 완벽한 무카페인 천연 허브티.

🌿 Color : ★ 맑은 주홍색

🌿 Taste : 상큼 오렌지 꿀 단맛

🌿 Ingredients :

- **Rooibos** 루이보스
- **Honeybush** 허니부시
- **Orange Peels** 오렌지 필
- **Apple Bits** 건조 사과

- **Natural Flavors** 착향료 :
  (**Mandarin Orange, Hanrabong, Orange**)

* 재료 및 부재료는 아만프리미엄티 제품 사용

8 Earl Grey Rooibos 얼 그레이 루이보스

🌿 Description : 루이보스와 베르가모트, 오렌지 필의 조화로 무카페인 허브티를
즐겨 본다.

🌿 Color : 진한 다홍색

🌿 Taste : 은은시원 베르가모트 나무단맛

🌿 Ingredients :

· **Rooibos** 루이보스

· **Ceylon Tea** 실론 티

· **Orange Peels** 오렌지 필

· **Cornflower** 콘플라워

· **Natural Flavors** 착향료 :

  (**Bergamot, Lemon, Vanilla**)

* 재료 및 부재료는 아만프리미엄티 제품 사용

9 Lime Sage Rooibos 라임 세이지 루이보스

🌿 Description : 리프레시(Refresh) 또는 기분 전환에 필요한 루이보스 허브 블렌딩

🌿 시트러스 허브의 발란스 잡기 꿀팁 레시피!

🌿 Color : 맑은 주홍색

🌿 Taste : 시원라임 믹스허브 단맛

🌿 Ingredients :

- **Rooibos** 루이보스
- **Lemongrass** 레몬그라스
- **Lemon Myrtle** 레몬 머틀
- **Rosemary** 로즈메리
- **Sage** 세이지
- **Lavender** 라벤더

- **Spearmint** 스피어민트
- **Cornflower** 콘플라워
- **Lemon Peel** 레몬 필
- **Natural Flavors** 착향료 :
  (Lime, Lemon, Honey)

* 재료 및 부재료는 아만프리미엄티 제품 사용

132

10 Lemon Ginger Rooibos 레몬 진저 루이보스

🌿 Description : 알레르기 반응을 억제하고, 화분증, 아토피성 피부염을 가라앉히는
무카페인 허브 블렌딩

🌿 Color : ★ 맑고 선명한 주황색

🌿 Taste : 은은시원 레몬 민트단맛

🌿 Ingredients :

· **Rooibos** 루이보스

· **Lemon Myrtle** 레몬 머틀

· **Rosemary** 로즈메리

· **Lemongrass** 레몬그라스

· **Nana Mint** 나나 민트

· **Lemon Peel** 레몬 필

· **Ginger** 진저

· **Marigold** 메리골드

· **Natural Flavors** 착향료 :

(Lemon, Honey, Ginger)

* 재료 및 부재료는 아만프리미엄티 제품 사용

11 Chocolate Cookies Rooibos
초콜릿 쿠키 루이보스

🌿 Description : 달콤한 티라미수와 초콜릿 디저트를 한 번에 즐길 수 있는 커피
대용의 루이보스 블렌딩 티

🌿 Color : ★ 맑고 선명한 주황색

🌿 Taste : : 카카오 초코 티라미수 단맛

🌿 Ingredients :

· **Rooibos** 루이보스

· **Honeybush** 허니부시

· **Cacao Nibs** 카카오 닙스

· **Sliced Almond** 아몬드 슬라이스

· **Apple Bits** 건조 사과

· **Coffee Bean** 커피 빈

· **Osmanthus Flower** 오스만투스(계화) 꽃

· **Natural Flavors** 착향료 :

(Chocolate, Tiramisu, Caramel)

* 재료 및 부재료는 아만프리미엄티 제품 사용

12 Raspberry Honeybush Pancake
라즈베리 허니부시 팬케이크

- Description : 과즙 풍부한 라즈베리와 사과향이 달콤한 루이보스, 허니부시와 함께 맛있는 아침을 제공한다
- Color : ★ 맑고 선명한 주황색
- Taste : 라즈베리 상큼 사과단맛
- Ingredients :

- **Honeybush** 허니부시
- **Rooibos** 루이보스
- **Marigold** 마리골드
- **Slice Almond** 슬라이스 아몬드
- **Cacao Nibs** 카나오 닙스

- **Apple Bits** 건조 사과
- **Raspberry** 라즈베리
- **Natural Flavors** 착향료 : (Raspberry, Elderberry, Apple)

*재료 및 부재료는 아만프리미엄티 제품 사용

13 Muscat Champagne Darjeeling
머스캣 샴페인 다르질링

🌿 Description : 티의 샴페인으로 불리는 다르질링 홍차를 머스캣 향미로 블렌딩해
    서 핫 또는 아이스로 즐긴다

🌿 Color : ★ 맑고 선명한 황금색

🌿 Taste : 은은 머스캣 사과단맛

🌿 Ingredients :

· **Darjeeling** 다르질링
  (1st, SFTGFOP1)

· **Darjeeling** 다르질링
  (2nd, SFTGFOP1)

· **Lemongrass** 레몬그라스

· **Chamomile** 캐모마일

· **Honeybush** 허니부시

· **Apple Bits** 건조 사과

· **Lemon Myrtle** 레몬 머틀

· **Jasmine Flower** 재스민 꽃

· **Natural Flavors** 착향료 :
  (Shine Muscat, Pear, Apple)

* 재료 및 부재료는 아만프리미엄티 제품 사용

14 Good Morning Yu Ja 굿 모닝 유자

🍃 Description : 비타민 C가 레몬보다 3배나 많아서 노화와 피로를 방지하는 유자
와 항산화제가 풍부한 홍차와의 블렌딩

🍃 Color : 맑고 선명한 주홍색

🍃 Taste : 상큼유자 오렌지 꿀단맛

🍃 Ingredients :

· **Assam**(**TGBOP**) 아삼

· **Rooibos** 루이보스

· **Yu Ja Peel** 유자 필

· **Rose Hip** 로즈 힙

· **Lemongrass** 레몬그라스

· **Marigold Flower** 메리골드 꽃

· **Natural Flavors** 착향료 :

　(**Yu zu, Mandarine Orange, Vanilla**)

* 재료 및 부재료는 아만프리미엄터 제품 사용

15 Black Mocha Latte 블랙 모카 라테

🌿 Description : 커피 대용으로 마실 수 있는 모카 향미의 홍차 블렌딩

🌿 Color : 맑고 선명한 주홍색

🌿 Taste : 카카오 커피 티라미수 단맛

🌿 Ingredients :

· **Assam** (TGBOP) 아삼

· **English Breakfast** 잉글리시 브렉퍼스트

· **Rooibos** 루이보스

· **Osmanthus Flower** 오스만투스(계화) 꽃

· **Coffee Bean** 커피 빈

· **Cacao Nibs** 카카오 닙스

· **Pineapple** 건조 파인애플

· **Banana** 건조 바나나

· **Natural Flavors** 착향료 :

　(**Coffee, Caramel, Tiramisu**)

*재료 및 부재료는 아만프리미엄티 제품 사용

16 Lemon Madeleine Black Tea
레몬 마들렌 블랙 티

🍃 Description : 레몬 마들렌이 느껴지는 부드러운 디저트 홍차 블렌딩

🍃 Color : 맑고 선명한 주황색

🍃 Taste : 캬라멜 레몬 크림단맛

🍃 Ingredients :

- **Darjeeling** (Seeyok 2nd SFTGFOP1)
  다르질링 (시요크 세컨드플러시)
- **Nilgiri** (GFBOP) 닐기리
- **Rooibos** 루이보스
- **Lemon Myrtle** 레몬 머틀
- **Apple Bits** 건조 사과

- **Slice Almond** 슬라이스 아몬드
- **Lemon Peel** 레몬 필
- **Osmanthus Flower** 오스만투스(계화) 꽃
- **Natural Flavors** 착향료 :
  (**Lemon, Caramel, Vanilla**)

* 재료 및 부재료는 아만프리미엄티 제품 사용

17 Black Tea Highball 블랙 티 하이볼

🌿 Description : 스모키한 홍차 블렌디드와 위스키가 만나 하이볼 같은 홍차를 만들어 보자

🌿 Color : 맑고 선명한 주홍색

🌿 Taste : 훈연 시원레몬 나무단맛

🌿 Ingredients :

· **Assam** (FTGFOP1) 아삼

· **Nilgiri** (GFBOP) 닐기리

· **Lapsang Souchong** 랍상소총

· **Lemon Myrtle** 레몬 머틀

· **Rosemary** 로즈메리

· **Rooibos** 루이보스

· **Lavender** 라벤더

· **Natural Flavors** 착향료 :

  (Whisky, Honey, Bergamot)

* 재료 및 부재료는 아만프리미엄티 제품 사용

※ 하이볼 Highball : 위스키나 브랜디에 탄산수나
   물을 타고 얼음을 넣은 칵테일의 일종

18 French Earl Grey 프렌치 얼 그레이

🍃 Description : 골든팁이 무성한 중국 홍차에, 시원한 베르가모트향과 부드러운
바닐라 향이 만난 이색적인 얼 그레이 블렌딩

🍃 Color : 맑고 선명한 주홍색

🍃 Taste : 베르가모트 레몬 크림 단맛

🍃 Ingredients :

· **Keemun** (祁門) 중국 기문

· **Assam** (FTGFOP1) 아삼

· **Cornflower** 콘플라워

· **Lavender** 라벤더

· **Lemon Verbena** 레몬 버베나

· **Natural Flavors** 착향료 :

  (Bergamot, Vanilla, Lemon)

* 재료 및 부재료는 아만프리미엄티 제품 사용

142 ·

19 Apple Cinnamon Black Tea
애플 시나몬 블랙 티

🌿 Description : 사과와 시나몬이 느껴지는 달콤한 디저트 홍차 블렌딩

🌿 Color : ★ 맑고 선명한 주황색

🌿 Taste : 애플 상큼 아카시아꿀 단맛

🌿 Ingredients :

· **Nilgiri** (**GFBOP**) 닐기리

· **Ceylon** 실론

· **Cinnamon** 시나몬

· **Apple Bits** 건조 사과

· **Pink Pepper** 핑크 페퍼

· **Rooibos** 루이보스

· **Honeybush** 허니부시

· **Natural Flavors** 착향료 :

　(**Apple, Caramel**)

* 재료 및 부재료는 아만프리미엄티 제품 사용

20 Seongsu Breakfast 성수의 아침

🍃 Description : 아침에 마시는 잉글리시 브렉퍼스트 티를 사과와 바나나의 달콤함
으로 블렌딩한 스위트한 홍차 블렌딩

🍃 Color : ★ 맑은 주황색

🍃 Taste : 달콤 바나나 바닐라 쿠키 단맛

🍃 Ingredients :

· **Black Tea** 홍차

· **Cranberry** 크랜베리

· **Rooibos** 루이보스

· **Apple Bits** 건조 사과

· **Banana** 바나나

· **Licorice** 감초

· **Nuts** 견과류 (**Almond, Caramel Pieces**)

· **Marigold** 메리골드

· **Natural Flavors** 착향료 :

(**Caramel, Banana, Chocolate**)

* 재료 및 부재료는 아만프리미엄티 제품 사용

21 Lapsang Earl Grey 랍상 얼 그레이

🌿 **Description** : 세계 최초의 홍차인 랍상소총과 얼 그레이의 만남으로 클래식한
　　홍차의 스토리를 만들어 본다

🌿 **Color** : ★ 맑은 주황색

🌿 **Taste** : 은은 훈연 베르가모트 단맛

🌿 **Ingredients** :

· **Ceylon** 실론 티

· **Rooibos** 루이보스

· **Lapsang Souchong** 랍상소총

· **Stevia** 스테비아

· **Lavender** 라벤더

· **Licorice** 리코리스(감초)

· **Natural Flavors** 착향료 :
　(Bergamot)

* 재료 및 부재료는 아만프리미엄티 제품 사용

22 Grapefruit Honey Black Tea
자몽 허니 블랙 티

🌿 Description : 오서독스(Orthodox) 아삼 홍차 찻잎과 오렌지, 자몽의 상큼함이
만나, 이 세상 최고의 홍차 블렌딩을 선물한다.

🌿 Color : 맑고 선명한 주홍색

🌿 Taste : 상큼 아카시아 자몽즙 오렌지단맛

🌿 Ingredients :

· **Assam** (TGBOP) 아삼

· **Rooibos** 루이보스

· **Natural Flavors** 착향료 :

(Grapefruit, Honey, Orange)

* 재료 및 부재료는 아만프리미엄티 제품 사용

23 Vanilla Caramel Chai Tea
바닐라 캐러멜 차이 티

🌿 Description : 홍차와 향신료의 만남인 차이 티를 바닐라와 캐러멜로 달콤하게
즐길 수 있다.

🌿 Color : ★ 맑고 선명한 주황색

🌿 Taste : 바닐라 단감 시나몬 단맛

🌿 Ingredients :

· **Assam CTC** 아삼

· **Clove** 클로브

· **Black Pepper** 블랙 페퍼

· **Pink Pepper** 핑크 페퍼

· **Ginger** 진저

· **Cinnamon** 시나몬

· **Fennel** 펜넬

· **Licorice** 감초

· **Cardamom** 카르다몸

· **Orange Peel** 오렌지 필

· **Natural Flavors** 착향료 :

(**Vanilla, Caramel, Cinnamon**)

* 재료 및 부재료는 아만프리미엄티 제품 사용

24 Jasmine Garden 재스민 가든

🍃 Description : 우아한 벽라춘과 재스민 녹차의 상등품인 벽담표설의 블렌딩으로
꽃의 향연을 즐겨 보자.

🍃 Color : 맑은 연노랑

🍃 Taste : 은은 아카시아꿀 우아한 재스민 단맛

🍃 Ingredients :

- **Bi Luo Chun** 벽라춘(碧螺春)
- **Jasmine Green Tea** 벽담표설(碧潭飄雪)
- **Lemongrass** 레몬그라스
- **Peach** 건조 복숭아
- **Goji Berry** 구기자
- **Nana Mint** 나나 민트

- **Jasmine Flower** 재스민 꽃
- **Osmanthus Flower** 오스만투스(계화) 꽃
- **Prunus mume** 매화꽃
- **Green Rooibos** 그린 루이보스
- **Natural Flavors** 착향료 :
  (Muscat, Jasmine)

* 재료 및 부재료는 아만프리미엄티 제품 사용

25 Dessert Houji Cha 디저트 호우지 차

🌿 Description : 로스팅 녹차인 호우지를 더욱 달콤하게 블렌딩해서 디저트 녹차를 만들어 본다.

🌿 Color : 맑고 선명한 황노랑

🌿 Taste : **구수 초코 바닐라 단맛**

🌿 Ingredients :

· **Houji** 호우지 녹차

· **Rooibos** 루이보스

· **Cacao Nips** 카카오 닙스

· **Licorice** 감초

· **Star Anise** 스타 아니스

· **Marigold** 메리골드

· **Osmanthus Flower** 오스만투스(계화) 꽃

· **Natural Flavors** 착향료 :

   (**Chocolate, Caramel, Tiramisu**)

* 재료 및 부재료는 아만프리미엄티 제품 사용

26 Strawberry Houji 스트로베리 호우지

🌿 Description : 호우지 녹차와 딸기의 만남은 환상적인 조합이다.

🌿 Color : 맑은 황색

🌿 Taste : 달콤딸기 베리 호우지단맛

🌿 Ingredients :

· **Houji** 호우지 녹차

· **Rooibos** 루이보스

· **Pink Pepper** 핑크 페퍼

· **Strawberry** 건조 스트로베리

· **Raspberry** 건조 라즈베리

· **Natural Flavors** 착향료 :

　(Raspberry, Elderberry, Strawberry,

　Vanilla)

＊재료 및 부재료는 아만프리미엄티 제품 사용

150

27 Peach Oolong 피치 우롱

🍃 Description : 구수한 흑우롱과 잘 익은 복숭아, 그리고 메리골드가 어우러져
아름다운 맛의 교향곡이 드러난다.

🍃 Color : 맑은 황색

🍃 Taste : 달콤복숭아 흑우롱 단맛

🍃 Ingredients :

· **Oolong Tea** 우롱차

· **Nilgiri** (GFBOP) 닐기리

· **Peach** 건조 복숭아

· **Marigold** 메리골드

· **Natural Flavors** 착향료 :

(Peach, Passion Fruit)

* 재료 및 부재료는 아만프리미엄티 제품 사용

152

28 Choco Oolong 초코 우롱

🌿 Description : 마음이 포근해지는 스위트 향과 흑우롱의 만남으로 초코 한 잔을
마신다.

🌿 Color : 맑은 호박색

🌿 Taste : 코코아 헤이즐넛 흑우롱 단맛

🌿 Ingredients :

· **Oolong Tea** 우롱차

· **Ceylon** 실론 홍차

· **Rooibos** 루이보스

· **Black Mate** 블랙 마테

· **Chocolate Chip** 초콜릿 칩

· **Cacao** 카카오

· **Coconut** 코코넛

· **Apple Bits** 건조 사과

· **Banana Chip** 바나나 칩

· **Marigold** 메리골드

· **Natural Flavors** 착향료 :

(**Vanilla, Marzipan, Chocolate,
Tiramisu**)

* 재료 및 부재료는 아만프리미엄티 제품 사용

154

29 Eurachacha 으라차차

🌿 Description : 몸을 따뜻하게 해주는 보이차를 마시며 지친 나를 위로해 주는
　　　　　　　시간을 가져 보자.

🌿 Color : 진한 호박색

🌿 Taste : 구수 곡물 바밤바 단맛

🌿 Ingredients :

· **Pu-erh Tea**(普洱熟茶) 보이차(보이숙차)　　· **Pink Pepper** 핑크 페퍼

· **Nigiri(GFBOP)** 닐기리　　　　　　　　· **Licorice** 감초

· **Cinnamon** 시나몬　　　　　　　　　　· **Nana Mint** 나나 민트

· **Solomon's Seal** 둥글레　　　　　　　· **Natural Flavors** 착향료 :

· **Brown Rice**(玄米) 현미　　　　　　　　(**Cinnamon, Sweet Potato**)

재료 및 부재료는 아만프리미엄티 제품 사용

30 Pink Tea Granita 핑크 티 그라니타

🌿 Description : 백모단과 히비스커스 블렌딩으로 레몬과 라임의 상큼함을 느껴 보자.

🌿 Color : 맑고 은은한 핑크색

🌿 Taste : 라임 파인애플 과일 단맛

🌿 Ingredients :

- **Bai Mu Dan**(白牡丹) 백모단(블렌딩용) 백차
- **Hibiscus** 히비스커스
- **Rose Hip** 로즈 힙
- **Rose Petals** 로즈 페탈
- **Lemon Myrtle** 레몬 머틀

- **Pineapple** 건조 파인애플
- **Natural Flavors** 착향료 :
  (**Lemon, Passion Fruit, Lime,**
  Pineapple)

* 재료 및 부재료는 아만프리미엄티 제품 사용

※ 그라니타(Granita)는 라임, 레몬, 그레이프 프루트 등의
과일에 설탕과 와인 또는 샴페인을 넣은 혼합물을 얼린
이탈리아식 얼음 음료를 말한다.

31 Lemon White Tea 레몬 화이트 티

🌱 Description : 몸의 독소 제거와 신진대사 활발 등 효과가 있어 예로부터 '보건차'
로 불리우는 수미와 백모단의 백차 블렌딩

🌱 Color : ★ 맑고 선명한 노랑색

🌱 Taste : 은은 레몬 파인애플 단맛

🌱 Ingredients :

· **Shou Mei**(壽眉) 수미 백차

· **Bai Mu Dan**(白牡丹) 백모단(블렌딩용) 백차

· **Nuwara Eliya**(OP1) 누와라 엘리야

· **Lemongrass** 레몬그라스

· **Lemon Verbena** 레몬 버베나

· **Lemon Myrtle** 레몬 머틀

· **Spearmint** 스피어민트

· **Pineapple** 건조 파인애플

· **Lavender** 라벤더

· **Tea Flower** 차꽃

· **Cornflower** 콘플라워

· **Natural Flavors** 착향료 :
  (Apple, Lemon, Pineapple)

* 재료 및 부재료는 아만프리미엄티 제품 사용

158

32 Chamomile Relaxer 캐모마일 릴렉서

🌿 Description : 지친 하루의 마무리! 캐모마일 블렌딩 티로 맛사지 받는 것처럼
릴렉스를 경험해 본다.

🌿 Color : 맑은 주황색

🌿 Taste : 은은 애플 캐모마일 꿀배 단맛

🌿 Ingredients :

· **Chamomile** 캐모마일

· **Lavender** 라벤더

· **Lemon Balm** 레몬 밤

· **Spearmint** 스피어민트

· **Rooibos** 루이보스

· **Natural Flavors** 착향료 :

　(Apple, Peach)

* 재료 및 부재료는 아만프리미엄티 제품 사용

33 Lychee Chamomile 리치 캐모마일

🌿 Description : 은은한 백차에 리치와 트로피컬 열대 과일이 느껴지는 캐모마일
　　　블렌딩

🌿 Color : ★ 맑고 선명한 체리색

🌿 Taste : 은은 새콤 리치 파인애플 단맛

🌿 Ingredients :

· **Chamomile** 캐모마일

· **Bai Mu Dan**(白牡丹) 백모단(블렌딩용) 백차

· **Hibiscus** 히비스커스

· **Peppermint** 페퍼민트

· **Rose Hip** 로즈 힙

· **Natural Flavors** 착향료 :

　(**Lychee, Tropical, Pineapple**)

＊재료 및 부재료는 아만프리미엄티 제품 사용

34 Bed Time Chamomile 베드 타임 캐모마일

🌿 Description : # 불면증을 위한 캐모마일 블렌딩

　　　　　　　# 캐모마일과 발레리안 루트의 뛰어난 진정작용으로 초조, 긴장,

　　　　　　불안을 완화하는 릴렉스 블렌딩

🌿 Color : ★ 맑고 선명한 주황색

🌿 Taste : 시원민트 애플 캐모마일

🌿 Ingredients :

· **Chamomile** 캐모마일

· **Rooibos** 루이보스

· **Spearmint** 스피어민트

· **Valerian Root** 발레리언 루트

· **Natural Flavors** 착향료 :

　(Lavender, Apple, Lime)

* 재료 및 부재료는 아만프리미엄티 제품 사용

35 Apple Muscat 애플 머스캣

🌿 Description : 여름을 준비하는 다이어트 블렌딩! 자 다 같이 날씬해져요~

🌿 Color : 맑은 황노랑

🌿 Taste : 은은 마테 머스캣 사과단맛

🌿 Ingredients :

- **Green Mate** 그린 마테
- **Lemongrass** 레몬그라스
- **Nana Mint** 나나 민트
- **Rooibos** 루이보스

- **Natural Flavors** 착향료 :
  (Passion Fruit, Orange,
  Green Apple, Muscat)

* 재료 및 부재료는 아만프리미엄티 제품 사용

APPLE MUSCAT

애플 머스캣

Blended Herbal Infusion
Mate, Rooibos, Mint

티백 10개

162

PART 6
세계 각국의 다양한 클래식 블렌드

 클래식 블렌드

티^{Tea}는 오늘날 물 다음으로 많이 마시는 전 세계인들의 음료이다.

각 지역의 수질에 따라서, 척박한 기후에 따른 영양 공급원으로서, 사람들의 식습관 취향에 따라서 다양하게 발달해 온 것이다. 이 책에서는 각 나라마다 고유한 전통과 함께 발달해 온 '**클래식 블렌드**^{Classic Blend}'를 소개한다.

클래식 블렌드^{Classic Blend}는 일반적으로 독특하고 인기 있는 향미 프로파일을 창조하기 위하여 **서로 다른 종류의 찻잎**이나 **재료들을 조합한 블렌드** 중에서도 널리 알려져 유명한 블렌드를 말한다. **일종의 전형적인 조합의 블렌드라고 할 수 있다**.

이러한 클래식 블렌드는 전 세계 각지에서 독특한 문화와 결부되어 다양한 형태로 존재하고 있다. 그중에서도 가장 대표적인 것으로는 **잉글리시 브렉퍼스트** English Breakfast, **얼 그레이**Earl Grey, **재스민 녹차**Jasmine Green Tea, **마살라 차이** Masala Chai 등이 있다.

영국 전통의 클래식 블렌드인 얼 그레이의 건조 찻잎과 우린 모습

 영국 (UK)의 클래식 블렌드

영국^{UK}은 서양의 전통적인 티 문화라고 할 수 있는 **애프터눈 티**^{Afternoon Tea}**의 탄생지**이자, 세계에서도 가장 유명한 '플레이버드 티^{Flavored Tea}'인 얼 그레이^{Earl Grey}가 창조된 곳이다.

영국은 주로 홍차를 중심으로 다양한 블렌드들이 만들어져 소비되고 있는데, 대표적인 것이 아침에 식사와 함께 즐겨 마시는 '**브렉퍼스트 티 블렌드**^{Breakfast Tea Blend}'와 오후에 다양한 별미들과 함께 즐기는 '**애프터눈 티 블렌드**^{Afternoon Tea Blend}'이다. **특히 브렉퍼스트 티 블렌드는 잉글랜드, 스코틀랜드, 아일랜드에서 각기 고유한 식문화와 함께 달리 발전해 왔다.**

브렉퍼스트 티 블렌드 (Breakfast Tea Blends)

영국의 아침 식사 문화에서는 빠질 수 없는 음료가 있다. 바로 **브렉퍼스트 티 블렌드**^{Breakfast Tea Blend}이다. **아침에 일어나 잠기운을 떨치고 활기찬 하루의 일과를 준비하는 데 도움이 되는 티 블렌드이다.**

따라서 **향미의 프로파일은 주로 강하고**^{Strong}, **진한**^{Robust} **것이 일반적이다.**

이러한 향미를 내기 위하여 블렌딩하는 티 (홍차)의 구성은 **잉글랜드, 스코틀랜드, 아일랜드 등 각 지역에서 약간씩 차이가 있다.**

잉글리시 브렉퍼스트 티 (English Breakfast Tea)

'**아침에 마시는 티**'라는 뜻의 '**브렉퍼스트 티**^{Breakfast Tea}'라는 용어는 18세기부터 이미 영국의 티 상인들에 의해 통용되었다고 한다. 그리고 당시 앤 여왕

Queen Anne, 1665~1714이 아침 식사에서 에일Ale 대신에 티Tea를 마시면서 국민도 **아침에 비교적 약한 향미의 티 블렌드를 마시는 풍습**이 있었다고 한다.

그 뒤 19세기의 빅토리아 여왕Queen Victoria, 1819~1901 시대부터는 **매우 강한 풀 바디감의 브렉퍼스트 티 블렌드로 대체된 것**이다.

🌿 그런데 이런 '잉글리시 브렉퍼스트 티'의 기원에 대해서는 여러 설들이 있다. 그중에는 다음과 같은 재미있는 이야기들도 있다.

🌿 **1843년** 영국의 가난한 티 상인이었던 **리처드 데이비스**Richard Davies가 잉글랜드의 헐Hull 지방에서 미국의 뉴욕으로 이주하여 '캔턴 티 컴퍼니Canton Tea Company'를 설립하였다.

이듬해인 **1844년** 리처드는 티 업체의 명성을 쌓기 위하여 고유한 블렌드 개발에 나섰는데, 중국 홍차 중에서도 최고의 품질로 꼽혔던 **기문**祁門, Keemun **홍차**, 즉 당시 공부차工夫茶, Congou Tea로 불렸던 홍차와 **'골든 오렌지 페코**Golden Orange Pekoe' **등급의 홍차**, 그리고 **낮은 산화도의 포종차**包種茶를 함께 블렌딩하여 선보인 것이다.

그리고 이 블렌드를 '**잉글리시 브렉퍼스트**English Breakfast'라고 명명하고, 미국 시장에서 '**영국에서 가장 인기 있는 차**'라고 홍보하면서 판매하였다.

이 티의 수요가 증가하자, 미국의 다른 티 공급업체들이 영국 런던으로 건너가 이 티의 공급처를 찾아 나섰지만, 정작 영국에서는 '잉글리시 브렉퍼스트'의 존재 자체를 모르고 있었다.

그 뒤 1856년 제2차 아편 전쟁이 일어나면서 중국과의 무역이 금수 조치로 인해 중국 티를 구할 수 없게 되자, **중국 기문 홍차 대신에 인도의 아삼 홍차와 실론 홍차를 사용하기 시작하면서 잉글리시 브렉퍼스트는 다시 큰 인기를 얻기 시작하였다.**

🌿 그러던 중 1892년 대영제국의 군주인 **빅토리아 여왕**이 스코틀랜드의 왕족 휴양지인 발모럴성Balmoral Castle에서 지내던 중 그곳에서 판매되던 잉글리시 브렉퍼스트를 경험하고 잉글랜드로 돌아와 즐겨 마시면서 대영제국의 위세와 함께 소비가 크게 확산하였다는 것이다.

그 뒤 접두어 '**잉글리시**English'가 티 이름에 고착되어 오늘날 전 세계에 '잉글리시 브렉퍼스트 티'로 알려졌다는 이야기이다.

🌿 또 다른 설은 **1892년 스코틀랜드**의 티 마스터Tea Master였던 **로버트 드라이즈데일**Robert Drysdale**에 의해 개발되었다는 이야기이다.**

빅토리아 여왕이 당시 스코틀랜드에 휴양을 왔다가 그 맛을 보고 감격한 나머지 이 블렌드를 잉글랜드의 왕실로 가져가 마시면서 그 홍보 효과로 오늘날의 '**잉글리시 브렉퍼스트**'라는 이름이 붙었다는 것이다.

🌿 그 기원이 무엇이든지 간에 **점차 영국의 일반적인 가정에서 아침 식사와 함께 곁들여 마시기 위하여 고안되고 클래식 블렌드로 발전하여,** 잉글리시 브렉퍼스트는 오늘날 전 세계 곳곳의 티 브랜드 업체들에 의해 매우 다양한 티들로 배합되어 생산되고 있다.

🌿 아침 식사에 곁들이는 브렉퍼스트 티인 만큼 블렌딩에는 **아침에 활기를 불어 넣어 줄 정도로 강하고 진한 향미 프로파일의 홍차들을 사용한다.**

기본적으로 **몰티**Malty **향이 강하고 바디감이 풍부한 아삼**Assam **홍차를 베이스로 실론**Ceylon **홍차를 더하거나 더 나아가 아프리카의 케냐**Kenya **홍차까지 더하는 등 세계 각국의 브랜드 업체마다 매우 독특하게 블렌딩하고 있다.**

🌿 특히 **미국에서는** 잉글리시 브렉퍼스트 티에 바디감이 풍부한 **중국의 기문**祁門,

Keemun 홍차를 사용하는 경우가 많으며, 여기에 상쾌한 향미의 **실론 홍차**를 블렌딩하거나 향미의 깊이와 진한 홍색의 색채감을 더하기 위하여 **케냐 홍차를 블렌딩하는 경우도 있다.**

 이처럼 풀 바디감이 강한 향미로 인해 잉글리시 브렉퍼스트 티는 맛과 향의 균형을 잡기 위하여 우유와 함께 제공되는 경우가 많다.

또한 세계 각국의 유명 브랜드 기업에서는 브랜드명을 걸고 블렌딩의 차별화를 통해 다양한 잉글리시 브렉퍼스트를 선보이고 있다. 왜냐하면 영국을 비롯해 서양에서는 **잉글리시 브렉퍼스트를 국왕의 왕관에서도 가장 중요한 보석에 비유할 정도로 중요하게 여기기 때문이다.**

잉글리시 브렉퍼스트를 확산시킨 빅토리아 여왕

타 브랜드의 꿀팁 훔쳐보기 ❶

잉글리시 브렉퍼스트 / 제품 테크닉 (6개)

1. 이스트 인디아 컴퍼니(East India Company) / 영국(UK) / 잉글랜드

: 로열 브렉퍼스트 루즈 블랙 티(Royal Breakfast Loose Black Tea)

- 분류 : 홍차 블렌드 (Black Tea Blend)
- 재료 :
  · 홍차 (실론)
  · 홍차 (아삼)

이 잉글리시 브렉퍼스트는 홍갈색을 띠고, 초콜릿과 시트러스, 스파이스 향미로 풀 바디감을 보이는 최고급 실론Ceylon 홍차와 강한 색상과 몰티 향미의 최고급 아삼 Assam 홍차가 블렌딩된 브렉퍼스트 티로서 우유와 완벽한 조화를 이룬다.

2. 테일러스 오브 해러게이트(Taylors of Harrogate) / 영국(UK) / 잉글랜드

: 잉글리시 브렉퍼스트(English Breakfast)

- 분류 : 홍차 블렌드 (Black Tea Blend)
- 재료 :
  · 홍차 (아프리카)
  · 홍차 (아삼)

이 티는 전통적인 레시피에 따라서 산뜻한 향미의 아프리카 홍차에 몰티 향이 강한 세컨드 플러시Second Flush의 아삼 홍차를 블렌딩하여 풀 바디감으로 맛이 매우 풍부하고 신선하며, 찻빛이 아주 밝고 매혹적이다. 브렉퍼스트 티타임뿐 아니라 온종일 부담 없이 마실 수 있는 홍차 블렌드이다.

3. 위터드 오브 첼시(Whittard of Chelsea)/영국(UK)/잉글랜드

: 잉글리시 브렉퍼스트 루스 티(English Breakfast Loose Tea)

- 분류 : 홍차 블렌드 (Black Tea Blend)
- 재료 :
  · 홍차 (인도네시아)
  · 홍차 (인도네시아)

이 티는 영국인이 전통적으로 좋아하는 몰티 향미가 풍기지만, 여느 다른 잉글리시 브렉퍼스트와는 달리 인도네시아의 산지에서 생산된 홍차들을 블렌딩하여 약간 꿀 맛과 섬세한 꽃 향이 풍기는 것이 특징이다. 일반 잉글리시 브렉퍼스트와는 차별을 둔 럭셔리 품목으로 비건Vegan, 베지테리언Vegetarian에게 추천하고 있다.

4. 포트넘 앤 메이슨(Fortnum & Mason)/영국(UK)/잉글랜드

: 로열 블렌드 티, 루스 리프 캐디(Royal Blend Tea, Loose Leaf Caddy)

- 분류 : 홍차 블렌드 (Black Tea Blend)
- 재료 :
  · 홍차 (실론) : FP
  · 홍차 (아삼)

이 티는 1902년 에드워드 7세Edward VII, 1841~1910 국왕 시대부터 시작된 잉글리시 브렉퍼스트 클래식 블렌드로서 플라워리 페코FP, Flowery Pekoe 등급의 실론 홍차와 몰티 향이 강한 인도 아삼 홍차를 블렌딩한 것이다. 몰티 향과 함께 꿀과 비슷한 향이 절묘한 조화를 이룬다. 이 클래식 블렌드는 브렉퍼스트 마멀레이드Marmalade나 런치 타임의 치즈토스트Rarebit와 훌륭한 페어링을 이룬다.

5. 해러즈(Harrods)/영국(UK)/잉글랜드

: 잉글리시 브렉퍼스트 티(English Breakfast Tea)

- 분류 : 홍차 블렌드 (Black Tea Blend)
- 재료 :
  · 홍차 (실론)
  · 홍차 (케냐)
  · 홍차 (아삼)

이 티는 스리랑카, 케냐, 인도의 다원에서 각각 주의 깊게 선택한 3종류의 홍차들을 혼합하여 향미의 균형을 잡은 완벽한 브렉퍼스트 티 블렌드이다. 풀 바디감의 아삼 홍차를 기반으로 맑고 밝은 찻빛의 케냐 홍차와 달콤하면서도 미묘한 향미의 실론 홍차를 보강하여 맛의 균형과 향의 조화를 이루었다.

6. 콩파니 콜로냘(Compagnie Coloniale)/프랑스

: 브렉퍼스트(Breakfast)

- 분류 : 홍차 블렌드 (Black Tea Blend)
- 재료 :
  · 홍차 (인도)
  · 홍차 (실론)

이 티는 전통적으로 인도 홍차에 실론 홍차를 블렌딩하여 다원의 풍미를 자연 그대로 전달하는 고품격 잉글리시 브렉퍼스트이다. 풀 바디감의 강한 텍스처와 우유와 함께 섞으면 '클라우드Cloud'도 훌륭하다. 이 브랜드가 잉글랜드의 브렉퍼스트 티타임을 겨냥해 선보인 품목이다.

7. 아만 프리미엄 티 (AMAN PREMIUM TEA) 한국

: 잉글리시 브렉퍼스트 (English Breakfast)

● 분류 : 홍차 블렌드 (Black Tea Blend)

● 재료 :

· 홍차 (스리랑카)

이 티는 스리랑카의 프리미엄 홍차를 최고의 조합으로 블렌딩한 정통 스타일의 잉글리시 브렉퍼스트이다. 티소믈리에가 엄선한 달콤한 향의 최고급 찻잎으로 블렌딩한 홍차로서 깊고 균형 잡힌 향미가 몸과 마음을 활기차게 일으켜 준다.

애프터눈 티와 영국의 지도

🍃 스코티시 브렉퍼스트 (Scottish Breakfast)

🌿 스코틀랜드 지방은 사실 '브렉퍼스트 티 Breakfast Tea**'의 탄생지이다.**

19세기 대영제국, 아일랜드의 통합 여왕이었던 빅토리아 여왕이 이곳에 휴양을 와서 당시 스코틀랜드의 티 마스터인 로버트 드라이즈데일이 개발한 브렉퍼스트 티를 마시면서 '브리티시 브렉퍼스트 티British Breakfast Tea'로 홍보하여 오늘날의 잉글리시 브렉퍼스트 티가 탄생하였다는 이야기도 있기 때문이다.

🌿 일화에 따르면, 티 마스터인 로버트 드라이즈데일이 18세기 영국의 앤 여왕이 아침에 마셨던 브렉퍼스트 티보다 더 강력한 티의 필요성을 느끼면서 1892년 당시 에든버러에서 풀 바디감의 강력한 향미와 온종일 활기를 불어넣어 줄 티 블렌드를 개발한 것이 오늘날 '브렉퍼스트 티'의 진정한 기원이라는 것이다.

이러한 이유로 **스코티시 브렉퍼스트**Scottish Breakfast는 일반적으로 **아이리시 브렉퍼스트**Irish Breakfast, **잉글리시 브렉퍼스트**English Breakfast**보다 더 강한 향미와 바디감을 가지는 것이 특징**이다. 그리고 향미가 강하고 진하여 **보통은 우유와 함께 즐겨 마시기에 좋도록 발전되었다.**

🌿 현대의 스코티시 브렉퍼스트는 보다 더 전통에 충실하여 잉글리시 브렉퍼스트 티 블렌드의 조성과 약간 차이를 보인다. 스코틀랜드 지방은 **수질이 연수이기 때문에** 더 강한 향미를 얻기 위하여 바디감이 풍부하고 중후한 몰티 향미의 인도 아삼 홍차를 베이스로 상쾌한 향미의 실론 홍차나 아프리카 홍차를 블렌딩한 경우가 많다. **특히 목재 향과 훈연 향이 풍기는 것이 큰 특징이다.**

🌿 스코티시 브렉퍼스트는 오늘날 잉글리시 브렉퍼스트, 아이리시 브렉퍼스트와 함께 전 세계적으로도 인기가 매우 높아 세계 곳곳의 유명 브랜드에서 다양하게 생산하고 있다.

타 브랜드의 꿀팁 훔쳐보기 ❷

스코티시 브렉퍼스트 / 제품 테크닉 (2개)

1. 테일러스 오브 해러게이트(Taylors of Harrogate)/영국(UK)/잉글랜드

: 스코티시 브렉퍼스트(Scottish Breakfast)

- 분류 : 홍차 블렌드 (Black Tea Blend)
- 재료 :
  - 홍차 (아삼)
  - 홍차 (케냐)

이 티는 스코틀랜드 지방의 연수에 적합하도록 전통적인 방식을 통해 만들어진 스코티시 브렉퍼스트이다. 인도 아삼의 프리미엄 세컨트 플러시 홍차가 주는 깊고 풍부한 몰티 향에 케냐 홍차의 신선하고 산뜻한 풍미를 더해 주었다. 티를 우리면 찻빛이 밝고 투명하며, 향은 매우 깊고 풍부하다. 아침 식사에 즐겨 마실 수 있는 아주 완벽한 브렉퍼스트 티이다.

2. 에든버러 티 앤 커피(Edinburgh Tea & Coffee) /영국(UK)/스코틀랜드

: 스코티시 브렉퍼스트(Scottish Breakfast)

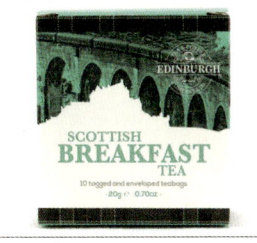

- 분류 : 홍차 블렌드 (Black Tea Blend)
- 재료 :
  - 홍차 (인도) : 아삼
  - 홍차 (실론)
  - 홍차 (아프리카)

이 티는 최고 품질의 아삼 홍차, 실론 홍차, 아프리카 홍차를 혼합한 스코틀랜드의 전통적인 블렌드이다. 찻빛이 황금빛으로 아름답고, 바디감이 매우 강하여 아침에 큰 활기를 불어넣어 준다.

애프터눈 티 블렌드 (Afternoon Tea Blends)

🌿 브렉퍼스트 티가 아침에 일과를 시작하기에 앞서 우리의 몸에 생기를 불어넣어 줄 목적이라면, 일과를 편안한 마음으로 마감할 수 있도록 하는 클래식 블렌드도 있다. '애프터눈 티 블렌드Afternoon Tea Blends'이다.

🌿 대표적인 것으로는 '**클래식 홍차 블렌드**'와 **플레이버드 티인** '**얼 그레이**Earl Grey'의 두 종류가 있다.

애프터눈 티 블렌드는 그 음용 목적에 부합되도록 미각에 부드럽고 산뜻한 맛을 선사하고 향도 마음에 편안한 느낌을 주도록 블렌딩이 고안된다. 따라서 비교적 부담 없이 마실 수 있는 **중국 (기문)과 실론의 홍차**들로 많이 구성된다. **더욱이 일과를 마친 뒤 지친 몸의 긴장을 풀고 기분을 편안하게 할 목적으로 홍차 블렌딩에 착향료, 과일, 꽃 향이 풍부한 재스민 티**Jasmine Teas**를 섞어서 아로마를 확장하는 경우도 있다.**

🌿 또한 오늘날에는 애프터눈 티 블렌드의 목적에 더 충실하기 위하여 홍차 대신에 카페인 함량이 적고, 맛도 훨씬 더 산뜻한 **우롱차를 베이스로 블렌딩하는 경우도 있다.** 여기서는 다양한 브랜드에서 선보이는 정통 '애프터눈 홍차 블렌드'와 클래식 플레이버드 티인 '얼 그레이'를 소개한다.

얼 그레이를 최초로 만든
회사로 알려진 트와이닝스의
얼 그레이 티 캐디 제품

애프터눈 티를 탄생시킨 애나 마리아 베드퍼드 공작 부인과 얼 그레이를 탄생시킨 얼 그레이 백작

영국 리츠 런던 호텔의 애프터눈 티

애프터눈 홍차 블렌드 / 제품 테크닉 (4개)

1. 트레고스난(Tregothnan)/영국(UK)/잉글랜드

: 애프터눈(Afternoon)

- 분류 : 홍차 블렌드 (Black Tea Blend)
- 재료 :
  - ·홍차 (영국) : 코니시 지역 다원
  - ·홍차 (인도) : 다르질링

이 티는 영국 코니시 다원Cornish Estate에서 생산된 홍차와 인도 최고 품질의 다르질링 홍차를 블렌딩한 것이다. 유제품이 들어 있지 않고Dairy-Free, 글루텐 프리Gluten-Free 홍차 블렌드로서 '브리티시 애프터눈 티 블렌드British Afternoon Tea Blend'의 진수를 선보인다. 시트러스 향이 풍겨서 나른한 오후에 '애프터눈 티'를 즐기기에 좋다.

2. 포트넘 앤 메이슨(Fortnum & Mason)/영국(UK)/잉글랜드

: 애프터눈 블렌드, 루스 리프(Afternoon Blend, Loose Leaf)

- 분류 : 홍차 블렌드 (Black Tea Blend)
- 재료 :
  - ·홍차 (실론) : 하이 그론 티
  - ·홍차 (실론) : 로 그론 티

이 티는 스콘, 케이크, 비스킷과 훌륭한 페어링을 이루는 애프터눈 티이다. 또한 포트넘 앤 메이슨의 모든 브랜드 중에서도 아이스티로 가장 잘 어울리는 티이다. 스리랑카 고지대 산지의 하이 그론 티High Grown Tea와 저지대 산지의 로 그론 티Low Grown Tea를 블렌딩한 것이다. 전통적으로 우유와 함께 제공된다.

3. 해러즈(Harrods)/영국(UK)/잉글랜드

: 잉글리시 애프터눈 티(English Afternoon Tea)

- 분류 : 홍차 블렌드 (Black Tea Blend)
- 재료 :
  · 홍차 (실론) : 딤불라 하이 그론
  · 홍차 (실론) : 딤불라 미디엄 그론

이 티는 스리랑카 딤불라Dimbula의 청정 자연 지역에서 8월과 2월의 퀄리티 시즌 Quality Season에 고지대에서 생산한 하이 그론High Grown 홍차와 중간 지대에서 생산한 미디엄 그론Medium Grown 홍차를 블렌딩한 것이다. 찻물을 우리면 찻빛이 맑고 투명한 호박색을 띠고, 매우 미묘한 꽃 향과 달콤한 향미가 충만하다.

4. 브로디스(Brodies)/영국(UK)/스코틀랜드

: 애프터눈 티(Afternoon Tea)

- 분류 : 홍차 블렌드 (Black Tea Blend)
- 재료 :
  · 홍차 (인도)
  · 홍차 (실론)
  · 홍차 (케냐)

이 티는 중후한 바디감의 인도 홍차에 산뜻하고 바디감이 가벼운 실론 홍차와 밝고 맑은 색상이 특징인 케냐 홍차를 블렌딩하였다. 맛이 매우 신선하면서 부드럽고 온화하여 마음을 편안하게 달래 준다.

🌿 클래식 얼 그레이 (Earl Grey)

🥄 **영국은 세계에서 가장 유명한 플레이버드 티**^{Flavored Tea}**인 '얼 그레이**^{Earl Grey}**'가 탄생한 곳이다.** 이 얼 그레이의 유래에 대해서는 여러 설들이 있지만, 그중에서 가장 잘 알려진 것은 **영국의 그레이 가문 제2대 백작이자, 1830년대 영국 총리를 지냈던 찰스 그레이 2세**^{Charles Grey II, 1764~1845}**와 관련된 이야기이다.**

그레이 가문에 따르면, 찰스 그레이 2세가 외무 대신으로 있었을 당시 중국의 관료가 선물로 준 것이 얼 그레이 홍차의 시초였다고 한다. 즉 중국 관료가 그레이 가문의 고향인 잉글랜드 북동부 노섬블랜드주^{Northumberland} 호윅홀^{Howick Hall} 지방의 수질에 맞춰 특별히 블렌딩하여 준 선물이라는 것이다. 당시 호윅홀의 물은 석회질을 다량으로 함유하고 있었는데, 그 물로 티를 우릴 때 맛의 균형을 맞추기 위해 중국 측에서 시트러스계 과일의 껍질을 블렌딩하였다는 것이다.

그런데 그레이 백작 부인이 손님을 접대할 때 이 티를 사용하면서 큰 인기를 불러 모으자 사람들로부터 판매할 수 있도록 요청을 받았는데, 이리하여 **트와이닝스**^{Twinings}**가 최초로 얼 그레이를 브랜드로 출시하게 되었다는 것이다.** 이로 인해 오늘날에는 얼 그레이의 최초 유통사가 트와이닝스로 많이 알려지게 되었다.

🥄 **얼 그레이는 전통적으로 기문**^{祁門, Keemun} **홍차를 베이스로 시트러스계의 열대 과일인 베르가모트 오렌지**^{Bergamot Orange}**의 껍질이나 그 껍질로부터 추출한 에센셜 오일을 착향제로 넣어 블렌딩된다.** 기본적으로 우유 없이 스트레이트 티로 즐긴다.

🥄 그러나 오늘날 세계에서도 가장 유명한 플레이버드 티인 '얼 그레이'는 상표권이 등록되지 않아 세계 각국의 티 브랜드에서는 '얼 그레이'라는 상표명으로 매우 다양한 제품들을 선보이고 있다.

예를 든다면, **진하고 강한 바디감의 아삼 홍차에 산뜻한 향미를 더해 줄 다르질링** Darjeeling **홍차, 실론 홍차를 블렌딩한 뒤 베르가모트 착향료를 넣어 생산되는 제품들이다.** 이는 우유나 크림과 함께 즐기기에도 좋은 블렌딩이다. 또한 **훈연향이 강한 정산소종**正山小種=**랍상소총**Lapsang Souchong**을 블렌딩한 제품도 있고,** 더 나아가 녹차나 우롱차와 같은 다른 분류의 티를 블렌딩한 제품도 있다.

🍃 얼 그레이의 착향 (또는 가향) 방법

얼 그레이는 전통적으로는 완전 산화차인 홍차를 베이스로 하지만, 오늘날에는 녹차, 우롱차도 많이 블렌딩에 사용하고 있다. 기본적으로 **찻잎에 베르가모트 향을 가하는 방법에는 두 가지가 있다.** 참고로 말하면, 베르가모트Bergamot, *Citrus Bergamia*는 겨울에 꽃을 피우는 작은 운향과의 나무로서 이탈리아의 칼라브리아 Calabria 지방에서 상업적으로 많이 재배되고 있다.

1) 착향료의 사용

찻잎에 고농도의 베르가모트 착향료 (에센셜 오일)를 뿌리거나 분사하여 강한 시트러스계Citrus의 향을 더하는 방법이다.

2) 베르가모트 오렌지 필 혼합

찻잎 블렌드에 베르가모트의 말린 오렌지 껍질을 함께 섞는 방법이다. 이렇게 섞어서 한동안 두면 그 향이 찻잎에 자연스럽게 배게 되는 것이다.

🍃 얼 그레이에서 파생된 다양한 시그니처 블렌드들

얼 그레이는 오늘날 매우 다양하게 변형되어 판매되고 있다. 다음은 시장에 널리 알려진 얼 그레이의 대표적인 파생 상품들이다.

● 레이디 그레이 (Lady Grey)

얼 그레이의 기본 조성에 **콘플라워**^{Cornflower} **꽃**이나 **세비야 오렌지**^{Seville Oranges}가 들어간 것이 대표적이다.

● 런던 포그 (London Fog)

얼 그레이의 구성에 **스팀 우유**와 **바닐라 시럽**이 블렌딩된 것이다.

● 프렌치 얼 그레이 (French Earl Grey)

얼 그레이의 기본 구성에 **로즈 페탈**^{Rose Petals}이 블렌딩된 것이다.

● 러시안 얼 그레이 (Russian Earl Grey)

얼 그레이의 기본 구성에 **감귤의 껍질**과 **레몬그라스**가 블렌딩된 것이다.

● 얼 그레이 크렘 (Earl Grey Crème)

얼 그레이의 기본 구성에 **라벤더 꽃**과 **바닐라 향**이 블렌딩된 것이다.

● 얼 그레이 그린 (Earl Grey Green)

얼 그레이의 기본 구성에서 **홍차 대신에 녹차를 베이스로 블렌딩**된 것이다.

● 얼 그레이 화이트 (Earl Grey White)

얼 그레이의 기본 구성에 **홍차 대신에 백차를 베이스**로 블렌딩된 것이다.

● 루이보스 얼 그레이 (Rooibos Earl Grey)

얼 그레이의 기본 구성에 **홍차 대신에 루이보스**^{Rooibos}**를 베이스로 블렌딩**된 것이다.

타 브랜드의 꿀팁 훔쳐보기 ❹

애프터눈 티 블렌드 / 얼 그레이 / 제품 테크닉 (6개)

1. 트와이닝스(Twinings)/영국(UK)/잉글랜드

: 얼 그레이(Earl Grey)

- 분류 : 플레이버드 티 (Flavored Tea)
- 재료 :
  - · 홍차
  - · 착향료 : 베르가모트 (4%)
  - · 천연 착향료 : '레몬 + 기타' (1%)

이 티는 1831년 당시 영국의 수상이었던 찰스 그레이 2세 백작이 요구하여 트와이닝스가 런던 스트랜드Strand 지역의 지점에서 창조한 레시피의 클래식 블렌드이다. 엄선한 홍차에 시트러스계의 베르가모트와 '레몬 + 기타'의 착향료를 가하여 우아하면서도 산뜻한 풍미를 즐길 수 있다.

2. 포트넘 앤 메이슨(Fortnum & Mason)/영국(UK)/잉글랜드

: 얼 그레이 클래식, 루스 리프(Earl Grey Classic, Loose Leaf)

- 분류 : 플레이버드 티 (Flavored Tea)
- 재료 :
  - · 홍차
  - · 착향료 : 베르가모트 오일

이 티는 1830년대 찰스 그레이 2세 백작으로부터 '얼 그레이'가 탄생하고 약 90년 뒤에 개발한 클래식 블렌드이다. 홍차에 베르가모트 오일로 향미가 추가된 전형적인 구성으로 되어 있지만, 시트러스계 노트가 풍부하고 감미로운 맛이 완벽하다.

3. 아마드 티(AHMAD Tea)/영국(UK)/잉글랜드

: 얼 그레이 티 – 루스 리프(Earl Grey Tea – Loose Leaf)

- 분류 : 플레이버드 티 (Flavored Tea)
- 재료 :
  · 홍차 (인도) : 아삼
  · 홍차 (실론)
  · 착향료 : 베르가모트 오일

이 티는 티 마스터가 활기 있고 상쾌한 향미를 내기 위하여 실론과 인도 아삼 지역의 유명 다원에서 수확한 찻잎을 엄선하여 블렌딩하고 베르가모트 오일을 가미한 것이다. 비교적 큰 잎을 블렌딩한 것이 특징이지만, 정제된 향미가 훌륭해 티 애호가들로부터 인기가 높다.

4. 해러즈(Harrods)/영국(UK)/잉글랜드

: 얼 그레이 티(Earl Grey Tea)

- 분류 : 플레이버드 티 (Flavored Tea)
- 재료 :
  · 홍차 (98%)
  · 착향료 : 베르가모트 (2%)

이 티는 약 200여 년의 역사를 자랑하는 얼 그레이를 영국의 전통적인 방식으로 만든 것이다. 오리지널 방법에 따라 티를 선택한 뒤 베르가모트 오일을 가볍게 가하였다. 한 모금 마시면 마우필이 스무스Smooth하고 시트러계의 신선한 베르가모트 향미를 배경으로 느낄 수 있다.

5. 니나스 파리(Nina's Paris)/프랑스

티 에디션 방돔 칼럼(Tea Edition Vendome Column) **시리즈**

: **나폴레옹**(Napoleon)

- 분류 : 플레이버드 티 (Flavored Tea)
- 재료 :
  - ·홍차 (실론)
  - ·천연 착향료 : 베르가모트

이 티는 바디감이 가볍고 산뜻한 향미의 실론 홍차에 이탈리아 지중해의 섬 시칠리아 Sicila에서 수확한 베르가모트의 천연 착향료를 가한 전형적인 얼 그레이 블렌드이다.

6. 티게슈벤드너(TeaGschwendner)/독일

: **얼 그레이**(Earl Grey) No. 69

- 분류 : 플레이버드 티(Flavored Tea)
- 재료 :
  - ·홍차(실론)
  - ·천연 착향료 : 베르가모트

이 티는 다른 얼 그레이와 달리 시트러스계 베르가모트 향과 풍미가 매우 강렬한 '스트롱 얼 그레이Strong Earl Grey'이다. 브랜드의 40년 전통에 따라 레몬 향이 풍부한 이탈리아산 베르가모트를 사용하였다. 찻빛이 맑고 투명한 진한 진홍빛을 띠고 찻잔 가장자리에 골든 링Golden Ring이 뚜렷하고 선명하다. 미국 티 시장에서는 세계 최고의 클래식 얼 그레이로 평가를 받고 있다.

얼 그레이 티

 아일랜드의 클래식 블렌드

🌿 아일랜드에서도 빅토리아 여왕 시대의 흐름으로 인해 아침 식사와 함께 브렉퍼스트 티를 곁들여 마시는 문화가 보편화되어 있다.

18세기 중반 아일랜드에 처음 티가 유입되었을 때는 상류층에서 주로 소비되어 그 수요가 많지 않았지만, 19세기 중반에 일반 서민들도 쉽게 구입해 즐길 수 있게 되었다. 1925년 영국으로부터 독립된 이후에도 아일랜드에서는 브렉퍼스트 티가 매우 대량으로 소비되는데, 이를 가리켜 보통 게일어로 '쿠판 테'Cupan Tae', 또는 '아이리시 브렉퍼스트'Irish Breakfast'라고 한다.

🌿 참고로 말하면, 아일랜드에서는 티를 온종일 4~6잔씩이나 마셔서 '특별히 아침에 먹는 티'라는 뜻의 '브렉퍼스트 티'는 따로 없기 때문에 종종 잘못 사용된 용어로 간주되기도 한다.

아이리시 브렉퍼스트 티 (Irish Breakfast Tea)

🌿 아이리시 브렉퍼스트는 보통 잉글리시 브렉퍼스트보다는 강하고 스코티시 브렉퍼스트보다는 향미가 약하다.

일반적으로는 몰티 향이 강한 아삼 홍차를 베이스로 여러 산지의 홍차들이 블렌딩되어 있는데, 특히 풀 바디감Full Bodied의 아삼 홍차에 맛과 향에 균형을 주기 위하여 맑고 산뜻한 향미의 인도 다르질링Darjeeling이나 실론 홍차를 블렌딩한 경우가 많다.

🍃 아이리시 브렉퍼스트는 우려내면 찻빛이 매우 진한 홍색에서 갈색까지 다양한 스펙트럼을 보인다. **다르질링의 상쾌한 향미와 중후한 바디감을 주는 아삼 홍차의 향미가 절묘한 균형을 이루어 풍부한 향미를 경험할 수 있다.**

🍃 아일랜드에서는 유제품의 소비가 많아서 보통 우유와 함께 밀크 티^{Milk Tea}로 많이 즐긴다. 즉 홍차 블렌드와 우유의 비율을 2대 1로 섞어서 마시는데, 이를 '쿠판 테^{Cupán Tae}'라고 한다.

물론 커피의 에스프레소처럼 강한 향미를 즐기는 사람은 스트레이트 티^{Straight Tea}로 즐겨 마시기도 하고, 산뜻함을 좋아하는 사람은 우유 대신에 레몬이나 설탕을 가하여 마시기도 한다.

여기서는 다양한 브랜드에서 전 세계로 판매하고 있는 **클래식 아이리시 브렉퍼스트**들을 소개한다.

밀크 티와 베리류를 곁들인 아일랜드 풍의 전형적인 브렉퍼스트와 쿠판 테 전문점

 **타 브랜드의 꿀팁 훔쳐보기 ❺**

아이리시 브렉퍼스트 / 제품 테크닉 (5개)

1. 테일러스 오브 해러게이트(Taylors of Harrogate)/영국(UK)/잉글랜드

: 아이리시 브렉퍼스트(Irish Breakfast)

- 분류 : 홍차 블렌드 (Black Tea Blend)
- 재료 :
  · 홍차 (인도)
  · 홍차 (동아프리카)

이 티는 맛이 아주 강렬하면서 풀 바디감이 넘치는 블렌드이다. 동아프리카 홍차의 산뜻한 활기가 인도 아삼 홍차의 몰티 향과 함께 균형을 이루고 있다. 우린 찻빛은 붉고 선명한 장밋빛을 띤다. 아침에 활기를 불어넣어 훌륭한 브렉퍼스트 티로서 강하고 진한 맛의 홍차로 즐겨도 되고, 우유와 함께 밀크 티로 즐겨도 좋다.

2. 포트넘 앤 메이슨(Fortnum & Mason)/영국(UK)/잉글랜드

: 아이리시 브렉퍼스트 티, 루스 리프(Irish Breakfast Tea, Loose Leaf)

- 분류 : 홍차 블렌드 (Black Tea Blend)
- 재료 :
  · 홍차 (인도) : 아삼
  · 홍차 (케냐)

이 티는 강한 몰티 향의 인도 아삼 홍차에 맑고 선명한 찻빛의 케냐 홍차를 블렌딩하여 전체적인 향미가 강렬하다. 특별히 이른 아침에 잠을 깨우고 활기를 불어넣을 수 있도록 강한 향미를 보이면서도 빠르게 우러나도록 창조하였다. 강한 풍미의 마멀레이드를 올린 토스트나 우유와 함께 훌륭한 페어링을 보인다.

3. 트와이닝스(Twinnings)/영국(UK)/잉글랜드

: 아이리시 브렉퍼스트 루스 티(Irish Breakfast Loose Tea)

- 분류 : 홍차 블렌드 (Black Tea Blend)
- 재료 :
  - 홍차 (아프리카) : BP
  - 홍차 (실론) : BOP

이 티는 브로큰 페코BP, Broken Pekoe 등급의 아프리카 홍차와 브로큰 오렌지 페코 BOP, Broken Orange Pekoe 등급의 실론 홍차를 블렌딩한 고품질의 아이리시 브렉퍼스트이다. 잉글리시 브렉퍼스트보다도 찻빛이 매우 진하고 바디감이 매우 강하다. 강한 풍미가 우유와 잘 어울리며, 오렌지 한 조각을 곁들이면 훌륭한 맛을 즐길 수 있다.

4. 톰슨스 패밀리 티스(Thompson's Family Teas)/아일랜드

: 톰슨스 아이리시 브렉퍼스트 블렌드(Thompson's Irish Breakfast Blend)

- 분류 : 홍차 블렌드 (Black Tea Blend)
- 재료 :
  - 홍차 (인도) : 아삼
  - 홍차 (케냐)

이 티는 퀄러티 시즌에서 수확한 최고급 아삼 홍차를 진공 팩에 넣고 포장하여 신선함을 유지한 뒤 아프리카 케냐의 고지대에서 수확한 찻잎을 블렌딩해 만든 럭셔리 브렉퍼스트 티이다. 아삼 홍차의 풍부하고도 라운드 바디감Round Bodied이 느껴지는 가운데 케냐 홍차의 밝은 찻빛과 풀 플레이버드한 풍미가 뒤섞여 매우 고급스럽다.

아이리시 브렉퍼스트

5. 뷸리스(Bewley's)/아일랜드

: 뷸리스 아이리시 브렉퍼스트(Bewley's Irish Breakfast)

- 분류 : 홍차 블렌드 (Black Tea Blend)
- 재료 :

  · 홍차 (인도) : 아삼

  · 홍차 (인도) : 다르질링

이 티는 인도 고지대의 아삼 홍차와 다르질링 홍차를 블렌딩하여 활기가 넘치는 아이리스 브렉퍼스트이다. 밝은 황금빛의 찻빛과 상쾌하고 신선한 풍미가 매우 훌륭하다. 아삼 홍차의 강한 바디감으로 인해 우유와 함께 즐기면 그 풍미를 더욱더 훌륭하게 즐길 수 있다.

홍차 또는 커피와 함께 즐기는 아일랜드의 브렉퍼스트 모습

독일의 클래식 블렌드

17세기 서양에 최초로 티를 도입한 네덜란드와 인접한 독일은 오래전부터 블렌딩을 통해 티를 즐겨 왔다.

특히 **네덜란드 인접 지역인** 니더작센주의 **오스트프리슬란트**Ostfriesland **지역에서는 티가 사람들의 집안이나 직장의 일과에서 매우 중요한 비중을 차지하는 문화가 있다.**

더욱이 가족 내에서도 특정한 티 혼합에 대한 선호도가 몇 세대를 이어 전승되기도 한다. **이러한 배경으로 이 지역에서는 오래전부터 전통적으로 형성되어 온 클래식 블렌드가 있는데, 바로 '이스트 프리시안 티**East Frisian Tea**'이다.**

이스트 프리시안 티 (East Frisian tea)

🍃 **이 클래식 블렌드는 전통적으로 강한 몰티 향과 풀 바디감이 특징인 아삼 홍차 찻잎을 베이스로 실론 홍차 찻잎을 블렌딩**한다.

독일 내에서도 동유럽 쪽에 가까운 지역, 즉 함부르크와 브레멘 항구의 부두 노동자들이 몸에 활기를 불어넣을 수 있도록 고안되었다.

이 티는 잎차로만 블렌딩되며, 티백 제품이 없는 것이 특징이다.

🍃 오스트프리슬란트의 사람들은 반드시 이 고장의 티 업체에서 블렌딩을 해야 진정한 '이스트 프리시안 티'라고 인정할 정도로 블렌딩의 역사적인 전통에 대한 자부심이 대단히 강하다.

한편 오늘날에는 이스트 프리시안 티에도 매우 다양한 홍차들이 사용되고 있다. **예를 들면, 고품질 홍차인 아삼 세컨드플러시**Assam Second Flush**를 90% 비율로 하고, 나머지 10%는 다르질링, 실론, 자바, 수마트라와 같은 산뜻한 과일 향미의 여러 홍차들로 블렌딩한 것이다.**

이러한 멀티 오리진 블렌딩으로 최종 상품의 이스트 프리시안 티에는 블렌딩 재료들이 종종 20개 이상이나 되는 것도 있다고 한다.

약 300년 역사를 자랑하는 독일의 문화유산,
이스트 프리시안 티의 블렌딩 모습 (위쪽)과 크림층을 만든 모습 (아래쪽)

타 브랜드의 꿀팁 훔쳐보기 ❻

이스트 프리시안 / 제품 테크닉 (2개)

1. 하니 앤 선스(Harney & Sons)/미국

: 이스트 프리시안(East Frisian)

- 분류 : 홍차 블렌드 (Black Tea Blend)
- 재료 :
  · 홍차 (인도) : 다르질링
  · 홍차 (인도) : 아삼
  · 홍차 (실론)

하니 앤 선스의 이스트 프리시안은 인도 다르질링Darjeeling, 실론Ceylon 홍차의 산뜻한 향미의 블렌드에 짙은 색상을 더해 주기 위하여 아삼Assam 홍차를 혼합하였다. 붉은 찻빛이 짙고 몰티 향과 시트러스 향이 복합적으로 풍긴다. 풀 바디감이 매우 강하여 설탕이나 크림과 함께 마시는 것이 좋다.

2. 알뵈우스(Alveus GmbH)/독일

: 이스트 프리시안 블렌드 리프(East Frisian Blend Leaf)

- 분류 : 홍차 블렌드 (Black Tea Blend)
- 재료 :
  · 홍차 (인도) : 아삼
  · 홍차 (인도네시아) : 자바

알뵈우스 브랜드의 '이스트 프리시안' 제품 중에서도 가장 클래식한 블렌드이다. 최고 품질의 인도 아삼 홍차와 인도네시아 자바 홍차를 절묘하게 블렌딩한 고품격의 독일 정통 블렌드이다.

 # 프랑스의 클래식 블렌드

🍃 프랑스는 1636년 파리에 티가 처음 소개되자마자 굉장한 인기를 얻어 그 소비가 전역으로 확산하였을 정도로 **유럽에서도 티의 역사가 매우 깊다.** **이는 영국보다 무려 22년이나 앞선 것이다.**

🍃 17세기 태양왕 루이 14세Louis XIV, 1638~1715도 티를 마시는 동양인들이 심장 질환에 걸리지 않는다는 이야기를 듣고, 또한 그의 장 건강에도 도움이 될 것으로 판단하면서 1665년부터 티를 마시기 시작하여 티 애호가가 되었다.

그리고 1692년에는 **메스트르 프랑수아즈 다만**Maistre François Dammann이라는 사람에게 **티를 판매할 수 있는 독점권을 부여하였다.** 이렇게 하여 프랑스 최초의 티 업체인 '**다만 프레르**Dammann Frères'가 탄생한 것이다.

＊ **또한 당시 샤블리에르 후작 부인**Marguerite de la Sablière, 1640~1693**은 티에 우유 를 넣어 마시는 방식을 세계 최초로 선보이면서 유행을 일으켰는데, 이것이 영국 으로 건너가면서 밀크 티가 서양에서 급속히 확산한 것이다.**

프랑스의 티 문화를 선도한 루이 14세 국왕 (왼쪽)과 샤블리에르 후작 부인 (오른쪽)

프랑스 파리 빅토리아 (Victoria) 거리의 다만 프레르 매장

프랑스에서는 중국산 티를 처음에 약용으로 마셨지만, 파리를 중심으로 상류층 사회에서 큰 인기를 얻어 고급 음료로 자리를 잡아 나갔다.

그런 값비싼 티와 비단 등 사치품을 중국으로부터 구입하기 위해 막대한 세금을 거두고, 왕실과 상류층에서는 사치스러운 생활을 통해 재정을 파탄시키자 왕실과 상류층에 대한 국민적 분노가 일면서 **1789년 프랑스 대혁명**이 일어나 많은 상류층 사람들이 죽임을 당하면서 잠시 티의 소비는 멈춘 듯했지만, 티의 열기는 좀처럼 시들지 않았다.

프랑스 티 브랜드인 마리아주 프레르의 파리 지점의 매장

🌿 그러한 가운데 **18세기 중후반** 프랑스에서는 유명 티 수입상인 마리아주 프레르Mariage Frères가 티 수입 사업을 본격화하였고, 그의 손자들인 앙리Henri, 에두아르Edouard 마리아주 형제가 사업을 확장하면서 1854년 오늘날 세계적인 티 브랜드 기업인 '**마리아주 프레르**Mariage Frères'가 탄생한 것이다.

그런데 1860년 마리아주 프레르가 첫 제품으로 출시한 것이 아이러니하게도 티 블렌드가 아니라 **티와 감귤로 향미를 낸 초콜릿인 '쇼콜라 데 만다렝**Chocolat des Mandarins'**이었다.**

🌿 한편, 1848년 파리에서는 티 블렌드 전문 기업인 '**콩파냐**Compagnie & Co'**도 등장하여 티 블렌드 또는 플레이버드 블렌드 제품들이 많이 생산되었다.**

이와 동시에 19세기 대영제국에서 유행하였던 브리티시 스타일의 홍차들과 브렉퍼스트 티, 애프터눈 티의 문화들도 프랑스로 다시 유입되면서 오늘날 프랑스에서는 초콜릿, 케이크, 마카롱, 페이스트리와 같은 고유한 음식 문화와 영국의 티 문화들이 융합된 새로운 프렌치 스타일의 티 문화가 탄생한 것이다.

 프렌치 브렉퍼스트 티 (French Breakfast Tea)

🌿 '**프렌치 브렉퍼스트 티**'라는 용어는 말 그대로 프랑스 고객을 위하여 만든 데서 유래되었다고 한다.

프랑스에서는 보통 오전 6~8시 사이에 아침을 먹는데, 전통적으로 **단 음식의 위주로 식사한다.**

버터 슬라이스를 올리고 달콤한 잼을 바른 식빵이나 브리오슈Brioche, 크루아상Croissant과 같은 발효 반죽으로 만든 비에누아즈리Viennoiseries (비엔나식) 페이스트리를 주로 먹는다.

🌿 이때 함께 즐기는 브렉퍼스트 티는 단맛과 조화를 잘 이루고, 건강 효능이 있는 재료들로 블렌딩된 것이 대부분이다.

기본적으로 홍차 (주로 아삼, 기문 등)에 레몬 머틀, 라벤더 꽃, 바닐라 등의 허브나 향신료들이 블렌딩된다.

참고로 말하면, 프렌치 브렉퍼스트 티는 잉글리시 브렉퍼스트 티와는 달리 우유와 함께 먹지 않는 것이 일반적인 풍습이다.

 프렌치 애프터눈 티 (French Afternoon Tea)

프랑스는 영국과 달리 아침 식사보다 점심 식사를 더 풍성하기 즐긴다.

오늘날 최고급 요리를 뜻하는 '**오테 퀴진**Haute Cuisine'의 문화가 발달한 프랑스에서 티는 매우 중요한 역할을 한다.

🌿 서양의 '**티룸**Tea Room'도 사실 프랑스 파리에서 등장한 '살롱 드 테Salon de Thé'를 시작으로 영국을 비롯해 유럽으로 퍼진 것이다.

이 살롱 드 테를 파리 루아얄가 Rue Royale**에서 최초로 운영한 사람도** 오늘날 마카롱을 개발, 판매한 라 뒤레Laduree 일가로 알려져 있다.

🌿 프랑스 사람들은 그 살롱 드 테에서 최고급 티와 프렌치 치즈, 마카롱, 그리고 오테 퀴진 스타일의 프렌치 페이스트리와 함께 티 파티를 즐겼던 것이다.

따라서 영국에서 애프터눈 티로 즐겨 먹는 얼 그레이도 프랑스 음식 문화에 맞게 독특하게 발달한 것이 '**프렌치 애프터눈 티**'이다.

그러한 프렌치 애프터눈 티로 즐겨 마셨던 대표적인 티는 '프렌치 얼 그레이 French Earl Grey'이다.

메종 안젤리나 파리 지점의 살롱 드 테 (왼쪽)와 마카롱과 함께 선보이는 프렌치 애프터눈 티

 프렌치 얼 그레이 (French Earl Grey)

프랑스는 아침 식사보다 점심 식사가 더 풍성하다.

따라서 점심 식사와 함께 먹는 **프렌치 얼 그레이는 영국 스타일의 얼 그레이보다**
블렌딩 구성이 보통 더 화려하다.

홍차, 베르가모트 착향료의 기본적인 얼 그레이 구성에 '**로즈 페탈**Rose Petals'이
대부분 들어간다.

여기에 다양한 건과일, 허브, 꽃들이 블렌딩되는 것이 일반적이다.

따라서 시각적으로도 화려할 뿐 아니라 맛과 향도 더 풍성한 플레이버드 티이다.

칼럼

프랑스식 애프터눈 티, '르 구테 (Le Goûter)'

프랑스에도 영국의 '애프터눈 티Afternonn Tea', '하이 티High Tea'와 같은 오후의 티 문화가 있다. '르 구테Le Goûter'이다.

이 르 구테는 프랑스어로 '맛을 보다'는 의미의 '구테Goûter'로부터 유래되었다.

영국에서 애프터눈 티는 디너를 다소 늦은 저녁에 먹었기 때문에 그때까지 허기를 견디기 위하여 탄생하였다.

마찬가지로 프랑스에서도 전통적으로 오후 8시경 (종종 그 이후)에 먹었던 디너 전에 허기를 달래기 위하여 케이크를 비롯해 몇몇 별미들을 먹었던 관습이 있는데, 그것이 '르 구테Le Goûter'이다.

르 구테는 19세기 영국 귀족층들이 먹었던 만큼 화려하지는 않지만, 디너를 먹기 전까지의 허기를 채운 일종의 프랑스식 애프터눈 티였던 것이다.

오늘날에는 프렌치 애프터눈 티로서 매우 화려한 형태로 발달해 티 애호가들로부터 많은 사랑을 받고 있다.

프렌치 얼 그레이 / 제품 테크닉 (4개)

1. 위터드 오브 첼시(Whittard of Chelsea)/영국(UK)/잉글랜드

: 애프터눈 티 루스 티(Afternoon Tea Loose Tea)

- 분류 : 플레이버드 티 (Flavored Tea)
- 재료 :
  · 홍차 (중국) : (75%)
  · 녹차 (중국) : 재스민 녹차 13%)
  · 우롱차 (중국) : (5%)
  · 허브 : 콘플라워 페탈, 로즈 페탈
  · 착향료 : 베르가모트 오일

이 티는 티의 6대 분류 중에서 홍차, 재스민 녹차, 우롱차의 세 종류 티들을 배합한 독특한 블렌드이다. 얼 그레이의 향을 가하기 위하여 베르가모트 착향료를 첨가하고 프렌치 스타일의 핑크, 화이트 로즈 페탈과 콘플라워를 블렌딩해 꽃 향을 불어넣었다.

2. 페코티 에든버러 (PekoeTea Edinburgh)/영국 (UK)/스코틀랜드

: 프렌치 얼 그레이 (French Earl Grey)

- 분류 : 플레이버드 티 (Flavored Tea)
- 재료 :
  · 홍차 : (95.5%)
  · 허브 : 핑크 로즈 페탈, 블루 콘플라워,
         히비스커스
  · 천연 착향료

이 티는 클래식 얼 그레이를 변형한 대륙적인 럭셔리 스타일의 블렌드이다. 붉은 로즈 페탈Rose Petals과 푸른 색감의 콘플라워Blue Cornflower의 색채 대비가 화려하고 히비스커스Hibiscus의 새콤하면서도 활기 넘치는 향미를 느낄 수 있다. 여기에 시트러스계의 레몬주스를 약간 첨가한다면 풍성한 과일 향미를 훌륭하게 즐길 수 있다.

3. TWG(The Wellness Group)/인도네시아

: 프렌치 얼 그레이(French Earl Grey)

- 분류 : 플레이버드 티 (Flavored Tea)
- 재료 :
  - ·홍차
  - ·허브 : 프렌치 블루 콘플라워
  - ·과일 : 시트러스 프루트

이 티는 프랑스 정통 클래식 얼 그레이이다. 홍차에 시트러스계Citrus의 과일과 프 랑스산 블루 콘플라워French Blue Cornflower를 블렌딩하여 향미가 매우 우아하다. TWG 리미티드 에디션Limited Edition 버전의 한 품목이다.

4. T2/호주

: 프렌치 얼 그레이 루스 리프 티 큐브(French Earl Grey Loose Leaf Cube)

- 분류 : 플레이버드 티 (Flavored Tea)
- 재료 :
  - ·홍차
  - ·허브 : 히비스커스, 로즈 페탈, 선플라워 페탈, 멜로 플라워
  - ·착향 : 베르가모트 (2%)

이 티는 미디엄 바디감Medium Bodied의 홍차를 베이스로 히비스커스, 로즈 페탈Rose Petals, 선플라워 페탈Sunflower Petals, 멜로 플라워Mallow Fowers를 섞어 색상 대비가 화려하고 베르가모트 오일이 착향되어 꽃 향과 시트러스계 과일 풍미가 균형을 이룬다.

 # 스웨덴의 클래식 블렌드

스웨덴에도 역사와 전통을 자랑하는 클래식 블렌드 홍차가 있다. 스웨덴 최초로 개발된 블렌딩 티인 '쇠데르블란드닝Söderblandning'이다. 흔히 줄여서 '쇠데르 티 Söder Tea'라고도 한다.

이 클래식 블렌드의 이름은 수도인 스톡홀름 내 쇠데르말름Sodermalm 지역에서 최초로 개발된 데서 유래되었다. 여기서는 스웨덴에서도 가장 인기 있는 클래식 블렌드를 소개한다.

쇠데르블란드닝 (Söderblandning)

1978년 스리랑카 출신의 티 수집가Tea Selector인 베르농 모리스Vernon Mauris가 쇠데르말름 지구에 오늘날 스웨덴 최고의 티 업체로 올라선 '티 센터 오브 스톡홀름The Tea Centre of Stockholm'을 창립하였는데, 쇠데르블란드닝은 이 회사에서 실수로 우연히 개발되었다고 한다.

창립자인 베르농이 블렌딩 작업 중 일부 패치를 바닥에 떨어뜨렸는데, 직원들이 그것을 버리지 않고 몰래 우려내 마셨다고 한다. 그런데 그 블렌드의 맛과 향이 직원들 사이에서 너무도 훌륭하다고 평가를 받자, 베르농이 그 블렌딩을 재현하려고 노력한 끝에 오늘날 스웨덴 전 국민의 사랑을 받고 있는 쇠데르블란드닝이 탄생하였다는 것이다.

이렇게 실수로 우연히 개발되었다고 하여, 초창기에는 '실수한 블렌드'라는 뜻으로 스웨덴어로는 '미스타그스 블란드닝겐Misstags Blandningen', 영어로는 '미스테이크 블렌드The Mistake Blend'로 불렸는데, 훗날 이 블렌드가 탄생한 지역을 기리기 위하여 지금의 이름으로 변경하였다는 것이다.

🍃 이 클래식 블렌드는 홍차를 기본 베이스로 각종 열대 과일과 다양한 꽃들을 블렌딩해 만드는 일종의 '플레이버드 블렌드'이다.

이 블렌드는 정확한 재료의 구성이 자세히 소개되지 않았지만, **주로 실론 홍차, 중국 홍차, 상쾌하고 산뜻한 시트러스계 열대 과일, 다양한 종류의 향긋한 꽃들이 블렌딩되어 있다.**

스웨덴의 국민 음료인 쇠데르블란드닝의 블렌드

 **불가리아의 클래식 블렌드**

동유럽 발칸반도의 국가인 불가리아에도 전통적으로 즐겨 마시는 클래식 블렌드가 있다. **발칸반도의 토속 허브 식물과 꿀을 블렌딩해 우려내 마시는 음료인 '무르살스키 차이**Mursalski Chai**'이다.**

무르살스키 차이 (Mursalski Chai)

🌿 이 티에 사용되는 토속 허브 식물은 라미아과^{Lamiaceae} 여러해살이의 식물인 '시데리티스^{Sideritis scardica}'이다.

불가리아 지역에서는 법률로 엄격히 보호되고 있으며, 허가를 통해 극소수로 재배되고 있다.

이 허브 식물은 오래전부터 발칸반도 지역의 사람들이 감기 예방을 위해 치료제로 사용하였다.

이 허브를 끓는 물에 우려낸 뒤 전통적으로 꿀을 넣어 단맛을 더해 즐기는 음료가 불가리아의 클래식 블렌드인 '무르살스키 차이'인 것이다.

허브 식물인 시데리티스는 호흡기계의 문제를 완화시키고, 심혈관 질환의 위험을 줄이며, 항염증, 항산화 효과가 있는 것으로 알려져 불가리아 스몰랸^{Smolyan} 지역에서는 이 허브를 사용한 무르살스키 차이를 예로부터 건강 티로서 즐겨 왔는데, 오늘날에는 뜨거운 물만 부으면 곧바로 마실 수 있는 RTD 음료로도 판매되고 있다.

불가리아 클래식 허브 블렌드, 무르찰스키 차이

🫖 우크라이나의 클래식 블렌드

러시아 서부 흑해 연안국인 우크라이나에서도 전통적으로 마셔온 클래식 블렌드가 있다.

다양한 건과일을 블렌딩한 뒤 각종 향신료를 혼합하여 즐기는 음료인 '우즈바르 Uzvar'이다.

우즈바르 (Uzvar)

우크라이나에서는 우즈바르 티를 매우 다양하게 변형시켜 소비하고 있다.

건과일로는 **사과, 배, 자두, 살구** 등이 일반적으로 블렌딩되는데, **하나의 건과일만 우려내 마실 수도 있고, 건과일들을 여러 종류로 블렌딩한 뒤 생과일도 혼합해 마실 수도 있다. 여기에 시나몬, 스타 아니스, 너트메그 등의 각종 향신료들을 블렌딩해 마실 수도 있다.**

이러한 블렌딩에 단맛을 더해 주기 위해 보통 꿀을 넣는 것이 일반적이다. 이처럼 우즈바르는 사람의 취향에 따라 매우 다양하게 블렌딩해 마실 수 있는 클래식 블렌드인 셈이다.

🌿 우크라이나 사람들은 전통적으로 우즈바르를 겨울철 건강 음료로 즐겨 마시거나 식사를 마친 뒤 디저트 티로 많이 즐기곤 한다.

특히 크리스마스이브의 저녁 식사인 '스비아타 베체라Sviata Vechera'에서는 항상 등장할 만큼 우크라이나인들에게는 매우 친숙한 블렌드이다.

각종 허브와 과일들로 우린 우즈바르

 러시아의 클래식 블렌드

러시아는 오래전부터 티 무역 상인들이 중국의 산지에서부터 유럽으로 이동하는 '**티 로드**Tea Road'의 경유지였다.

그 티 로드를 통해 낙타 행상 카라반들이 티를 운송하면서 러시아의 상류층에서는 티를 소비하는 문화가 일찍부터 발달하였다.

그러한 문화유산으로 남은 대표적인 클래식 블렌드가 바로 '**러시안 카라반**Russian Caravan'이다.

낙타 행상, 카라반의 티 로드 (Tea Road)

🍃 **러시아는 티 산지인 중국에서 티가 유럽으로 건너가는 중요한 길목이었다.**

그러한 티 무역은 처음에 육로로 진행되었지만, 무역이 활발해짐에 따라 나중에는 해로를 통해서도 이루어졌다.

특히 낙타에 짐을 실어 운송하는 행상인 카라반들을 통해 진행되었던 **티의 육로**

무역 역사는 18세기 초까지 거슬러 올라간다.

🌿 처음에 카라반들은 러시아에서 모피를 싣고 중국 북경으로 건너가 금, 은, 면, 비단, 도자기, 티와 교환하면서 무역을 진행하였는데, 그 경로는 남시베리아, 우랄 산맥, 몽골 초원을 가로지르는 왕복 3년의 대장정이었다.

1727년 러시아 제국과 중국이 조약의 체결을 통해 국경 지역인 캬흐타Kyakhta 에 중계 무역 전초 기지를 건설하면서 티 무역은 점차 활기를 띠었다.

이때부터 캬흐타에는 카라반들이 북경 북서부의 강서江西 지방에서 티를 구입해 오고, 또한 중국 남부의 복건성福建省 무이산맥武夷山脈에서도 홍차와 우롱차들을 운송하면서 티 무역은 조약 체결 전보다 무려 6배나 성장하였다고 한다.

🌿 그런데 카라반들이 육로로 티를 운송하면서 그 향미에 미묘한 변화가 일어났 다. 카라반들이 몽골의 건조한 스텝 지방을 지나면서 자연 건조되고, 또 추운 지 방을 지나면서 밤에 야영을 위해 모닥불을 피운 결과, 그 연기가 티에 자연스럽게 스며들어 스모키한 향미가 생겨났다는 것이다.

이러한 스모키한 향은 당시 러시아인들에게 큰 인기를 얻었고, 그처럼 향수 어린 향미를 재현하기 위하여 탄생한 것이 러시아의 클래식 블렌드인 '러시안 카라반 Russian Caravan'이다.

한편, 1891년 시베리아 횡단 철도가 개통되면서 카라반들의 기나긴 낙타 행렬은 점차 그 모습을 찾아볼 수 없게 되었다고 한다.

 ## 러시안 카라반 (Russian Caravan)

🌿 러시안 카라반은 스모키한 향과 18세기 낙타 행상인 카라반들이 캬흐타에서 러시아의 모스크바로 주로 운송한 티들의 향미를 재현한 클래식 블렌드이다.

따라서 일반적인 조성은 우롱차, 기문 홍차, 그리고 스모키한 **정산소종**正山小種= **랍상소총**Lapsang Souchong의 블렌드이다. 그로 인해 향미는 스모키한 향이 풍부하고 맛도 달콤하면서 풀 바디감이 넘친다.

그런데 오늘날에는 브랜드마다 랍상소총을 블렌딩하지 않아 스모키한 향이 없는 것도 있고, 랍상소총 대신에 몰티 향이 강한 인도의 아삼 홍차를 블렌딩한 것도 있다. 또한 찻빛에 풍부하고 강한 구릿빛을 주기 위하여 '운남홍차雲南紅茶'를 블렌딩한 것도 있다.

 러시아 사람들은 이러한 러시안 카라반 홍차를 주로 진하게 우려내 마시는 데, 이때 레몬이나 오렌지 조각을 곁들여 마시거나 꿀이나 잼을 바른 빵과 함께 마시는 풍속도 있다.

오늘날 러시안 카라반은 사람들의 취향에 맞게 다양하게 즐길 수 있도록 향미가 약한 것에서부터 풀 바디감으로 중후한 것에 이르기까지 매우 다양하게 블렌딩되고 있다.

☕ 사모바르 (Samovar)의 탄생

러시아의 전통적인 다기인 사모바르 Samovar**는 1778년 금속 가공 도시로 유명한 툴라**Tula**에서 총기 제작업체에 의해 최초로 개발되었다.**

하단에는 진하게 우린 찻물이 나오는 수도꼭지와 뜨거운 숯을 넣어 물을 데울 수 있는 공간이 있으며, 상단에는 취향에 따라 농도를 묽혀서 마실 수 있도록 티포트가 놓였다.

18~19세기 러시아 남성들은 사모바르에서 진하고 뜨겁게 우려진 홍차를 유리잔에 받아 마셨는데, 이때 흘리는 땀을 닦기 위하여 수건을 어깨에 걸치고 마셨다고 한다. 반면 여성들은 우아한 도자기 찻잔에 받아서 마셨다고 전해진다.

타 브랜드의 꿀팁 훔쳐보기 ❽

러시안 카라반 / 제품 테크닉 (3개)

1. 위터드 오브 첼시(Whittard of Chelsea)/영국(UK)/잉글랜드

: 러시안 카라반 루스 티(Russian Caravan Loose Tea)

- 분류 : 플레이버드 티 (Flavored Tea)
- 재료 :
  · 홍차 (인도) : 아삼
  · 홍차 (복건성) : 랍상소총
  · 홍차 (네팔) : 하이 그론

이 티는 바디감이 풍부하고 몰티 향미가 강한 아삼 홍차와 캠프파이어의 연기 향이 풍기는 복건성의 랍상소총=정산소종을 블렌딩한 뒤 산뜻한 맛으로 매캐한 맛의 균형을 잡기 위하여 네팔 홍차를 더한 블렌드이다. 그 결과 그 풍미가 다층 구조를 이루면서 매우 풍부한데, 스파이스 톤의 맛이 깔린 가운데 달콤하면서도 몰티 향과 연기 냄새가 풍긴다.

2. 포트넘 앤 메이슨(Fortnum & Mason)/영국(UK)/잉글랜드

: 러시안 카라반 루스 리프(Russian Caravan Loose Leaf)

- 분류 : 플레이버드 티 (Flavored Tea)
- 재료 :
  · 홍차 (중국) : 기문
  · 우롱차 (중국)

이 티는 중국의 기문祁門, Keemun 홍차와 우롱차Oolong teas를 블렌딩한 독특한 구성을 띠고 있다. 맛이 가볍고 산뜻하면서 견과류의 풍미가 있다. 다크초콜릿, 바닐라 아이스크림과 훌륭한 페어링을 이룬다. 러시아 황제 차르Tsars의 사랑을 받았던 바로 그 맛이다.

러시안 카라반

3. 페코티 에든버러(PekoeTea Edinburgh)/영국(UK)/스코틀랜드

: 러시안 카라반(Russian Caravan)

- 분류 : 플레이버드 티 (Flavored Tea)
- 재료 :

 · 홍차 (중국) : 랍상소총=정산소종

 · 홍차 (인도) : 아삼

 · 홍차 (중국)

이 티는 스코틀랜드 에든버러에서 최고급 랍상소총=정산소종에 인도의 아삼 홍차, 중국 홍차를 직접 수작업으로 블렌딩한 것이다. 약한 스모키한 냄새와 함께 달콤한 맛이 나는 가운데 몰티 향미가 풍기는 것이 특징이다. 산뜻한 맛의 중국 홍차를 별도로 블렌딩한 것은 맛의 균형을 잡기 위한 것이다.

사모바르가 놓인 러시아 전통 티 세리머니

 # 러시아 연방 칼미크공화국의 클래식 블렌드

러시아 연방에는 몽골 유목민이 사는 나라들이 많다. 몽골 유목민인 **칼미크족**Kalmyk이 거주하는 칼미크공화국도 그중 한 곳이다. 이곳에는 티베트족, 몽골족들의 수유차와 비슷하지만, 다소 차이를 보이는 티 블렌드를 만들어 마시고 있다. 보통 '**칼미크 티**Kalmyk Tea', '**칼미크 차이**Kalmyk Chai'라고 부르는 블렌드이다.

🍵 칼미크 차이 (Kalmyk Chai)

🌿 칼미크 차이는 기본적으로 압축된 녹차나 홍차를 끓인 뒤 버터나 우유, 소금을 넣고 함께 우려낸 크리미한 티이다. **수유차와 차이점이 있다면, 흑차인 청전이나 흑전 대신에 긴압 녹차나 홍차를 사용하는데, 특히 긴압 녹차를 사용하는 것이 대부분이다.** 이 긴압 녹차는 찻잎, 줄기, 잔가지 등이 포함된 다소 거친 티이다. 이 티를 물에 넣고 뜨겁게 끓인 뒤에 버터나 우유, 그리고 **너트메그**Nutmeg **(육두구)**나 **페퍼**pepper **(후추)**와 같은 다양한 향신료들을 넣고 진하게 우려내 마시는 것이다.

🌿 오늘날에도 칼미크족은 전통에 따라 칼미크 차이를 빵을 대체하는 식사용으로, 또는 든든한 영양 보충 음료로 마시고 있는데, 시장에서는 뜨거운 물만 넣고 곧바로 마실 수 있는 RTD 음료로 판매되고 있다.

칼미크 차이를 우리는 모습과 그 재료들

 # 중국의 클래식 블렌드

중국에서는 매우 오래전부터 티 문화가 발달한 만큼, 티를 다양하게 블렌딩해 마시는 방법들이 발전해 왔다.

그중 대표적인 클래식 블렌드로는 재스민 티Jasmine Tea나 서양에서 랍상소총 Lapsang Souchong이라 불리는 정산소종正山小種 등이 있다.

재스민 티 (Jasmin Tea, 茉莉花茶)

🍃 **중국의 대표적인 플레이버드 티인 재스민 티는 역사가 약 1000여 년 전으로 거슬러 올라가는 클래식 블렌드이다.**

중국에서는 '말리화차茉莉花茶', '향편香片'이라고도 한다.

🍃 재스민 꽃은 진한秦漢 시대에 인도로부터 중국의 복건성福建省 복주시福州市 지역으로 전파된 뒤 남북조 시대인 5세기경부터는 찻잎에 향을 더하기 위하여 사용되었고 전해진다. 그 뒤 10~12세기 송나라 시대에 **찻잎에 향을 더하는 전문 기술인 음화窨花 방식이 발달하기 시작**하였고, 복주시에서는 강가를 중심으로 재스민 꽃을 본격적으로 재배하였는데, **이때부터 복주시는 '재스민의 도시'로 불리었다.** 이로 인해 복주시는 오늘날 '재스민 티의 발원지'로 더 많이 알려져 있다.

🍃 그 뒤 재스민 티는 티의 중흥기인 명나라 시대를 거쳐 청나라 시대에 이르러서 '공차貢茶'로 지정되어 북경北京 지역으로 소비가 확산하였을 뿐만 아니라, **청나라 말기에는 서양으로까지 수출되기 시작하였다.**

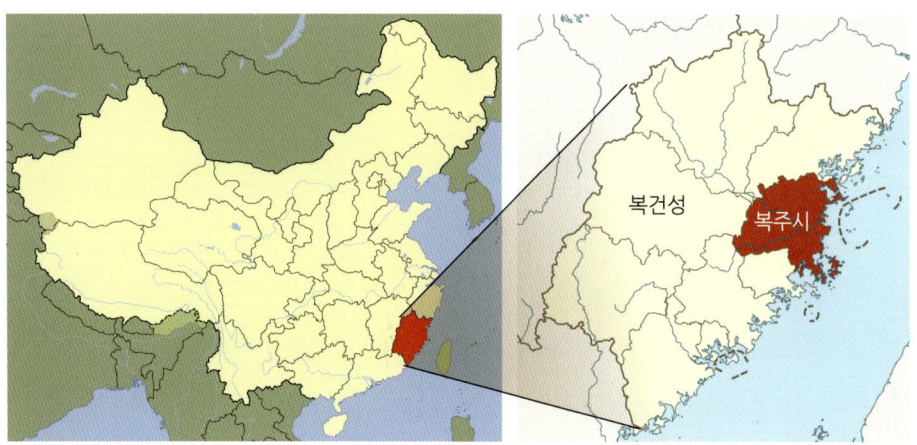

재스민 티의 발원지인 중국 복건성의 복주시

🌿 가향하는 음화 (窨花) 방법

재스민 티는 초봄에 수확한 찻잎과 늦여름에 만개하는 재스민 꽃을 수확하여 만든다. 재스민 꽃은 아침에는 꽃봉오리가 닫혀 있다가 밤에 개화하여 향을 발산하는 식물이다. 사람들은 이런 재스민 꽃을 이른 아침에 수확하여 찻잎과 함께 둔 뒤 밤에 개화하면서 향이 찻잎에 배도록 한다.

이 과정을 '**음화**窨花'라고 하는데, 여기에는 크게 두 방식이 있다.

1) 찻잎과 꽃을 층층이 쌓아 두는 방법

찻잎과 재스민 꽃을 선반을 달리하여 층층이 엇갈리게 쌓아놓고 밤에 재스민꽃이 개화하여 향을 발산하면서 찻잎에 배도록 하는 기술이다.

2) 찻잎과 꽃을 한데 섞어서 두는 방법

찻잎을 재스민 꽃과 함께 섞어서 놓아두고 한 밤 동안 저장하는 방법이다.

찻잎의 향이 다 배고 나면 꽃을 찻잎에서 걸어 내는 기술이다.

재스민 꽃의 향이 찻잎에 완전히 배는 데는 적어도 4시간 이상 걸리는데, 이 음화 과정을 통하여 향을 더해 주는 작업은 최소 4회에서 7회까지 브랜드 업체마다 매우 다양하게 진행된다.

재스민 티는 음화 과정이 끝나면 재스민 꽃으로부터 흡수한 수분을 찻잎에서 제거하기 위하여 마지막 건조 작업을 거친다.

🌱 녹차를 베이스로 한 재스민 티 중에서도 품질이 우수한 것으로는 '**벽담표설**_碧 _{潭飄雪}'이 있다. 그런데 오늘날에는 녹차에서 더 나아가 백차, 홍차를 베이스 티로 재스민 티를 생산하는 수도 있다.

여기서는 세계 유명 브랜드들이 선보이는 **클래식 재스민 티**를 소개한다.

① 재스민 꽃의 수확

② 찻잎과 재스민 꽃의 혼합

③ 밤새 진행되는 음화 과정

④ 음화 과정 뒤 꽃잎 걷어 내기

타 브랜드의 꿀팁 훔쳐보기 ❾

재스민 티 / 제품 테크닉 (6개)

1. 이스트 인디아 컴퍼니(East India Company)/영국(UK)/잉글랜드

: 더 포비든 시티 재스민 블로섬 루스 리프 그린 티

(The Forbidden City Jasmine Blossom Loose Leaf Green Tea)

- 분류 : 플레이버드 티 (Flavored Tea)
- 재료 :
  · 녹차 (중국)
  · 착향 (음화) : 재스민 꽃봉오리

이 티는 중국 녹차에 재스민 꽃의 향을 배게 하여 만든 클래식 재스민 티이다. 아침에 딴 재스민 꽃봉오리를 녹차 찻잎과 함께 교대로 배치하여 밤 사이에 향이 배게 하는 음화 과정을 여러 차례에 걸쳐 진행하였다. 달콤하면서 꽃 향의 톱 노트가 입안을 깔끔하게 정돈해 준다. 이때 녹차는 티 마스터가 최고급 품질로만 엄선해 사용하였다.

2. 트레고스난(Tregothnan)/영국(UK)/잉글랜드

: 재스민 그린 티(Jasmine Green Tea)

- 분류 : 플레이버드 티 (Flavored Tea)
- 재료 :
  · 녹차 (영국) : 코니시 지역 다원
  · 녹차 (중국)
  · 꽃 : 재스민 꽃잎

이 티는 영국의 코니시Cornish 지역 다원에서 생산된 녹차에 중국의 고품질 녹차를 블렌딩한 뒤 재스민 꽃을 블렌딩한 것이다. '특별 에디션Special Edition' 버전으로서 착향료인 에센셜 오일을 사용하지 않고, 재스민 꽃잎을 직접 넣어 블렌딩하였다.

3. 티 피그스(Teapigs)/영국(UK)/잉글랜드

: 재스민 펄스 티(Jasmine Pearls Tea)

- 분류 : 플레이버드 티 (Flavored Tea)
- 재료 :
  · 녹차 (중국 남부) : 건파우더
  · 착향 (음화) : 재스민 꽃

이 티는 중국 남부의 산지에서 손으로 직접 진주 모양으로 휘말아서 만든 건파우더 Gunpowder 녹차에 재스민 꽃의 향을 전통적인 음화 방식으로 배도록 하여 그 향미가 산뜻하면서 신선한 가운데 향긋한 꽃 향이 풍긴다. 정신의 긴장을 풀어주고, 항산화 성분이 풍부하여 건강에도 좋다.

4. 다만 프레르(Dammann Frères)/프랑스

: 재스민 펄(Jasmine Pearl)

- 분류 : 플레이버드 티 (Flavored Tea)
- 재료 :
  · 녹차 (중국 푸젠성) : 건파우더
  · 착향 (음화) : 재스민 꽃봉오리

이 티는 중국 남부 복건성 지방에서 생산되는 은빛의 잔털이 풍부한 실버 녹차Silver-Green Tea를 진주 모양으로 휘말은 건파우더에 재스민 꽃의 향을 음화 방식으로 배도록 한 것이다. 이 은빛의 잔털이 풍부한 건파우더는 전문 장인에 의하여 수공예로 진행되는데, 하루에 1kg밖에 생산되지 않는다. 향미가 산뜻하고 신선하면서 향긋한 꽃 향이 풍기는 가운데 동물성 노트Animalistic Notes가 풍기는 것이 특징이다.

5. 콩파니 콜로날(Compagnie Coloniale)/프랑스

: 재스민 그린 티(Jasmine Green Tea)

- 분류 : 플레이버드 티 (Flavored Tea)
- 재료 :
  - ·녹차 (중국) : 센차
  - ·착향 (음화) : 재스민 꽃봉오리

이 티는 중국에서 생산된 센차 녹차Sencha Green Tea에 8월에 수확한 최고급 재스민 꽃을 3~4시간 서늘한 곳에서 냉각한 뒤 녹차 찻잎과 꽃봉오리를 교대로 놓고 음화 과정을 통해 재스민 꽃의 우아한 향이 배도록 해 만들었다. 블렌딩을 통해 녹차와 재스민 꽃 향미가 절묘한 균형을 이루고 있어 그 풍미가 매우 산뜻하고 경쾌하다.

6. 아만 프리미엄 티(AMAN PREMIUM TEA)/한국

: 벽담표설(碧潭飄雪)

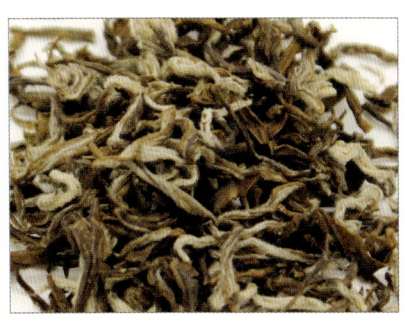

- 분류 : 플레이버드 티 (Flavored Tea)
- 재료 : 모두 유기농
  - ·녹차(중국) : 사천성(四川省) : 쓰촨성
  - ·착향(음화) : 재스민 꽃봉오리

이 티는 중국 사천성四川省 (쓰촨성)의 어린 새싹으로 만든 녹차에 초봄에 갓 피려고 하는 재스민 꽃봉오리를 음화 과정을 통해 향이 배도록 한 것이다. 재스민 녹차 중에서도 특급特級 품질이다. 개완에 담긴 찻잎의 모습이 마치 푸른 연못에 흩날리는 눈과 같다고 하여 이름이 붙었다.

재스민 티

정산소종 (正山小種)**=랍상소총** (Lapsang Souchong)

🌿 서양에서는 '**랍상소총**Lapsang Souchong'으로 알려진 **세계 최초의 홍차**인 **정산
소종**正山小種은 중국의 대표적인 클래식 홍차 블렌드이다.

🌿 이 클래식 블렌드는 1646년 청나라 초기에 우연히 개발되었다.
복건성 무이산武夷山 **일대의 정산**正山이라는 곳에서 당시 농부가 이미 멸망한 명
나라 재건 세력을 토벌하기 위해 진군해 온 청나라 군대로부터 창고의 대관을 요
청받고, 그 공간을 비우기 위하여 당시 보관되어 있던 찻잎을 급히 건조하면서 탄
생하였다는 이야기가 있다.
즉 농부가 찻잎을 급히 말리기 위하여 소나무를 장작으로 태우고 그 연기로 찻잎
을 말리는 과정에서 소나무 특유의 훈연향이 배면서 탄생하였다는 것이다.
**이 티는 그 뒤 네덜란드 무역 상인에게 판매되었는데, 특히 유럽으로의 긴 운송
시간 동안 훈연 건조된 이 티의 품질 보관성이 훌륭하여 서양에서는 그 향미로 큰
인기를 끌게 된 것이다.** 그리고 운송하는 동안에 일부 산화 과정이 발생하면서 오
늘날 '**세계 최초의 홍차**'로 알려진 것이다.

🌿 당시 **정산소종은 스모키 향**이 풍기면서 **용안육**龍眼肉**의 단맛이 나는 것이 특
징이었다.** 오늘날에는 훈연향이 없는 '무연향無煙香'도 생산되고 있다.
대표적인 산지는 역시 정산소종의 발원지인 무이산 일대의 '동목관桐木關'이다.

🌿 **전통적인 훈연 방식**
중국의 전통적인 훈연 방식은 매우 소박하다. 화덕과 배기구가 외부에 설치된 일
종의 가마 내에 대나무로 만든 선반 3개를 놓고 그 위에 찻잎을 가지런히 놓는다.
화덕에서 소나무를 태워 가마 내부에 연기를 불어넣고 배기구의 구멍을 외부에

서 조절하여 연기의 양을 통제하면서 훈연 정도를 조절한다.

맨 위층에서는 찻잎을 위조하면서 상층부에 쌓인 연기로 훈연한다. 그리고 맨 아래층 선반으로 내려갈수록 위조 과정을 거친 찻잎을 다시 훈연, 건조하는 것이다. **하나의 연료로 위조, 훈연, 건조 과정을 동시에 진행하는 것이다.**

중국 복건성 무이산 풍경 지구의 구곡계(九曲溪)

정산소종 발원지인 무이산지의 동목관

 **칼럼**

◈ 랍상소총에서 '블랙 티 (Black Tea)'라는 말이 탄생!

서양에서는 티 무역 초기에 녹차Green Tea, 홍차Black Tea를 구분하는 개념이 없었다. 그런데 당시 유럽에서 큰 인기를 얻었던 랍상소총은 기존의 티 (녹차)들과는 다르게 **찻잎이 검은색을 띠고 있었다.**

이를 보고 유럽인들은 랍상소총을 '찻잎의 색상이 검다'고 하여 '블랙 티 Black Tea'라고 분류한 것이다.**

이것이 오늘날 서양에서 홍차를 '블랙 티'라 부르게 된 이유이다.

반면에, **중국에서는 찻잎을 우렸을 때 찻빛에 따라 티를 분류하기 때문에 랍상소총은 그 붉은 찻빛으로 인하여 '홍차**紅茶'라고 한다.**

◈ 서양에서 정산소종을 '랍상소총'이라 부른 이유?!

＊ 서양인들이 중국과 티를 처음 무역할 당시에 무역 상인들은 복건성 복주의 '**무이산**武夷山' 지역에서 생산되는 티들을 모두 '**보히 티**Bohea Tea'라고 불렀다. 왜냐하면 '무이[Wuyi]'라는 발음이 '보히[Bohea]'로 서양인들에게 비슷하게 들려 와전되었기 때문이다.

이 당시는 아직 서양의 무역 상인들이 '녹차Green Tea', '홍차Black Tea', '우롱차Oolong Tea'를 구분해 부르기 전이었다.

＊ 그리고 **정산소종도 소나무를 태운 연기의 냄새가 나는 티였기 때문에 그 이름을 단순히 '스모키 티**Smokey Tea'라고 불렀다.**

그 뒤 무역 상인들이 이 독특한 향미의 티를 묘사하기 위하여 당시 무역이 거래되던 복주福州 지방의 방언을 기반으로 새롭게 부르게 시작하였는데, 그것이 '랍상소총'이었던 것이다.

즉, 냄새의 기원인 소나무, 즉 송수(松树)의 발음인 '랍상[Lapsang]'과 찻잎의 크기가 작은 품종인 소종小種의 발음, 즉 '소총[Souchong]'이 결합된 것이다.

참고로, 보히 티로 알려진 최초의 랍상소총은 서양에 세계 최초의 홍차로 알려 졌지만, 실제로는 당시 무이산에서 많이 생산된 우롱차였을 것이라는 설도 있 다. **무이산이 부분 산화차인 우롱차의 대표적인 산지이기 때문이다.**

정산소종의 발원지인 동목촌의 훈연실

훈연실 내부에서 정산소종 찻잎이 훈연된 모습

랍상소총 / 제품 테크닉 (4개)

1. 위터드 오브 첼시(Whittard of Chelsea) / 영국(UK) / 잉글랜드

: 랍상소총 루스 티(Lapsang Souchong Loose Tea)

- **분류** : 플레이버드 티 (Flavored Tea)
- **재료** :
  · 홍차 (중국) : 복건성
  · 착향 (훈연) : 소나무 연기

이 티는 중국 복건성의 스페셜티 잎차 홍차에 송진이 있는 소나무를 태워 송진 향과 소나무 향이 배게 하는 16세기의 전통적인 훈연 방식으로 만든 것이다. 그 스모키 향이 송진 향, 소나무 향과 융복합되어 매우 우아하게 풍긴다. 비건이나 베지테리언들도 무난하게 마실 수 있다.

2. 포트넘 앤 메이슨(Fortnum & Mason) / 영국(UK) / 잉글랜드

: 랍상소총 루스 리프 틴(Lapsang Souchong Loose Leaf Tin)

- **분류** : 플레이버드 티 (Flavored Tea)
- **재료** :
  · 홍차 (중국) : 복건성
  · 착향 (훈연) : 소나무 연기

이 티는 복건성에서 수확한 찻잎을 소나무 장작을 태운 불로 위조萎凋, withering 과정을 거친 뒤 팬에 초청炒青하고 성형 과정을 거친 뒤 대나무 선반에 놓고 소나무 모닥불로 훈연해 만든 고품질 랍상소총이다. 스모키 향이 매우 우아하여 스트롱 치즈 Strong Cheese와 초콜릿 케이크와도 페어링을 잘 이룬다.

3. 다만 프레르(Dammann Frères)/프랑스

: 블랙 티 – 스모키 랍상(Black Tea - Smokey Lapsang)

- 분류 : 플레이버드 티 (Flavored Tea)
- 재료 :
  · 홍차 (중국)
  · 착향 (훈연) : 목재의 탄 향

이 티는 전통적인 랍상소총의 향미를 완벽하게 재현한 것이다. 나무를 태운 스모키 향과 스파이시 향이 온화하면서도 미묘하게 풍긴다. 우린 찻빛은 구릿빛으로 매우 아름답고, 스모키 향도 자극적이지 않고 매우 우아하게 풍긴다.

4. 티게슈벤드너(TeaGschwendner)/독일

: 차이나 랍상 소총 바이오(China Lapsang Souchong Bio)

- 분류 : 플레이버드 티 (Flavored Tea)
- 재료 :
  · 홍차 (중국)
  · 착향 (훈연) : 나무

이 티는 유럽 유기농 인증 농장에서 수확해 만든 홍차를 중국 전통적인 방식으로 훈연한 것이다. 한 잔의 티로 우리면 스모키 향과 스파이시 향이 우아하게 풍기고, 찻빛은 맑고 투명한 오렌지-브라운Orange-Brown의 색상을 보이는 것이 특징이다.

 티베트, 몽골의 클래식 블렌드

티베트의 장족, 몽골족의 오랜 생활 풍속과 함께 발전해 온 클래식 블렌드가 있다. **오늘날 밀크 티**^{Milk Tea}**의 기원이자, 서양에는 '버터 티**^{Butter Tea}**'로 알려진 티베트의 '수유차**^{酥油茶}**'이다.** 이를 몽골에서는 '우유 차'라는 뜻으로 '수테차'라고 부른다.

수유차 (酥油茶)

🍃 **티베트의 전통 차인 수유차의 기원은 7세기경 당나라 시대로까지 거슬러 올라간다.** 당나라 황실의 문성공주^{文成公主, 625?~680}가 고대 무역 교통로 당번고도^{唐蕃古道}를 따라 티베트 (당시 토번국)의 왕 송첸캄포^{松贊干布, 617~650}에게 시집을 간 뒤 사람들에게 티를 대접한 데서 유래되었다고 한다.

＊ 수유^{酥油}는 티베트와 몽골 지방의 음식으로서 소나 양이나 야크의 젖을 국자로 저어 가면서 끓인 뒤 식히면서 응고된 지방으로 만든 유지를 말하는데, 일종의 버터와도 같다.

🍃 **흑차**^{黑茶}**의 전차**^{磚茶}**인 청전**^{青磚}**이나 청전과 흑전**^{黑磚}**을 물에 넣고 끓인 뒤 수유**^{酥油}**, 소금, 참깨, 견과류 등을 넣어 잘 섞어서 나무통에 붓고 막대기로 위아래로 잘 저어서 내용물이 잘 섞이도록 하여 큰 그릇에 담아 뜨겁게 마신다.**

이 수유차는 신선한 야채나 채소가 부족한 고산 지대나 초원에 거주하던 티베트족,

몽골족에게는 예로부터 **매우 중요한 비타민 공급원이면서 각종 미네랄 성분들을 공급하는 중요한 음식이었다.**

오늘날에는 물에 넣고 곧바로 끓이기만 하면 되는 RTD 수유차나 수테차도 판매되고 있다.

티베트의 전통 음료인 야크 버터 티 (Yak Butter Tea)

RTD 음료 수테차

몽골 전통 음료 수테차 (Sutei tsai)

 # 일본의 클래식 블렌드

전통적으로 녹차를 주로 소비해 온 일본에서는 녹차를 곡류와 함께 블렌딩해 마시는 오랜 문화가 있다.

대표적인 것이 '겐마이차Genmai Cha, 玄米茶'이다.

이 겐마이차는 처음에 고가의 녹차를 일반 서민들도 저렴하게 마실 수도 있도록 고안되었다는 이야기도 있지만, **오늘날에는 세계적으로 유명한 녹차 플레이버드 티로서 자리를 잡았다.**

겐마이차 (Genmai Cha, 玄米茶)

겐마이차의 유래에 대한 전설에는 크게 세 가지가 있다.

🍃 먼저 **사무라이에 얽힌 슬픈 이야기가 있다.**

15세기 무로마치시대室町時代에 사무라이가 하인에게 녹차를 준비하라고 명하였는데, 그 과정에서 하인의 소매에 숨겨져 있던 쌀알 몇 알이 그만 우린 녹차에 떨어진 것이다. 사무라이가 녹차를 망친 것에 분노하여 하인의 머리를 그 자리에서 베어 버렸지만, 당시 값이 비쌌던 녹차를 버리기에 아까워 마셔 보았더니 그 맛이 훌륭하여 죽은 하인의 이름인 '겐마이Genmai'를 따서 티의 이름에 붙였다는 것이다.

🍃 또 하나는 1900년대에 당시 가정주부들이 **값싼 녹차**인 반차Bancha, 番茶에 현미玄米, Brown Rice**를 섞어서 일반인들이 부담 없이 즐기기 위하여 생활의 지혜를 발휘하였다는 이야기이다.** 현미와 반차를 블렌딩하여 덖은 뒤 저렴하게 마시기 위하여 고안된 티라는 것이다.

녹차인 반차와 현미를 볶아서 만드는 겐마이차와 우린 모습

🌿 마지막으로는 1900년대 초 일본의 티 상인이 당시 상류층에서나 맛볼 수 있었던 고가의 녹차를 일반 서민들도 즐길 수 있도록 값싼 녹차인 반차에 현미를 섞어서 판매하였다는 이야기가 있다.

이처럼 서민층을 위하여 탄생한 겐마이차이지만, **오늘날에는 구수한 로스팅 향과 함께 맛도 훌륭하여 일본의 클래식 블렌드로서 전 세계인의 티 애호가로부터 많은 사랑을 받고 있다.**
더욱이 **오늘날에는 반차 외에도 품질이 좋은 센차**Sencha, 煎茶**나 최고 품질인 교쿠로**Gyokuro, 玉露**에 현미를 블렌딩한 고품격의 다양한 겐마이차들이 시장에서 선보이고 있다.**
한편 서양에서는 겐마이차를 덖는 과정에서 튀겨진 현미가 마치 팝콘처럼 보여 '**팝콘 티**Popcorn Tea'라고도 하지만, 실제 옥수수를 재료로 하는 팝콘은 전혀 들어가지 않는다.
여기서는 **세계 유수의 브랜드에서 각기 독특하게 선보이는 클래식 겐마이차를 소개한다.**

타 브랜드의 꿀팁 훔쳐보기 ⑪

겐마이차 / 제품 테크닉 (4개)

1. 위터드 오브 첼시(Whittard of Chelsea)/영국(UK)/잉글랜드

: 겐마이차 루스 티(Genmaicha Loose Tea)

- **분류** : 플레이버드 티 (Flavored Tea)
- **재료** :
  · 녹차 (일본) : 증청 녹차
  · 식품 : 볶은 쌀곡립 (Rice Kernels)

이 티는 일본 전통의 증기로 찻잎을 찐 증청蒸青 녹차와 현미를 블렌딩해 볶은 것이다. 맛이 매우 신선하고 달콤하면서 견과류의 풍미를 보이는데, 특히 일본에서 감칠맛으로 알려진 '우마미Umami, うま味'가 훌륭하다. 팝콘처럼 보이는 현미와 갈색의 현미들이 보기에 싱그러움을 더해 준다. 볶은 요리와 페어링을 잘 이루며, 베지테리언이나 비건인 사람들에게 추천된다.

2. 포트넘 앤 메이슨(Fortnum & Mason)/영국(UK)/잉글랜드

: 겐마이차 루스 티 틴(Genmaicha Loose Tea Tin)

- **분류** : 플레이버드 티 (Flavored Tea)
- **재료** :
  · 녹차 (일본) : 녹차 (50%)
  · 식품 : 현미 (Brown Rice) (50%)

이 티는 일본에서도 유명한 시즈오카현의 현미를 볶아서 녹차와 각각 절반의 혼합비로 블렌딩한 클래식 겐마이차이다. 진한 너트 노트와 구수한 감칠맛이 절묘한 조화를 이루고 있어 그 풍미가 일품이다.

3. 가와시마야(Kawashimaya)/일본

: 오거닉 겐마이차(Organic Genmaicha)

- 분류 : 플레이버드 티 (Flavored Tea)
- 재료 :
  - 녹차 (일본) : 우지시
  - 식품 : 현미 (Brown Rice)

이 티는 일본 티의 원산지인 교토부京都府 우지시宇治市의 녹차에 볶은 현미를 블렌딩한 클래식 겐마이차이다. 100년 역사의 다원에서 생산되어 고품질을 자랑한다. 미국 농업부의 유기농 인증USDA Organic을 받은 현미와 녹차를 사용하였다. 녹차와 볶은 현미의 향미가 매우 훌륭하게 균형을 이루고 있다. 향이 구수하면서 풍부하고 맛은 부드럽고 온화하다. 또한 쓴맛과 산미도 적어 마시기에 부담이 없다.

4. 다만 프레르(Dammann Frères)/프랑스

: 티 프롬 재팬 – 겐마이차(Tea From Japan - Genmaicha)

- 분류 : 플레이버드 티 (Flavored Tea)
- 재료 :
  - 녹차 (일본) : 센차
  - 식품 : 볶은 쌀 (Toasted Rice),
    뻥튀기 쌀 (Puffed Rice)

이 티는 일본의 고급 녹차인 센차Sencha, 煎茶에 볶은 쌀과 팝콘처럼 뻥튀긴 쌀을 블렌딩한 클래식 겐마이차이다. 초본 식물의 향과 바다 향, 그리고 볶은 곡류 향이 동시에 풍기면서 전체적인 노트가 미묘하면서도 복합적이다. 우린 찻빛이 맑고 투명한 연두색을 띠면서 보기에도 아름답다. 아침 식사와 함께 곁들여 마시면 그 향미를 더욱더 훌륭하게 즐길 수 있다.

 # 인도의 클래식 블렌드

🍃 인도의 고대 향신료 블렌드 음료인 '**마살라 차이**Masala Chai'의 기원에 대해서는 많은 설들이 있다. 약 5000년 전 인도 고대 왕국의 왕이 몸을 청결하게 하고 마음에 활기를 불어넣어 줄 목적으로 '**아유르베다 음료**Ayurvedic Beverage'로 만들었다는 이야기도 있고, 태국에서 오래전에 들어왔다는 이야기도 있다. **이 고대의 마살라 차이는 다양한 향신료들로 혼합되어 매우 매운 향미를 지녔으며, 가벼운 질병의 치료제로 사용되었다고 한다.** 오늘날처럼 티Tea가 들어 있지 않아 '**무카페인** Caffeine-Free' 음료였다. 이에 속하는 대표적인 음료로는 인도에서도 가장 인기 있는 음료로서 수 세기의 역사를 자랑하는 '**라웅 엘라이치 차이**Laung Elaichi Chai'가 있다. **라웅 엘라이치 차이는 '카르다몸과 클로브 (정향)를 블렌딩한 티'라는 뜻이다.**

🍃 그런데 오늘날 우리가 알고 있는 **아삼**Assam **홍차를 베이스로 하는 현대 마살라 차이의 역사는 비교적 짧다.** 1835년 영국이 당시 식민지인 인도의 아삼 지역에서 새로운 품종의 차나무Camellia Sinensis var. assamica를 발견하고 다원을 건설하면서 현대적인 마살라 차이가 처음으로 등장한 것이다. 이때 **마살라 차이는 아삼 홍차에 향신료와 우유, 그리고 감미료를 혼합한 것이었다.**

그러나 당시 인도에서 티는 대부분 수출되었고, 일반인들은 비싼 티를 소비할 수 없었기 때문에 아삼 지역에서 마살라 차이의 소비는 매우 적었다고 한다. 그런데 1900년대 초 당시 영국의 소유였던 **인도티협회**Indian Tea Association가 국내 티 소비를 촉진하기 위하여 '아유르베다식 차이'에 아삼 홍차를 블렌딩해 노동자들에게 제공한 것이다. 이때부터 비싼 찻잎의 양은 줄이고, 우유, 설탕, 향신료를 넣어 맛을 낸 현대식 마살라 차이가 큰 인기를 얻은 것이다.

인도 길거리 티 상인 차이 왈라 (왼쪽)와 쿨라르에 담아 마시는 마살라 차이

🌿 그 뒤 1960년대 티 가공 공장이 기계화되고, 아삼 홍차가 CTC (Crush-Tear-Curl) 방식으로 대량 생산되어 가격도 저렴해지면서 **오늘날 인도의 길거리에서는 소매상인 차이 왈라**Chai wallahs**를 통해 쿨라르**kulhars (점토 잔)에 담긴 마살라 차이를 누구나 쉽게 사서 마실 수 있게 된 것이다.

특히 CTC 아삼 홍차는 향미의 섬세함은 없지만 강렬하면서도 타닌의 떫은맛이 강하여 부드럽고 달콤한 우유와 매콤한 향신료와 절묘한 조화를 이루면서 그 독특한 향미로 인해 인도의 수많은 지역에서 주요 음료로 소비되고 있다.

더 나아가 마살라 차이는 오늘날 건강 티로도 인식되면서 세계 유수의 티 브랜드 기업들이 다양하게 블렌딩하여 전 세계로 판매하고 있으며, 특히 커피숍이나 티숍에서는 **스팀 우유**Steamed Milk와 함께 '**차이 라테**Chai Latte' 또는 '**차이 티 라테** Chai Tea Latte'라는 음료로 전 세계적으로 판매되고 있다.

미국에서는 고농축 시럽으로 만들어 커피숍 등에 비치하기도 한다.

인도 고대 블렌드 / '라웅 엘라이치 차이 (Laung Elaichi chai)'

약 5000년 역사를 자랑하는 인도 아유르베다 의학의 전통을 계승한 향신료 클래식 블렌드이다. 인도 아대륙에서 가장 인기 있는 음료로서 보통 '카르다몸·클로브 티Cardamom·Clove Tea'라고 불린다.

전반적으로 향이 아주 풍부하면서 맛이 매우 강하여 침체된 기분을 향상시키고, 장시간 노동으로 쌓인 피로를 해소한다.

특히 **카르다몸은 항산화, 혈압 강하, 염증 감소, 구취 제거, 면역력 증강, 항스트레스 등의 작용이 있고, 클로브는 구강, 피부의 건강을 촉진하는 작용이 있어 건강 티로서도 매우 훌륭하다.**

 마살라 차이 (Masala Chai)

티 (주로 아삼 홍차)를 베이스로 하고, 우유와 각종 향신료를 배합한 현대의 마살라 차이이다.

현대의 마살라 차이도 향신료 없이 홍차, 우유, 설탕만으로 구성된 가장 기본적인 유형이 있고, **홍차, 우유, 설탕에 카르다몸**Cardamom, **펜넬 시드**Fennel Seed, **진저** Ginger, **클로브**Clove, **너트메그**Nutmeg, **리코리스 루트**Licorice Root, **시나몬**Cinnamon 등 다양한 향신료들이 들어가는 유형이 있다.

대표적인 것이 카르다몸을 주요 베이스로 홍차, 우유, 설탕과 함께 다양한 향신료들을 섞은 '엘라이 차이 Elaichi chai'**이다.**

🌿 마살라 차이의 향신료들과 티들은 지역에 따라서 구성에 차이를 보인다.

카슈미르Kashmir 지역의 '핑크 눈 차이Pink Noon Chai'나 구자라트Gujarat 지역의 '식스-스파이스 차이6-Spice Chai' 등에 이르기까지 다양하다. 그리고 홍차도 CTC 아삼의 싱글 오리진 블렌드나 CTC 아삼·닐기리의 멀티 오리진 블렌드가 사용되기도 한다.

이처럼 마살라 차이는 인도 내에서 동일한 것은 없다고 할 정도로 매우 다양한 배합으로 판매되고 있다.

타 브랜드의 꿀팁 훔쳐보기 ⑫

마살라 차이 / 제품 테크닉 (6개)

1. 포트넘 앤 메이슨(Fortnum & Mason)/영국(UK)/잉글랜드

: 차이(Chai)

- 분류 : 플레이버드 티 (Flavored Tea)
- 재료 :
  · 홍차(인도) : 아삼
  · 허브 : 코리앤더
  · 향신료 : 시나몬, 클로브, 진저, 커민,
    스타 아니스, 펜넬

이 티는 인도 고대 전통의 차이Chai 레시피에 아삼 홍차를 넣어 만든 블렌드이다. 아삼 홍차에 인도 고대 차이에 사용되는 허브와 향신료인 시나몬, 클로브, 진저, 커민Cumin, 스타 아니스Star Anise, 펜넬Fennel을 블렌딩하였다. 마음을 진정시키는 럭셔리한 차이 티이다. 마살라 차이Masala Chai처럼 우유나 밀크 초콜릿Milk Chocolate이나 멜로 치즈Mellow Cheese와 함께 즐기면 더욱더 훌륭한 풍미를 즐길 수 있다.

2. 다만 프레르(Dammann Frères)/프랑스

: 애니차이(ANICHAÏ)

- 분류 : 플레이버드 티 (Flavored Tea)
- 재료 :
  · 홍차 (인도)
  · 향신료 : 카르다몸, 핑크 페퍼, 클로브, 진저
  · 착향료 : 스파이스

이 티는 인도 정통 레시피에 따라서 홍차에 인도의 대표적인 향신료인 진저, 클로브, 핑크 페퍼Pink Pepper, 카르다몸Cardamom을 혼합한 차이 블렌드이다. 우유와 함께 5분 정도 우려내 마시면 천연의 풍부한 향신료 향에 달콤한 맛을 함께 즐길 수 있다.

3. 포숑(Fauchon)/프랑스

: 차이 티(CHAÏ TEA)

● 분류 : 플레이버드 티 (Flavored Tea)
● 재료 :

· 홍차 (인도)

· 향신료 (33%) : 카르다몸 시드, 클로브 버드,
　　　　　　　진저, 시나몬, 스타 아니스, 페퍼

· 착향료 : 바닐라

이 티는 풍부한 향신료 향미에 바닐라 향미가 깊이를 더해 준 차이 블렌드이다. 인도 홍차를 베이스로 마살라 차이에 많이 사용되는 향신료인 스타 아니스Star Anise, 카르다몸Cardamom, 클로브Cloves, 진저Ginger, 시나몬Cinnamon, 페퍼Pepper를 블렌딩하여 매우 특별한 올팩토리Olfactory의 경험을 선사한다. 설탕, 우유와 함께 마시면 인도 전통 마살라 차이 티의 풍미를 느낄 수 있다.

4. 테하우스 로네펠트(Teehaus Ronnefeldt)/독일

: 마살라 차이(Masala Chai)

● 분류 : 플레이버드 티 (Flavored Tea)
● 재료 :

· 홍차 (아삼)

· 향신료 : 아니스, 시나몬, 클로브,
　　　　　펜넬, 블랙 페퍼

인도 전통의 티 음료인 마살라 차이 블렌드이다. 몰티 향미로 바디감이 중후한 아삼 홍차에 매콤하고 온후한 향미의 아니스Anise, 시나몬Cinnamon을 비롯하여 클로브 Clove, 펜넬Fennel, 블랙 페퍼Black Pepper와 같은 스모키한 강렬한 향미의 향신료를 블렌딩하여 밀크 티로 만들면 매우 특별한 맛을 즐길 수 있다.

5. 오거닉 파지티브리 티 컴퍼니(Organic Positively Tea Company)/미국

: 마살라 차이(Masala Chai)

- 분류 : 플레이버드 티 (Flavored Tea)
- 재료 : 모두 USDA 유기농
  - 홍차
  - 향신료 : 진저, 시나몬, 그린 카르다몸
  - 천연 착향료 : 시나몬, 진저, 바닐라

이 티는 홍차를 베이스로 진저, 시나몬, 그린 카르다몸을 첨가하여 향미를 더해 준 차이 블렌드이다. 향미가 전반적으로 온화하고 달콤한 바닐라 향미가 풍기면서 기분을 가라앉혀 건강을 증진하는 웰빙 음료이다.

6. 아만 프리미엄 티(AMAN PREMIUM TEA)/한국

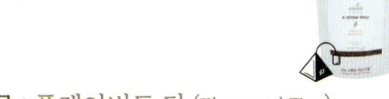

: 윈터 스토리(A Winter Story)

- 분류 : 플레이버드 티 (Flavored Tea)
- 재료 :
  - 홍차 (인도)
  - 향신료 : 시나몬, 진저, 카르다몸 씨앗,
    카르다몸 열매, 바닐라
  - 천연 착향료 : 시나몬, 진저

이 티는 인도 홍차를 베이스로 시나몬Cinnamon, 진저Ginger, 카르다몸 씨앗Cardamom Seed과 카르다몸 열매Cardamon Fruit, 바닐라Vanilla를 블렌딩하고 시나몬, 진저의 천연 착향료를 더하여 몸과 마음을 따뜻하게 하고 수정과의 맛을 즐길 수 있는 마살라 차이이다.

 # 파키스탄의 클래식 블렌드

🍃 파키스탄은 매우 오래전부터 '스파이스 로드The Spice Road' (향신료 무역로)의 중요한 길목이었다.

이 향신료 무역로를 통해서는 향신료뿐 아니라 **티**Tea도 카슈미르 지역으로 전파되었는데, 이 과정에서 탄생한 것이 '**카와**Kahwa'이다.

카와는 카슈미르어로는 '단맛의 티 Sweetened Tea'를 뜻한다.**

🍃 카와는 그 기원이 약 1~2세기경 '쿠샨 제국Kushan Empire'의 시대로까지 거슬러 올라간다는 일부 주장도 있지만, 대부분의 사람들은 카와를 카슈미르 야르칸드 밸리Yarkand Valley에 최초로 소개한 사람은 무굴 제국Mughal Empire의 황제였다고 보고 있다. 따라서 카슈미르 사람들은 카와를 '**무굴 차이**Mughal Chai'라고 부르는 것이다. **또한 그 건강 효능으로 '기적의 티**Miracle Tea', '**마법의 티**Magic Tea'라고도 불리면서 **파키스탄에서는 국민적인 음료로 자리를 잡았다.**

이 카와는 오늘날 파키스탄을 비롯하여 **인도, 아프가니스탄, 이란, 중동, 중앙아시아 지역에서 사람들이 각 고장의 고유한 식문화에 맞게 다양하게 발달시켜 나갔다.**

 ## 카와 (Kahwah)

🍃 **카와는 녹차를 베이스로 다양한 향신료들을 블렌딩한 음료이다.**

즉 녹차 찻잎에 **카슈미르 사프란**Kashmiri Saffron, **시나몬 껍질**Cinnamon Bark, **카르다몸 파드**Cardamom Pods, **카슈미르 장미**Kashmiri Roses Petals, **견과류,** 다양한 건과

일 등을 블렌딩해 우린 뒤 설탕이나 꿀을 넣어 마시는 것이다.

견과류로는 아몬드, 호두잣, 피스타치오, 대추, 캐슈너트Cashew Nuts 등을, 건과일로는 사과, 살구, 건포도 등을 주로 사용한다.

그런데 카페인이 든 녹차를 넣지 않고 향신료와 허브만 블렌딩해 마시는 사람들도 있고, 우유를 넣어 마시는 노약자들도 있다.

그리고 일부 지역에서는 카와를 변형된 형태로서 기본적인 향신료에 재스민 티 Jasmine Tea**와 그린 카르다몸**Green Cardamom**을 블렌딩해 마시는 사람들도 있다.**

이 카와는 전통적으로는 러시아에서 발명된 구리로 만든 사모바르를 사용하여 우려내 마시는데, 오늘날에는 일반 주전자를 통해서도 많이 우려내 마시고 있다.

카슈미르 카와 티의 재료들 (위)과 우린 모습 (아래)

 # 튀르키예의 클래식 블렌드

🌿 오늘날 1인당 티 소비가 세계 1위인 튀르키예의 사람들은 건사과를 향미의 베이스로 한 애플 차이를 즐기기로 유명한 나라이다.

애플 차이Apple Çay는 단품으로 건사과만 우려내 먹거나 건사과를 홍차와 과일, 꽃, 허브 잎 등을 블렌딩해 마시는 일종의 '애플 플레이버드 티Apple Flavored Tea'를 말한다. 이 애플 차이는 오늘날 일반 커피숍이나 티숍, 그리고 시장에서도 쉽게 접할 수 있을 뿐 아니라 일반 가정에서도 손님이 방문하면 환대의 뜻으로 내기도 한다.

애플 차이 (Apple çay)

🌿 튀르키예의 애플 차이는 기본적으로 건사과 조각을 우려내 마시거나 사과 과립 (결정체)이나 가루의 형태로 된 것을 끓는 물에 넣어 녹여서 먹는 음료이다.

튀르키예에서도 가장 인기 있는 음료 중 하나로서 튤립 모양의 유리잔에 우려내 마시는 풍습이 있다.

그 맛은 매우 강렬하고 풍부하며, 특히 사과의 성분인 시트러스산Citric Acid의 새콤달콤한 맛을 우아하게 느낄 수 있다.

한편, 오늘날에는 애플 차이의 기본적인 구성에 홍차와 더불어 로즈 힙Rose Hip, 세이지Sage, 린덴 블로섬Linden Blossom 등의 허브나 꽃을 블렌딩한 다양한 종류의 애플 플레이버드 티 상품들이 판매되고 있으며, 튀르키예를 찾은 관광객이나 젊은 세대들에게도 인기가 매우 높다.

애플 차이 / 제품 테크닉 (3개)

1. 위터드 오브 첼시(Whittard of Chelsea)/영국(UK)/잉글랜드

: 터키 애플 루스 티(Turckey Apple Loose Tea)

- 분류 : 허브 블렌드 + 식품 첨가제
- 재료 :
  · 허브 : 스위트 블랙베리 잎 (15%)
  · 과일 : 건사과 (52%), 사과박 (24%)
  · 착향료 : 애플 착향료 (착향료, 사과 농축액)
  · 식품 첨가제 : 시트러스산

이 티는 고대 실크로드였던 이스탄불의 거리에서 판매하는 티에 영감을 받아 블렌딩한 것이다. 식감이 좋은 사과와 사과박Apple Pomace에 달콤한 블랙베리 잎을 더한 뒤 산미를 더하기 위하여 시트르산Citric Acid과 애플 착향 재료 (착향료 + 농축 주스)를 블렌딩하였다. 뜨겁게 또는 차게 아이스티로 마셔도 매우 훌륭하다.

2. 포숑(Fauchon)/프랑스

: 라 폼/애플 티(LA POMME/Apple Tea)

- 분류 : 플레이버드 티 (Flavored Tea)
- 재료 :
  · 홍차 (실론)
  · 착향료 : 사과

이 티는 프랑스어로 '폼Pomme'이 사과를 뜻하는 데서 알 수 있듯이, 일종의 '애플 티Apple Tea'이다. 향미가 산뜻한 스리랑카 홍차에 사과 향미의 착향료를 블렌딩한 것으로 레시피가 1972년부터 지금까지 유지되고 있는 포숑 브랜드의 대표적인 베스트셀러 품목이다. 오늘날에는 세계적으로 유명한 애플 티 블렌드로 알려져 있다.

애플 차이

3. T2/호주

: 애플 크럼블 루스 리프 큐브(Apple Crumble Loose Leaf Cube)

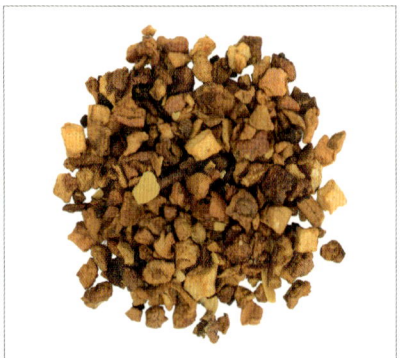

- 분류 : 플레이버드 티 (Flavored Tea)
- 재료 :
  · 향신료 : 치커리 루트 (75%), 시나몬 (2%),
    아몬드, 헤이즐넛 브리틀
    (설탕, 헤이즐넛)
  · 과일 : 사과 (79.8%)
  · 천연 및 인공 착향료
  · 식품 첨가제 : 산미제, 시트러산

이 티는 사과를 베이스로 향신료인 치커리 루트Chicory Root, 시나몬Cinnamon을 비롯해 견과류인 아몬드Almonds, 헤이즐넛 브리틀Hazelnut Brittle을 블렌딩한 뒤 천연 및 인공 착향료와 식품 첨가제인 시트러스산Citric Acid과 산미제Acidifier를 첨가하여 전체적으로 사과 향미와 견과류 향미가 절묘한 균형을 이루고 있다.

애플 차이를 튤립 모양의 유리잔에 따라 마시는 튀르키예 전통 풍습

모로코의 클래식 블렌드

🌿 오늘날 '모로코' 하면 떠오르는 것이 '**모로칸 민트 티**Morocan Mint Tea'일 정도로 이 클래식 블렌드는 동서양을 불문하고 전 세계적으로 유명하다.
그러나 모로칸 민트 티는 적어도 19세기 초반까지는 모로코에 존재하지 않았다.

모로칸 민트 티의 베이스인 건파우더 Gunpowder **녹차는 18세기부터 19세기 초에 걸쳐 영국으로부터 처음 전파되었다.** 이 당시에 건파우더 녹차는 상류층에서만 소비되면서 권력과 명예의 상징이 되었고, 일반인들에게는 거의 소비되지 않았다.
그런데 1850년대 러시아의 남하 정책에 대응하여 오스만제국·영국·프랑스 등의 연합국이 크림반도와 흑해를 둘러싸고 벌인 '**크림 전쟁**Crimean War'이 일어났다. 당시 영국의 한 티 상인이 그동안 수출해 오던 건파우더 녹차를 더 이상 스칸디나비아반도로 수출할 수 없게 되자 그 판로를 모로코로 변경한 것이다.

🌿 이 당시에 모로코 사람들이 건파우더 녹차에 감미료를 넣고 싱그러운 민트를 블렌딩하여 매우 부드럽고 달콤한 티로 우려내 마시면서 새로운 티 문화가 탄생한 것이다. **이 블렌드를 당시 '마그레비**Maghrebi'**라고 불렀는데, 모로코에서 알제리, 튀니지, 리비아, 이집트로 확산한 뒤, 더 나아가 사하라 사막 너머의 유목민인 베르베르족**Berbers**과 투아레그족**Tuareg**에게까지 전파된 것이다.**
그 뒤 모로칸 민트 티는 오늘날 모로코를 비롯하여 북아프리카 여러 지역에서는 일상적으로 마시는 음료이자, 손님을 환대하는 데 없어서는 안 될 중요한 필수 요소로 자리를 잡은 것이다.

모로칸 민트 티 (Moroccan Mint Tea)

모로코의 클래식 블렌드인 마그레비, 즉 모로칸 민트 티는 전통적으로는 건파우더 녹차 (잎차)에 건조한 민트나 향신료 (선택 사항)를 블렌딩한 것이다.

뜨거운 물에 모로칸 민트 티를 3분 정도 우려서 유리잔에 따른 뒤 취향에 따라 설탕이나 꿀을 첨가하고 싱싱한 생민트 잎을 올려서 즐긴다.

오늘날에는 다양한 풍미의 제품들도 판매되고 있지만, 전통적인 스타일의 모로칸 민트 티는 그 맛이 매우 달콤하고 향은 멘톨 향이 강하여 매우 시원한 것이 특징이다.

녹차와 설탕, 그리고 싱싱한 생민트와 함께 즐기는 모로칸 민트 티

타 브랜드의 꿀팁 훔쳐보기 ⑭

모로칸 민트 티 / 제품 테크닉 (3개)

1. 위터드 오브 첼시(Whittard of Chelsea)/영국(UK)/잉글랜드

: 마라케시 민트 루스 티(Marrakech Mint Loose Tea)

- 분류 : 플레이버드 티 (Flavored Tea)
- 재료 :
  · 녹차 (중국) : 건파우더
  · 허브 : 페퍼민트 (10%), 콘플라워 페탈
  · 착향료

이 티는 모로코의 도시 메니다Medina의 시장에서 판매되는 모로칸 민트 티에 영감을 받아 블렌딩된 것이다. 스모키한 중국 녹차인 건파우더 티에 페퍼민트 잎과 푸른 쪽 빛의 콘플라워 꽃을 흩뿌려 산뜻하면서도 상쾌하고 신선한 맛이 훌륭하다. 물론 꿀이나 설탕과 함께 즐겨도 좋다.

2. 하니 앤 선스(Harney & Sons)/미국

: 오거닉 모로칸 민트(Organic Morocan Mint)

- 분류 : 플레이버드 티 (Flavored Tea)
- 재료 : 모두 유기농
  · 녹차 (중국) : 건파우더
  · 허브 (미국) : 페퍼민트

이 티는 19세기의 전통적인 음료인 모로칸 민트 티에 대한 현대적인 해석을 가하여 새롭게 창조한 음료이다. 유기농 건파우더Gunpowder 녹차에 미국 오리건주Oregon의 유기농 페퍼민트Peppermint 잎을 블렌딩하여 녹차의 신선한 향미와 페퍼민트의 상쾌한 향미가 놀라운 콤비네이션을 이룬다.

3. 리시 티 앤 보태니컬스(Rish Tea & Botanicals)/미국

: 마그레브 민트(Maghreb Mint)

- **분류** : 플레이버드 티 (Flavored Tea)
- **재료** : 모두 유기농(Organic)
  - 녹차
  - 향신료 : 진저 루트, 페퍼민트, 카르다몸, 리코리스 루트, 펜넬 시드, 클로브, 블랙 페퍼

이 티는 전통적인 민트 티와 북아프리카 토속 향신료의 절묘한 블렌드이다. 녹차에 달콤한 페퍼민트Peppermint, 리코리스 루트Licorice Root, 자극적인 진저 루트Ginger Root, 활기 가득한 카르다몸Cardamom, 이국적인 풍미의 펜넬 시드Fennel Seed와 클로브Clove에 스파이시한 블랙 페퍼Black Pepper가 풍미를 더해 주면서 북아프리카 전통의 마그레브 민트 티를 제대로 경험할 수 있다.

모로칸 민트 티 (Morocan Mint Tea)

이란의 클래식 블렌드

🍃 이란은 18세기 동아시아로부터 실크로드를 통해 페르시아 제국에 티가 처음으로 전해졌지만 19세기 후반까지 극소수의 계층만 티를 소비하여 페르시아 음식에서는 그다지 큰 비중을 차지하지 못하였다.

그런데 1900년대 초 대영제국이 티 무역을 지배하던 시기에 당시 인도의 대사로 있었던 이란의 티 대부, **카시프 알 살타네**Kashef Al Saltaneh가 인도로부터 차나무를 밀수입한 뒤로 **이란의 길란**Gilan **지방을 중심으로 티가 본격적으로 생산되면서 그 소비가 크게 확산하였다.**

이때부터 이란에서는 수많은 티 하우스가 들어서고, 정치계, 경제계, 예술계, 지성계, 비즈니스계에서는 없어서는 안 될 기호 음료가 된 것이다.

그러한 가운데 이란에서도 클래식 블렌드가 탄생하였는데, 바로 '**페르시안 얼 그레이 티**Persian Earl Grey Tea'와 '**페르시안 사프란 티**Persian Saffron Tea'이다.

🍵 페르시안 얼 그레이 티 (Persian Earl Grey Tea)

이란에서는 20세기 중반부터 얼 그레이 홍차가 열풍을 일으키자, 1970년대에 페르시아 식습관과 융합한 새로운 형태의 얼 그레이가 등장하였다.

영국의 전통적인 얼 그레이보다도 더 강한 베르가모트 향미와 꽃향기를 풍기는 '페르시안 얼 그레이 Persian Earl Grey**가 탄생한 것이다.**

이 페르시안 얼 그레이는 전반적으로 중후한 바디감을 가지지만, 뒷맛은 매우 부드럽고 달콤한 것이 큰 특징이다. **이로 인하여 영국에서 탄생한 얼 그레이는 오늘날 이란을 비롯하여 페르시아계 사람들에게 가장 많이 소비되는 음료로 자리를 잡은 것이다.**

이란의 전통 클래식 향신료 블렌드인 페르시안 사프란 티

 페르시안 사프란 티 (Persian Saffron Tea)

이란에는 페르시아 얼 그레이와는 달리 사람들이 오래전부터 즐겨 오던 클래식 블렌드가 있다. **각종 허브와 향신료를 블렌딩한 음료인 '페르시안 사프란 티** Persian Saffron Tea'**이다.**

이 클래식 블렌드는 '향신료의 여왕'이라는 사프란Saffron에 로즈 페탈Rose Petals과 각종 향신료를 혼합한 무카페인 허브티 블렌드이다.

오늘날에는 연인들이 밸런타인데이를 비롯하여 각종 기념행사에서 즐겨 마시고 있다.

 이집트의 클래식 블렌드

이집트에서는 **홍차**를 우려낸 뒤 **설탕**과 신선한 **민트**를 함께 넣어 마시는 독특한 문화가 있다.

여기에 견과류, 꿀 등을 넣어 만든 파이인 '**바클라바**Baklava'나 크림으로 가득 채운 케이크인 '**바스보사**Basbousa'를 곁들여 먹는다.

홍차의 소비가 많은 이집트에서는 지역에 따라서 클래식 홍차 블렌드가 향미의 강도에서 약간씩 차이를 보인다.

즉 북부 지방에서 즐겨 마시는 '**코샤리**Koshary'와 남부 지방에서 즐겨 마시는 '**사이디**Saiidi'의 두 스타일이 있다.

일상에서는 품질이 낮은 CTC 홍차 티백을 우려낸 뒤 간단히 사탕수수 설탕과 생민트 잎을 넣어 먹기도 한다.

그 밖에도 이집트에서는 음식과 조화를 이루는 허브나 향신료를 블렌딩한 차이 티도 전통적으로 많이 마시고 있다.

홍차 블렌드 - 코샤리 (Koshary)

코샤리는 바디감이 비교적 산뜻하고 가벼운 홍차를 베이스로 사탕수수 설탕과 신선한 민트 잎을 넣어서 우려내 마시는 북부 지방의 클래식 홍차 블렌드이다.

북부 지방의 사람들은 남부 지방의 사람들과 달리 바디감이 가벼운 것을 선호한데 따른 것이다. 이곳의 사람들은 이 블렌드에 우유를 넣어 많이 마신다.

이집트 북부의 전통 음료인 코샤리 홍차와 허브 블렌드인 카르카데

 홍차 블렌드 – 사이디 (Saiidi)

사이디는 홍차를 약 5분간 오랫동안 끓여서 매우 진하고 쓴맛을 낸 뒤 그 쓴맛의 균형을 잡기 위하여 사탕수수 설탕을 2순갈 정도로 다소 많이 넣고 신선한 민트로 향을 낸 뒤 먹는 남부 지방의 클래식 홍차 블렌드이다.

 차이 블렌드 - 살랩 (Sahlab)

이집트 사람들이 추운 겨울철에 주로 마시는 클래식 차이 블렌드인 살랩은 허브인 난초orchid의 구근Bulb을 건조시켜 만든 가루를 우유, 향신료, 다진 피스타치오Pistachios와 함께 혼합해 끓여서 '티 라테'처럼 마시는 음료이다.

🍵 **허브 블렌드 - 카르카데 (Karkade)**

카르카데는 히비스커스 꽃을 건조하여 만든 클래식 허브티이다. 진한 홍색을 띠고 히비스커스산으로 인하여 시원하고 새콤한 맛이 있다.

여기에 단맛을 더해 주기 위하여 사람들은 설탕을 넣어 마신다. 이 카르카데 티는 비단 이집트뿐만 아니라 아프리카 곳곳의 지역에서 다양한 형태로 많이 소비된다.

 허브 블렌드- 얀순 (Yansoon)

이집트어로 '얀순'은 향신료의 일종인 '아니스Annise'를 가리킨다.
이 아니스를 진하게 우려낸 뒤 단맛을 주기 위하여, 또는 취향에 따라 설탕을 넣어 일반적으로 마신다. 이 티는 오늘날 이집트 사람들이 주로 감기와 인후통을 예방하기 위하여 건강 티로 많이 마시고 있다.

베트남의 클래식 블렌드

베트남에는 전 세계에서 유일하게 생산되는 고유한 티 블렌드가 있다.
그 옛날 응우옌 왕조Nguyen dynasty 시대부터 베트남 사람들이 매우 많이 즐겨 왔던 '베트남 로투스 티Vietnamese lotus tea'이다.
이 로투스 티는 이 고장의 연꽃Nelumbo nucifera을 녹차와 함께 수공예를 통해 블렌딩하여 **연꽃 향을 녹차에 배도록 하는 일종의 '플레이버드 티 블렌드'이다.**

베트남에서 연꽃은 예로부터 순수함과 완벽함을 상징하여 사람들이 매우 귀하게 여겼기 때문에 **주로 왕들이 로투스 티를 즐겨 마셨다.**
로투스 티는 그런 연꽃의 청아하고 향기로운 향이 녹차에 배어들도록 한 음료로서 약 100년 전에는 '왕을 위한 티'로서 귀하게 여겼다. 오늘날에는 수공예 티로서 판매될 뿐 아니라 상업적인 티로도 대량으로 생산되고 있다.

베트남 로투스 티 (Vietnamese Lotus Tea)

베트남 로투스 티는 그 옛날 왕들이 즐기던 유형과 일반 서민들이 즐기던 유형이 있다.

🌿 연꽃은 아침에 개화하여 저녁에 꽃잎이 닫히는데, 새벽에는 그 꽃잎에 이슬이 맺힌다. 밤사이 연꽃의 향미가 농축된 수많은 이슬들을 모아서 녹차에 블렌딩하여 '플레이버드 티'로 즐긴 것이다.

이 유형은 그 방식이 너무도 특별하여 오래전에는 오직 왕들만이 즐길 수 있었다.

🌿 또 하나는 베트남 서민들이 즐기던 유형으로서 녹차의 찻잎을 연꽃 속에 넣고 줄로 묶어서 밀봉하여 하룻밤 동안 두어 향이 배도록 하는 방식이다.

일반 사람들은 그 녹차를 약 2분간 70도 정도의 온도에서 우려내 강한 연꽃 향을 감상하면서 즐긴다.

로투스 티는 이와 같은 문화적인 배경 때문에 종종 귀한 손님에게 선물로 제공하거나 귀한 손님을 맞이할 때 환대의 뜻으로 많이 내는 음료이다.

또한 로투스 티는 건강과 미용에도 많은 효능이 있어 오늘날 건강 티로서 새롭게 큰 인기를 끌고 있다. 건강 효능으로 각성 효과, 해독 작용, 비타민 C 공급을 통한 면역력 증강, 스트레스 완화, 불안 해소, 콜레스테롤 조절, 미백 등이 있다.

🌿 가향 방법

로투스 티에서 녹차에 연꽃의 향을 배도록 하는 방법은 마치 재스민 티의 음화 과정과 비슷하다.

1) 새벽 (4-6시) 사이에 연꽃을 수확한다.

2) 연꽃으로부터 수술이나 꽃밥을 따로 분리한다.

3) 베트남 녹차 찻잎을 준비한다. 잎이 넓고, 중간 정도로 성숙한 것을 사용한다.

4) 건조시킨 녹차에 꽃밥을 함께 블렌딩한 뒤 며칠 동안 둔다.

5) 체를 사용하여 ④에서 꽃밥을 분리한다.

6) ①~⑤의 과정을 최소 7회 정도 반복한다.

또 다른 방법도 소개하면 다음과 같다.

1) 녹차 찻잎을 개화한 연꽃 속에 채우고 줄로 묶은 뒤 하룻밤 동안 그대로 둔다.

2) 연꽃에서 수술 전체나 꽃밥만을 뽑아서 연꽃과 녹차가 담긴 ①용기에 하룻밤 동안 그대로 둔다.

3) 용기에서 ②의 내용물을 꺼내 함께 덖는다.

4) ①~③의 과정을 여러 차례 반복한다.

고품질의 로투스 티일수록 이러한 과정을 많은 횟수로 반복하는데, 이 고대의 과정을 완료하기 위해서는 로투스 티 1kg당 1300~1500개의 연꽃이 필요하다.

그런데 오늘날에는 찻잎에 연꽃 향의 착향료를 분무하여 대량으로 생산하는 경우가 많다.

연꽃 향을 착향한 베트남 로투스 티와 그 우린 모습

 # 인도네시아의 클래식 블렌드

인도네시아는 자바섬, 수마트라섬, 칼리만탄섬, 술라웨시섬과 같은 큰 섬을 중심으로 약 1만 8000여 개의 작은 섬들이 부속된 도서 국가이다.

이곳은 예로부터 커피, 코코아, 고무의 산지로 유명하였는데, 지금도 농산물 중에서도 그 수출 비중이 크다.

인도네시아 서수마트라섬 West Sumatra**에는 오래전부터 전해져 오는 가향 허브티가 있다. '카와 다운**Kahwa daun**'이다.**

커피 빈을 사용하지 않고 신선한 커피 잎을 가공해 허브티로 만드는 카와 다운의 기원은 매우 오래되었지만, 그 역사상의 기록은 남아 있지 않다고 한다.

 ## 훈연 허브티 / 카와 다운 (Kahwa daun)

카와 다운은 다른 허브티의 가공 방식과는 매우 다른 방식으로 만드는 '가향 허브티'이다.

커피나무의 한 품종인 로부스타 커피나무 Robusta Coffee, *Coffea canephora***의 신선한 커피 잎**Coffee Leaves**을 허브티의 재료로 사용하는 것도 매우 독특하다.**

🍃 카와 다운은 지역에 따라서 세 가지의 가공 방식이 있다.

낮은 온도로 가열한 조리 기구에서 커피 잎을 볶거나, 음식을 조리하는 불 위에서 커피 잎을 놓고 건조하거나, 나무를 태워 연기로 건조하는 방식이다.

이 과정을 통해 수분 함량을 약 3.6~7.6%로까지 낮추는데, 최종 생산 수율이 10~20%밖에 되지 않을 정도로 어렵다.

이러한 과정을 통하여 커피 잎에 불의 향이나 훈연 향을 입혀 전혀 새로운 향미의 가향 허브티를 만드는 것이다. **참고로 카와 다운은 마치 소나무 장작을 태워 그 연기를 찻잎에 배도록 하여 만드는 랍상소총 = 정산소종을 떠올리게 한다.**

인도네시아 서수마트라 전통 허브티 카와 다운의 제작 과정
* 다운(daun)은 인도네시아어로 잎이란 뜻이다.

 태국의 클래식 블렌드

동남아시아에서 미얀마, 라오스, 캄보디아와 국경을 이루고 있는 태국에서는 **오 래전부터 다양한 꽃이나 허브, 향신료들을 블렌딩한 플레이버드 티를 소비해 왔고, 오늘날에는** 홍차와 향신료**를 섞은 클래식 블렌드인** '타이 티Thai tea'**가 많이 소비되고 있다.** 현지에서는 이것을 차게 우려내 아이스티로 내면 '차옌Cha Yen'이 라고도 한다.

 타이 아이스티 - 차옌 (Cha Yen)

차옌은 태국에서도 아이스티로 가장 많이 소비되는 전통 티 블렌드이다. 맛이 매우 풍부하고 크리미하여 사람들에게 인기도 높다.

전통적으로 강한 풍미의 실론Ceylon 홍차나 아삼Assam 홍차에 **우유, 설탕, 그리고 카르다몸, 스타 아니스와 같은 각종 향신료들을 블렌딩해 차게 우린 뒤 얼음과 함께 마시는 아이스티이다.** 이때 우유 대신에 가당 연유, 무가당 연유, 코코넛 우유 등을 사용할 수도 있다. 태국뿐 아니라 동남아시아에서 매우 소비가 많다.

레몬그라스 허브 블렌드 / 차 타크라이 (Cha Takrai)

태국에서는 아주 오래전부터 건강을 위하여 허브티 음료를 마셔온 역사가 있다. 그중에는 시트러스계 향미를 풍기는 허브인 **레몬그라스**의 줄기 대를 이용한 것도 있다. 이 음료는 약 10분간 우려낸 뒤 설탕을 넣어 먹는 음료로서 뜨겁게 또는 차게 마실 수도 있다. 여기에 취향에 따라 다양한 허브들을 넣어서 마시는 경우도 많다.

재스민 판단 티 / 차 말리 토이 홈 (Cha Mali Toey Horm)

태국에는 재스민 티Jasmine Tea에 전통적인 향신료인 판단Pandan의 잎을 블렌딩해 우려내 먹는 클래식 블렌드도 있다. 재스민 티 찻잎에 향신료인 판단 찻잎을 혼합하여 끓는 물에 약 5분간 우려내 디저트나 디너에서 즐겨 마신다.

재스민 꽃향과 판단 잎의 향은 환상적인 조합을 이루어 그 향미가 매우 훌륭하여 태국에서는 이 음료를 대량으로 우려내 많은 사람들이 즐긴다.

버터플라이피 플라워 티 / 남 독 앙찬 (Nam Dok Anchan)

태국을 포함해 동남아시아의 열대 지방에서 자생하는 여러해살이 초본 식물인 버터플라이피Butterfly Pea, *Clitoria ternatea*의 꽃잎은 그 짙은 푸른색으로 인하여 **티, 스무디, 칵테일, 빵, 요리 등에 푸른 색채감을 주기 위하여 많이 사용되고 있다.** 이는 히비스커스Hibiscus가 붉은 색채감을 주기 위하여 블렌딩에 자주 사용되는 것과 같다.

태국에서는 버터플라이피 꽃잎을 보통 허브와 블렌딩해 많이 마시는 데 대표적인 음료로는 '**남 독 앙찬**Nam Dok Anchan'이 있다. 영어로 '버터플라이피 플라워 티Butterfly Pea Flower Tea'라고도 하는 이 플레이버드 티에는 일반적으로 레몬그라스와 향신료인 판단의 잎이 블렌딩된다. **짙고 강렬한 푸른 색채감에 시트러스 계의 새콤한 향미가 더해져 그 맛과 향, 그리고 시각적인 아름다움이 일품이다.**

버터플라이피 꽃잎의 푸른 색상이 돋보이는 남 독 앙찬

 # 캐나다의 클래식 블렌드

캐나다에 티가 처음 유입된 시기는 18세기 초로 거슬러 올라간다.

1716년 티 수입 업체였던 '허드슨 베이Hudson Bay Company'가 영국의 동인도회사The East India Company로부터 수입해 북부 지방으로 유통시킨 것이 시초이다. **당시 캐나다 이주민들 중에서 주류를 이루었던 북부의 영국인들과 프랑스인들 사이에서 수입 티는 매우 큰 인기를 끌었다.**

그런데 캐나다에서도 오래전부터 사람들로부터 큰 인기를 끌어온 클래식 블렌드가 있다.

🍃 19세기 대영제국의 군주였던 빅토리아 여왕Queen Victoria, 1819~1901 시대에 유행한 소위 '**퀸 빅토리아 티**Queen Victoria Tea'이다.

당시 스코틀랜드 하일랜드 지방의 휴양지 발모럴성Balmoral Castle에 거주하던 빅토리아 여왕에게 티의 조달을 책임지고 있던 존 뮈치John Murchie가 캐나다 서부 해안으로 이주하여 1894년 티 업체인 뮈치스Murchie's를 설립한 뒤 여왕이 좋아하는 취향에 맞게 티를 새롭게 블렌딩한 것이 오늘날 '**퀸 빅토리아 티**'로 불린 것이다.

🍃 **퀸 빅토리아 티는 여왕을 사랑하던 당시 많은 사람에게 큰 인기를 끌며 오늘날 캐나다의 클래식 블렌드로 자리를 잡은 것이다.**

그 밖에도 캐나다는 오래전부터 대영제국의 영향 아래에 놓여 있었기 때문에 브렉퍼스트 티 (잉글리시, 스코티시, 아일랜드), 얼 그레이와 같은 애프터눈 티, 플레이버드 티 등이 사람들로부터 많은 사랑을 받고 있다.

홍차 블렌드 / 퀸 빅토리아 티 (Queen Victoria Tea)

캐나다의 클래식 홍차 블렌드인 퀸 빅토리아 티는 19세기 빅토리아 여왕이 선호하는 티의 유형을 잘 알던 존 뮈치가 그 여왕을 위해 전 세계에서 최고 품질의 티들을 엄선해 창조한 티 블렌드이다.

캐나다의 클래식 블렌드가 된 퀸 빅토리아 티는 오늘날에도 뮈치스Murchie's 티 브랜드 중에서도 가장 인기 있는 품목이다.

재스민의 달콤한 향미를 바탕으로 산뜻하고 풍부한 과일 향미의 다르질링, 실론 홍차, 그리고 스모키한 향의 랍상소총을 블렌딩하였지만, 향미가 전반적으로 부드러우면서도 매우 복합적이다.

캐나다 티 브랜드 뮈치스 숍의 실내 모습과 캐나다 정통 클래식 홍차 블렌드, 퀸 빅토리아 티

메이플 차이 티 (Maple Chai Tea)

캐나다인들이 즐겨 먹는 진정한 클래식 티 블렌드 음료 중에는 '**메이플 차이 티** Maple Chai Tea'가 있다.

이 음료는 최고급 홍차 (실론 또는 기문)에 사과나 오렌지 필을 비롯하여 시나몬 Cinnamon, **진저 루트**Ginger Root, **클로브**Clove, **리코리스 루트**Licorice Root, **구운 치커리 루트**Roasted Chicory Root, **레드 칠리 페퍼**Red Chili Pepper **또는 블랙 페퍼와 같은 향신료를 블렌딩한 뒤 단풍당**Maple Sugar**이나 단풍 시럽을 블렌딩해 마시는 캐나다의 클래식 차이 티이다.** 이때 단풍 시럽 대신에 단풍향의 착향료가 대용될 수도 있다. 이 음료는 향신료 향이 매우 풍부하면서도 단풍 시럽의 단맛도 아주 좋아서 캐나다에서는 많은 사람이 즐겨 마시고 있다.

이 메이플 차이 티는 오늘날 티 브랜드마다 매우 다양한 재료와 향신료들이 블렌딩되어 차별성을 보이면서 판매되고 있다.

캐나다의 클래식 티 블렌드, 메이플 차이 티와 메이플 블랙 티

캐네디언 브렉퍼스트 티 (Canadian Breakfast Tea)

캐나다 북부 사람들은 전통적으로 아침 식사를 달걀 프라이Fried Eggs, 프라이드 포크소시지 (또는 베이컨), 튀긴 감자, 토스트 빵, 팬케이크 등으로 해결하는 경우가 많다. 이때 캐나다인들이 함께 마시는 **캐네디언 브렉퍼스트 티는 대체로 향미가 중후하고 강하다.**

캐나다에서는 티 브랜드마다 블렌딩하는 홍차들이 아삼, 다르질링, 실론, 케냐, 기문 등으로 다양하지만, 아침 식단과 잘 어울릴 수 있도록 몰티 향이나 캐러멜 향, 단풍 시럽 향이 풍기고 풀 바디감이 펼쳐지는 블렌디드 홍차가 일반적이다.

캐나다 트루 (Canada True) 브랜드의 정통 브렉퍼스트 티 캐디와 그 찻잎 (100% 유기농 하이 그론 실론 티)
티 캐디

캐나다 트루 (Canada True) 브랜드의
브렉퍼스트 티 (하이 그론 실론 티)

디스팅크틀리 티 (Distinctly Tea) 브랜드의
브렉퍼스트 티 (아삼 + 르완다 + 실론 + 중국 + 닐기리)

 # 미국의 클래식 블렌드

🍃 미국에는 티가 1640년대 네덜란드 동인도회사Dutch East India Company를 통해 뉴암스테르담New Amsterdam 지역의 상류층에 처음 유입되었다.

이 뉴암스테르담은 대영제국이 1664년 점령하면서 오늘날의 **뉴욕**New York이 된 것이다. 그 뒤 미국에서는 뉴욕을 중심으로 브리티시 티 문화가 유입되면서 상류층을 중심으로 확산하였다.

한편, 독립 후에도 초기의 브리티시 스타일 티 문화는 남아 있었지만, 미국은 티를 영국의 동인도회사로부터 수입하지 않고, 중국과 직접 무역을 통해 수입하였다. 당시 영국의 티 상인들이 아삼, 실론 홍차를 블렌딩해 판매하였지만, 미국은 그러한 홍차보다 여전히 중국이나 일본으로부터 티를 직접 수입한 것이다.

이 **당시 미국이 중국에서 수입하였던 티들은 복건성의 녹차인 '희춘차**熙春茶, Hyson', **산화차인 무이차**武夷茶, Bohea, **기문홍차**祁門紅茶, Keemun**였다.**

 ## 아메리칸 브렉퍼스트 티 (American Breakfast Tea)

미국은 초기 정착인들이 주로 영국인, 프랑스인이었던 만큼 아침 식사에도 영국식, 프랑스식, 미국식의 세 가지 유형이 있다.

그럼에도 불구하고 미국의 전형적인 아침 식사를 꼽는다면 시리얼이나 달걀을 요리한 음식을 기본으로 하는 팬케이크, 와플, 토스트 등이다.

🍃 이와 함께 먹는 **아메리칸 브렉퍼스트 티**는 잉글리시 브렉퍼스트 티와 약간 다른 블렌딩 구성을 보인다.

미국은 영국의 간섭으로 벗어나 독립을 통해 세워진 나라였던 배경으로 독립 이후 미국의 브렉퍼스트 티에는 영국이 개척한 동아프리카, 스리랑카, 인도에서 생산된 티 (홍차)보다는 중국의 기문홍차를 수입해 블렌딩해 마시는 전통이 생겼기 때문이다.

이는 오늘날에도 클래식 블렌드로서 미국인들에게 매우 친숙한 티 음료로 자리를 잡고 있다.

약 120년 역사의 미국 브랜드 심슨 앤 베일의 아메리칸 브렉퍼스트 티 (인도 홍차+실론 홍차+ 중국 홍차+ 대만 우롱차)

 ## 아메리칸 애프터눈 티 (American Afternoon Tea)

미국에는 19세기 빅토리아 여왕 시대에 영국의 애프터눈 티 문화가 상류층을 중심으로 함께 전파되었다. 당시 미국의 여성들은 오후 4시에 친구들이나 이웃들을 불러서 티 파티를 열고 영국 상류층이 즐기던 애프터눈 티 문화를 즐겼다.

그런데 미국의 티 파티는 영국 정통 애프터눈 티와는 많이 달랐다. 영국 정통 애프터눈 티에서는 3단 스탠드에 샌드위치, 스콘, 케이크, 그리고 트리플Trifle 등 고급 디저트 요리들이 선보였지만,

아메리칸 애프터눈 티에서는 야채인 크레스Cress를 곁들인 토마토, 롤빵Rolls, 크랩 크로케Crab Croquettes, 랍스터 커틀릿Lobster Cutlets, 캐비어 토스트Caviar Toast, 햄, 치킨, 치즈 토스트Cheese Toast, 치즈 스트로Cheese Straws 등이 선보였다. 이와 같은 큰 차이점은 오늘날까지도 계속 이어지고 있다.

🌿 한편, 애프터눈 티와 함께 즐기는 음식과 별미들이 영국과 달라 미국에서는 애프터눈 티에 즐기는 티들도 영국과는 달랐다.

영국인들은 케냐, 실론, 아삼 홍차의 블렌딩으로 진하고 바디감이 풍부한 향미를 주로 즐겼지만, **미국인들은 주로 가볍고 산뜻한 향미의 티를 더 선호하였다.** 또한 그러한 티에 망고, 복숭아, 블루베리, 바닐라 등을 블렌딩하여 마시거나 약간의 설탕이 들어간 아이스티나 차이 라테Chai Lattes를 더 즐겨 마셨다.

따라서 오늘날 미국의 애프터눈 티 블렌드들은 대부분 영국의 애프터눈 티 블렌드보다 훨씬 더 부드럽고 산뜻한 향미로 생산되고 있다.

아메리칸 스타일의 애프터눈 티

 # 아르헨티나의 클래식 블렌드

남아메리카는 허브티 (또는 티잰)를 많이 마시는 지역이다.

아르헨티나, 브라질, 파라과이 등은 오늘날 다이어트 티잰 음료로 유명한 마테 Mate의 주요 산지이자 소비지이다.

이중 아르헨티나는 티 생산도 세계 9위의 나라이다. **마테는 이곳 원주민인 과라 니족**Guarani**이 오래전부터** 예르바 마테Yerba Mate **식물의 잎을 건조시켜 만든 음료인데,** 티와 마찬가지로 카페인이 함유되어 있다.

 ## 마테 코시도 (Mate Cocido)

순수한 마테 음료는 예르바 마테 잎을 속이 비어 있는 박의 용기에 넣고 뜨거운 물을 부어 우려내 먹는데, 이때 봄빌라Bombilla라는 금속 빨대를 꽂아 빨아 마시는 풍습은 전 세계적으로 매우 유명하다.

그런데 아르헨티나에서는 순수한 마테차만 즐기는 것이 아니다. 마테차에 다양한 재료들을 블렌딩해 마시고 있다. **'마테 코시도**Mate Cocido**'**가 대표적이다.

🌿 **마테 코시도를 즐기는 가장 전통적인 방식은 마테차를 진하게 우린 뒤 우유나 설탕을 넣어 마시는 것이다.**

＊ 또 하나는 진한 마테차에 레몬, 복숭아, 바닐라, 오렌지, 감귤을 블렌딩하여 신선하고 상쾌한 풍미로 즐기는 방식이다.

🍃 끝으로는 마테차에 얼음과 진한 레몬주스를 넣어 시원한 청량음료로 즐기는 방식이다.

마테차를 시원한 아이스티로 즐기는 마테 코시도는 그 독특한 향미로 오늘날 아르헨티나 국민뿐 아니라 이곳을 방문한 관광객들에게도 매우 큰 인기를 끌고 있다.

아르헨티나의 대표적인 음료인 마테 코시도

 # 호주의 클래식 블렌드

영국의 연방국인 호주는 1788년 영국인들이 죄수들을 태운 선단인 퍼스트 플리트The First Fleet를 이끌고 와서 식민지를 개척하는 과정에서 티가 처음으로 유입되었다.

그리고 티 문화도 19세기 대영제국 군주인 퀸 빅토리아의 시대적인 영향을 많이 받았다. 따라서 호주에도 오래전부터 홍차를 베이스로 하는 브렉퍼스트 티, 애프터눈 티와 같은 클래식 블렌드가 큰 인기를 얻었다. 이와 같은 티 블렌드들은 모두 브리티시 스타일로 지금의 영국식과 비슷하다.

또한 호주 사람들은 이곳에 자생하는 토착 허브나 약초 식물들을 예로부터 홍차나 녹차에 블렌딩해 마시는 문화도 오래전부터 발달시켜 왔다. '빌리 티Billy Tea'와 '부시 터커 티Bush Tucker Tea'가 대표적이다.

빌리 티 (Billy Tea)

호주에도 오랜 역사를 자랑하는 티 블렌드가 있다.

초기 정착인들이 '빌리Billy'라고 부르는 양철 깡통에서 우려내 마시는 '빌리 티Billy Tea'이다.

빌리는 양철 캔에 철사가 손잡이로 부착되어 있는데, 여기에 물을 담고 찻잎을 넣어 모닥불로 끓인 뒤 야생 '덤불Bushy' 향미를 더해 주기 위하여 유칼립투스 잎을 넣어 몇 분간 우려내는 것이다. 그리고 찻잎과 유칼립투스 잎을 걸러 낸 뒤 마시는 것이다. 여기에 취향에 따라 설탕이나 우유를 넣어 마실 수도 있다.

오늘날에는 호주에서 자생하는 페퍼민트 검Peppermint Gum, 레몬 가향 검 Lemon Scented Gum, 캠프파이어의 향을 내기 위하여 스모키한 랍상소총을 블렌딩해 마시기도 한다.

이러한 배경으로 오늘날 호주에서는 빌리캔Billycan이 '티나 커피를 준비하기 위하여 물을 끓인다'는 뜻으로 사용되고 있다.

 ## 오스트레일리안 부시 터커 티 (Australian Bush Tucker Tea)

부시 터커Bush Tucker는 호주 원주민들의 용어로 약초나 과일, 씨앗, 고기 등 원주민들이 먹는 음식을 뜻한다. 오늘날에는 덜 정제된 건강식을 일컫기도 한다.

부시 터커 티는 그러한 식용 허브나 약초를 티와 블렌딩한 것으로서 호주에서만 볼 수 있는 매우 독특한 티 음료이다.
고품질의 홍차나 녹차 또는 홍차와 녹차의 블렌디드 티에 호주에서 자생하는 허브들을 블렌딩한 것이기 때문이다.
이 블렌딩에 사용되는 허브들로는 **레몬 머틀**Lemon Myrtle, **굼비 굼비**Gumbi Gumbi, **호주산 자두**Australian Plum , **로젤**Roselle, **유칼립투스 잎**Eucalyptus Leaves**이 있다.**
특히 굼비 굼비는 호주에서만 자생하는 허브로서 원주민들이 오래전부터 습진, 피부 트러블, 세균 감염, 염증의 치료를 위하여 사용해 왔던 약초이다.
그리고 로젤은 아욱과의 여러해살이 초본 식물로서 꽃받침은 잼, 젤리, 시럽으로, 종자는 완하제, 자양강장제로, 잎은 샐러드나 야채 요리로 원주민들이 많이 사용하였던 허브이다.
한마디로 부시 터커 티는 호주만의 독특한 건강 티이자 허브티 블렌드인 셈이다.

호주 전통 티 블렌드인 빌리 티를 우리는 모습과 RTD 제품

녹차에 레몬 머틀, 로즈 페탈을 블렌딩한 부시 터커 티의 포장 박스와 찻잎

PART 7

세계 유명 브랜드의
시그니처 블렌드

 # 영국(UK) 잉글랜드 브랜드

 ## 포트넘 앤 메이슨 (Fortnum & Mason)

FORTNUM & MASON
EST 1707

포트넘 앤 메이슨은 티를 비롯한 럭셔리 상품과 식품 업계에서 약 316의 역사와 전통을 자랑하는 세계적인 브랜드이다. 이 브랜드의 역사는 휴즈 메이슨Hugh Mason이 세인트 제임스 마켓St James Market에서 조그만 상점을 운영하고 있던 1707년으로 거슬러 올라간다.

당시 런던에서 앤 여왕Queen Anne의 가정에서 하인 직책을 맡았던 윌리엄 포터넘William Fortnum이 메이슨의 집에서 하숙하면서 공동 브랜드의 역사가 시작되었다. **1707년 윌리엄 포트넘과 휴즈 메이슨이 런던 피카딜리**Piccadilly**에서 포트넘 앤 메이슨의 식료품점을 설립한 것이다.** 그 뒤 브랜드의 역사는 계속 이어져 19세기 중반에는 통조림 식품 사업에서 선두 업체로 성장하였으며, 1902년에는 국왕 에드워드 7세Edward VII, 1841~1910로부터 "전 세계에서 가장 훌륭한 티를 나에게 가져오라"는 요청을 받으면서 티 사업에 적극적인 행보를 보였다.

당시 포트넘 앤 메이슨에서는 인도로부터 아삼Assam 홍차를, 실론에서는 플라워리 페코Flowery Pekoe 등급의 홍차를 가져온 뒤 두 홍차를 블렌딩하여 부드럽고 꿀 향이 풍기는 블렌드를 창조하였다. 이것이 100년 뒤에 왕에게 진상하였던 '로열 블렌드Royal Blend'로 탄생한 것이다. 이러한 포트넘 앤 메이슨은 엘리자베스 2세Elizabeth II, 1952~2022 여왕으로부터 왕실 조달 허가증인 '**로열 워런트**Royal warrant'를 **2개**나 받는데, 하나는 식품 공급 상인으로서, 다른 하나는 티 공급 상인으로서이다.

특히 티 부문에서는 영국 왕실에서 애프눈 티나 각종 기념 행사에서 즐길 만한 정통 스타일의 고품질 클래식 블렌드를 비롯하여 매우 다양하고 품격 있는 블렌드들을 선보이고 있다.

퀸 앤 블렌드, 루스 리프 캐디 (Queen Anne Blend, Loose Leaf Caddy)

- 분류 : 홍차 블렌드 (Black Tea Blend)
- 재료 :
  - 홍차 (아삼) : TGFOP
  - 홍차 (실론) : FBOP

이 티는 1907년 포트넘 앤 메이슨이 창립하면서 약 200년 전 1707년 당시 군주였던 앤 여왕을 기념하기 위하여 개발한 블렌드이다. 인도 아삼의 TGFOP^{Tippy} Golden Flowery Orange Pekoe 등급의 홍차와 실론의 FBOP^{Flowery Broken Orange Pekoe} 등급의 홍차를 블렌딩하여 향미가 강하면서도 신선하고 마우스필이 부드럽다. 훈제 연어, 크림치즈를 비롯해 감미로운 샌드위치와도 페어링이 훌륭하다.

빅토리아 그레이, 루스 리프 데커레이티브 캐디

(Victoria Grey, Loose Leaf Decorative Caddy)

- 분류 : 플레이버드 티 (Flavored Tea)
- 재료 :
  - 홍차
  - 허브 : 라벤더 (3%), 콘플라워
  - 향신료 : 리코리스 뿌리 (6%)
  - 착향료 : 베르가모트 오일
  - 착향료 : 세일즈베리 플레인 허니

이 티는 베르가모트 향미의 홍차 블렌드에 향신료인 리코리스 (뿌리), 푸른색의 콘플라워, 포트넘 앤 메이슨의 자체 착향료인 '세일즈베리 플레이 허니^{Salisbury Plain Honey}'를 가한 것이다. 홍차의 우아한 향미에 강한 시트러스계의 향과 미묘한 꽃향, 그리고 꿀 향이 더해져 향미가 매우 복합적이다. 애프터눈 티로서 그대로 즐길 수도 있고, 우유와 함께 즐겨도 좋다.

트와이닝스는 영국의 단순한 티 브랜드 기업이 아니다. 영국의 티 산업계뿐 아니라 전 세계의 홍차 역사에서도 매우 큰 영향력을 끼친 전설적인 브랜드이다.
트와이닝스는 1706년 토머스 트와이닝 Thomas Twining**이 당시 런던에서 가장 큰 번화가였던 스트랜드**Strand **거리 인근에서 '톰스 커피 하우스**Tom's Coffee House**'를 인수하면서 시작되었다.**

당시 커피 하우스는 사람들에게 커피, 술을 마시면서 대화를 나눌 수 있는 만남의 장소로서 크게 번성하여 런던에만 2000여 곳이나 되었을 정도였다. 이때 토머스가 다른 커피 하우스와의 경쟁에서 앞서기 위하여 고품질의 티를 새롭게 선보이면서 오늘날 트와이닝스의 전설이 시작되었다.

18세기 영국에서 티가 큰 인기를 끌면서 점차 소비가 확산되자, 1717년 토머스는 티 블렌딩을 위하여 특별히 커피 하우스 옆에 티 숍 겸 상점을 열고 최고 품질의 티를 부유층 여성 고객들에게 판매하면서 티의 음용 습관을 크게 유행시켰다.

이때 티 숍의 입구를 황금 사자상과 중국인의 상을 장식하면서 '골든 라이온 티 앤 커피 하우스 The Golden Lyon Tea and Coffee House**'가 탄생한 것이다.** 이 커피 하우스는 건조 찻잎과 커피를 동시에 판매한 세계 최초의 상점으로 평가를 받고 있다.

그 뒤 대니얼 트와이닝이 가업을 승계하여 해외 수출 사업에도 진출하여 미국 상류층에서도 트와닝스의 티는 큰 인기를 끌었으며, 아내인 메리^{Mary}, 아들인 리처드 트와이닝^{Richard Twining} 1세와 손자인 2세를 통해 일가의 사업으로 계승되었고, 19세기 중반에는 맞춤형 블렌딩 사업에 중점으로 두고 성장하였다.

이 브랜드는 역사적이고도 기념비적인 블렌드를 탄생시키는데, 바로 오늘날 전 세계에서도 가장 많은 사랑을 받고 있는 **플레이버드 티인 '얼 그레이**Earl Grey**'를 탄생시킨 것이다. 얼 그레이는 1831년 영국의 총리였던 찰스 그레이 2세**^{Charles Grey II, 1764~1845} **백작이 중국 사신으로부터 선물로 받은 중국 감귤** Chinese Mandarin**의 향미가 나는 티를 재현해 달라는 요청을 하면서 처음으로 블렌딩한 것이다.**

그 뒤 트와닝스는 1837년 빅토리아 여왕으로부터 티 업계에서는 최초로 왕실 조달 허가증인 '**로열 워런트**Royal Warrant'를 받았고, 20세기 초인 1933년에는 아침 식사와 훌륭한 페어링을 이루는 블렌드를 처음으로 창조하였는데, 이것이 오늘날 세계적인 명품 티로 손꼽는 '잉글리시 브렉퍼스트 블렌드English Breakfast Blend'이다. **또한 잎차를 우려내 마시는 전통적인 방식을 탈피하여 당시 북미에서 유행하던 티백을 영국 내로 최초로 도입한 브랜드**이기도 하다.

트와이닝 일가의 전통을 계승하는 트와닝스 브랜드는 지금도 잉글리시 브렉퍼스트, 얼 그레이와 같은 명품 클래식 블렌드를 비롯하여 수많은 종류의 새로운 티 블렌드들을 선보이면서 전 세계인들로부터 큰 사랑을 받고 있다.

시그니처 얼 그레이 (Signature Earl Grey)

- 분류 : 플레이버드 티 (Flavored Tea)
- 재료 :
  - 홍차 (중국)
  - 허브 : 라벤더 페탈 (5%)
  - 천연 착향료 : 베르가모트

이 티는 중국 홍차를 베이스로 꽃향기가 우아하고 풍부한 라벤더 꽃잎을 혼합한 뒤 시트러스계의 베르가모트 착향료를 가한 최고급 얼 그레이이다. 깊은 구리색의 찻빛과 마음을 진정시키는 아로마가 큰 특징이다. 모든 포장과 블렌딩은 유럽 EU에서 진행되었다.

스파이시 차이 (Spicy Chai)

- 분류 : 플레이버드 티 (Flavored Tea)
- 재료 :
  - 홍차 (아프리카)
  - 허브 : 루이보스
  - 향신료 : 시나몬, 카르다몸, 펜넬 시드,
    페퍼, 클로브

이 티는 아프리카 홍차를 베이스로 세다버그산맥이 원산지인 크리미한 향의 루이보스와 온화한 풍미의 고품질 시나몬과 카르다몸을 블렌딩한 뒤 마지막으로 페퍼와 클로브, 펜넬 시드를 블렌딩하여 차이 풍미를 더하였다.

너티 초콜릿 플레이버 아삼 (Nutty Chocolate Flavour Assam)

- 분류 : 플레이버드 티 (Flavored Tea)
- 재료 :
  · 홍차 (아삼)
  · 향신료 : 코코아 닙스 (20%)
  · 착향료 : 헤이즐넛 (8%)

이 티는 오서독스 아삼 홍차를 베이스로 초콜릿 향미의 코코아 닙스Cocoa Nibs를 블렌딩한 뒤 구수한 향미의 헤이즐넛Hazelnut 착향료를 가하여 헤이즐넛과 초콜릿의 우아한 향미가 훌륭하다.

모로칸 민트 위드 로즈 플레이버 그린 (Moroccan Mint with Rose Flavour Green)

- 분류 : 플레이버드 티 (Flavored Tea)
- 재료 :
  · 녹차
  · 허브 : 스피어민트 (20%), 로즈 페탈 (2%)
  · 착향료 : 로즈

이 티는 로즈 향이 가득한 녹차에 상쾌한 민트 향을 디힌 블렌드이다. 녹차를 베이스로 스피어민트와 로즈 페탈을 블렌딩한 뒤 로즈 착향료를 더하여 풍부한 장미 꽃향기가 풍기는 모로칸 민트 티이다.

 푸카(Pukka)

푸카는 2001년 영국 브리스톨Bristol에서 허브 전문가이자 홀리스틱Holistic 의학의 전문가인 세바스찬 폴Sebastian Pole과 팀 웨스트웰Tim Westwell이 공동으로 창업한 유기농 티와 허브티 중심의 브랜드이다.

허브 전문가로서 공동 창립자인 두 사람이 인도 고대의 홀리스틱 의학인 아유르베다의 치료법과 관련된 천연 허브의 놀라운 치유력을 티 사업으로 옮긴 것이다. 브랜드명인 푸카는 히브리어로 '진정한', '진실한'이라는 뜻이다.

이러한 배경으로 푸카 브랜드의 허브 블렌드 제품에는 **사람의 몸과 마음의 건강과 웰빙에 강력한 효능을 보이는 유기농 허브와 향신료들을 중심으로 우아한 향미를 띠는 것들이 많다.**

자연의 치유력을 최대한 살리면서 맛과 향도 최대한 우아하게 블렌딩한 것이다. **현재는 유닐레브Unilever의 계열사로서 네덜란드의 티 및 허브티 전문 업체인 에카테라Ekaterra에서 운영하고 있다.**

나이트 타임 티 (Night Time Tea)

- 분류 : 허브 블렌드 (Herbal Blend)
- 재료 : 100% 유기농
  · 허브 : 오트 플라워 (30%), 캐모마일,
    라벤더 (14%), 라임 플라워 (10%),
    툴시 잎, 발레리안 루트

이 티는 허브 전문가이자 영양 전문가가 잠자리에 들기 전에 긴장을 이완시키고 평온한 휴식을 취하는 데 도움을 주기 위하여 창조한 완벽한 베드타임 블렌드이다. 오트 플라워Oat Flower, 캐모마일Chamomile, 라벤더Lavender, 라임 플라워Lime Flower의 향긋한 꽃 향과 함께 리코리스 루트Licorice Root, 툴시 잎Tulsi Leaf과 발레리안 루트Valerian Root의 온화한 향미가 사람의 마음에 안정감을 가져다준다.

릴랙스 티 (Relax Tea Tea)

- 분류 : 허브 블렌드 (Herbal Blend)
- 재료 : 100% 유기농
  · 허브 : 캐모마일 (18%), 오트 플라워링 톱스
  · 향신료 : 스위트 펜넬 시드 (24%), 리코리스
    루트, 카르다몸 꼬투리, 진저 루트,
    마시멜로 루트 (5%)

이 티는 기분을 가라앉히는 릴렉스 허브 블렌드이다. 주로 마음을 편안하게 하는 펜넬 시드, 캐모마일, 오트 플라워링 톱스Oat Flowering Tops, 카르다몸 꼬투리, 마시멜로 루트Marshmallow Root 등의 허브와 향신료를 조합한 완벽한 블렌드이다.

* 플라워링 톱스 (Flowering Tops) : 꽃이 피는 식물의 경우, 꽃과 연결된 잎, 줄기를 포함한 상단 부위를 뜻한다.

 **해러즈(Harrods)**

해러즈 티 브랜드의 역사는 1834년 찰스 헨리 해러드Charles Henry Harrod가 런던의 동부에서 티 중개인으로서 티 거래를 시작한 것이 시초이다. 그 뒤 **1849년 나이츠브리지**Knightsbridge**에서 가게를 열어 최고급 티를 판매하고, 또한 티룸에서 서비스를 시작하면서 오늘날 해러즈 티 브랜드가 본격적으로 론칭되었다.**

이 브랜드는 세계 최고 품질의 찻잎을 엄선하고 정확한 품질 규정을 지키는 창립자의 정신을 유산으로 하여 고객들에게도 최고 품질의 티를 선보이는 것으로 유명하다. 1905년에 해러즈 빌딩을 세우고 조지 5세George V, 1865~1936가 즉위하던 해인 1911년에 새로운 왕에게 경의를 표하는 뜻에서 해러즈 티룸인 '조지안The Georgian'을 연 뒤 약 170년이 지난 지금까지 프리미엄 티와 함께 애프터눈 티의 명소로서 자리를 잡고 있다.

실제로 해러즈 티룸은 오늘날 전 세계 티 애호가들에게는 '애프터눈 티의 성지'로 불리고 있다. 따라서 이 브랜드에서는 영국 정통 스타일의 클래식 블렌드인 잉글리시 브렉퍼스트나 애프터눈 티의 주메뉴로 등장하는 얼 그레이가 시그니처 블렌드이며, 그 맛과 향은 영국 내에서도 최고의 수준을 자랑하고 있다.

No. 42 얼 그레이 루스 리프 티 (No. 42 Earl Grey Loose Leaf Tea)

- 분류 : 플레이버드 티 (Flavored Tea)
- 재료 :
  · 홍차
  · 착향료 : 베르가모트

이 티는 정통 클래식 블렌드인 얼 그레이를 해러즈 브랜드 버전으로 새롭게 창조한 것이다. 상쾌한 향미를 풍기는 한 잔의 완벽한 '애프터눈 쿠파Afternoon Cuppa'(오후의 티 한 잔) 를 목표로 홍차에 시트러스계의 노트를 지닌 베르가모트 착향료를 블렌딩하였다.

플라워리 얼 그레이 (Flowery Earl Grey)

- 분류 : 플레이버드 티(Flavored Tea)
- 재료 :
  · 홍차 : 98%
  · 천연 착향료 : 베르가모트 오일

이 티는 해러즈 티 브랜드에서도 시그니처 컬렉션에 속하는 블렌드이다. 풍부하고 복합적인 향미의 홍차에 산뜻하고 신선한 베르가모트 오일을 첨가하여 클래식하면서도 상쾌함을 느낄 수 있다.

 ## 아마드 티(AHMAD Tea)

아마드 티는 영국의 다른 티 브랜드에 비해 상대적으로 역사가 짧지만 20세기 후반 밀레니엄 분위기의 트렌드를 타고 급성장한 브랜드이다.

티 블렌딩과 포장 관련 사업에 종사해 왔던 일가에서 태어난 라힘 아프샤르^{Rahim Afshar} **가 1979년 티 무역 사업에 나선 것이 시초이다.**

초창기에는 티 숍을 중심으로 운영하다가 1987년 첫 잎차 블렌드를 시장에 선보인 뒤 런던과 잉글랜드 남부 지방의 럭셔리 티 선물 시장을 겨냥해 제품을 개발해 왔다.

그 뒤 소련의 티 시장을 공략한 뒤 성장하기 시작해 스리랑카, 콜롬비아 등의 시장으로 사업을 확장하면서 고품질의 블렌드 생산에 집중하기 시작하였다.

처음에는 **홍차 부문에 집중하였지만, 점차 녹차, 아이스티 부문으로 확장하면서 2000년도에는 중동, 러시아, 우크라이나에서 톱 5 브랜드로 올라섰다.**

오늘날에는 전 세계 80여 개국에 티를 유통하고, 브리시티 스타일 홍차의 본고장인 잉글랜드의 티 선물 시장에서 품질을 인정받아 높은 점유율을 차지하면서 세계적인 브랜드로 올라섰다.

이 브랜드는 세계 최고 수준의 다원으로부터 들여온 티들을 엄선하여 수준 높은 블렌딩을 지향한다. '**티 아티스트리**^{Tea Artistry}'가 기업의 모토인 만큼 아마드 티는 오늘날 티 시장에서 인정받고 있다.

스페셜 블렌드 티 – 루스 리프 (Special Blend Tea - Loose Leaf)

- 분류 : 플레이버드 티 (Flavored Tea)
- 재료 :
  · 홍차 (실론)
  · 홍차 (아삼)
  · 착향료 : 베르가모트

이 티는 해발고도 600m가 산지인 실론 홍차를 베이스로 인도 아삼주 브라마푸트라밸리Brahmaputra Valley 산지의 홍차를 블렌딩한 뒤 베르가모트를 착향한 블렌드이다. 아마드 티 브랜드의 베르가모트 착향 티 중에서도 시그니처 블렌드이다. 풀바디감이 넘치는 가운데 시트러스 노트가 완벽한 조화를 이룬 블렌드이다.

임페리얼 블렌드 –루스 리프 (Imperial Blend - Loose Leaf)

- 분류 : 플레이버드 티(Flavored Tea)
- 재료 :
  · 홍차 (다르질링)
  · 홍차 (아삼)
  · 홍차 (실론)
  · 홍차 (케냐)
  · 착향료 : 베르가모트 오일

이 티는 티 마스터가 4개 산지의 홍차를 블렌딩한 스페셜 블렌드로서 그 향미가 매우 섬세하면서도 복합적이다. 여기에 베르가모트 오일을 더해 상큼한 아로마를 더해 주었다. 아마드 티에서도 '프리미엄 티'에 해당한다. 특히 인도의 다르질링과 아삼 지역의 최상급 두 홍차를 사용하여 훌륭한 페어링을 이루어 그 맛이 과일처럼 달콤하고 크리미하면서 깊은 몰트 향도 느낄 수 있다. 또한 케냐 홍차와 실론 홍차로 상쾌함을 더해 주어 향미에 균형을 잡았다.

 # 테일러스 오브 해러게이트 (Taylors of Harrogate)

테일러스 오브 해러게이트는 1886년 찰스 에드워드 테일러Charles Edward Taylor가 설립한 'CE 테일러 & CoCE Taylor & Co.', 약칭 테일러스Taylors가 요커셔 티와 함께 운영한 브랜드였다. 브랜드명은 테일러 일가가 잉글랜드 해러게이트Harrogate 스파 타운Spa Town에서 회사를 처음으로 설립한 데서 유래되었다.

초창기에는 티와 커피의 품질이 최고로 인정을 받으면서 당시 왕이 될 황태자인 프린스 웨일스Prince of Wales로부터 '로열 워런트'를 받아 공식 조달 업체로 선정되었을 정도였다.

1962년 베티스 티룸이 인수 및 합병하면서 지금은 베티스 앤 테일러스Bettys & Taylors 그룹에서 '테일러스 오브 해러게이트'라는 브랜드로 판매하고 있다.

주요 상품으로는 유기농, 디카페인 블렌드, 퀼리티 시즌에서 수확한 찻잎으로 만든 브리티시 클래식 스페셜 티British Classic Special Tea 등 매우 다양하다.

스파이스트 크리스마스 티 (Spiced Christmas Tea)

- 분류 : 플레이버드 티 (Flavored Tea)
- 재료 :
  · 홍차 (중국) : 공부홍차
  · 과일 : 레몬 필, 오렌지 필
  · 향신료 : 시나몬 스틱, 사플라워 페탈
  · 천연 착향료 : 오렌지, 스파이스, 기타

이 티는 크리스마스 축제를 겨냥해 특별히 블렌딩된 것이다. 중국 공부홍차工夫紅茶, Congou Tea에 시트러스계의 레몬 필과 오렌지 필을 더해 레몬과 오렌지 향미가 풍부한 데다가 축제 향신료Festive Spice로서 온화한 풍미의 시나몬과 사플라워Safflower의 향미가 융합되어 플레이버 프로파일의 조합이 환상적이다. 화이트 크리스마스의 온화한 분위기 속에서 즐기기에 좋으며, 특히 꿀을 넣으면 더욱더 풍미가 좋다.

랍상소총 리프 티 (Lapsang Souchong Leaf Tea)

- 분류 : 플레이버드 티 (Flavored Tea)
- 재료 :
  · 홍차 (중국) : 복건성
  · 훈연 : 소나무 연기

이 티는 중국 복건성의 홍차 찻잎을 소나무 연기로 훈연한 랍상소총 (정산소종)이다. 소나무를 태운 스모키한 향이 나고 맛이 깊고 풍부하면서 강렬하다.

 위터드 오브 첼시 (Whittard of Chelsea)

이 브랜드는 월터 위터드Walter Whittard가 1886년 당시 25세의 나이에 런던 중심의 시가를 동서로 가로지르는 플리트가Fleet Street에서 티와 커피를 판매하는 조그만 상점을 연 것이 시초이다.

당시 위터드는 자신의 이름을 따 '위터드 컴퍼니W.H. Whittard & Co'를 세운 뒤 '최상품을 팔자Buy the Best'는 기업 모토로 티는 '블렌딩'을, 커피는 '로스팅'을 해야 한다고 고집하였다.

이와 함께 마케팅 전략으로 자신이 선보인 티 블렌드에 대해서도 '바리스타의 청량음료The Barrister's Refresher'라고 홍보하면서 유명세를 더해 갔다. 19세기 후반부터 위터드 티 브랜드는 최상의 품질로서 고객들로부터 높은 평가를 받았다.

20세기 초 세계 대공황과 제2차 세계대전의 런던 대공습으로 가게를 잃은 뒤 1941년 첼시Chelsea로 이주하면서 지금의 '위터드 오브 첼시의 브랜드'가 탄생하였다. 1999년에는 런던의 커번트 가든Covent Garden에 본점을 열고 최고급 잎차, 커피, 초콜릿을 비롯하여 애프터눈 티를 온종일 서비스하고 있다.

위터드 일가에 의해 운영되는 가운데 창립 정신인 '최상품을 팔자'는 전통이 약 140년 동안 이어져 오면서 오늘날 위터드 오브 첼시 브랜드에는 매우 독특하면서 전통을 깨는 혁신적인 블렌드 상품들이 많은 것이 특징이다.

얼 그레이 루스 티 (Earl Grey Loose Tea)

- 분류 : 플레이버드 티 (Flavored Tea)
- 재료 :
  · 홍차 (중국)
  · 홍차 (케냐)
  · 허브 : 콘플라워 페탈
  · 과일 : 오렌지 필
  · 착향료 : 베르가모트 오일 (1%)

이 티는 중국 홍차와 케냐 홍차를 정교하게 블렌딩한 뒤 시트러스계의 상쾌한 향미인 오렌지 필과 베르가모트 향미로 균형을 잡았다. 여기에 쪽빛으로 우아함의 극치를 보이는 콘플라워 페탈Cornflower Petals을 흩뿌려 놓아 시각적으로도 매우 아름다운 모습이다.

커번트 가든 블렌드 루스 티 (Covent Garden Blend Loose Tea)

- 분류 : 플레이버드 티 (Flavored Tea)
- 재료 :
  · 홍차 (실론)
  · 허브 : 메리골드, 사플라워, 콘플라워
  · 착향료

이 티는 과일과 꽃의 유명 시장인 '커번트 가든Covent Garden'의 광경과 향에 영감을 얻어 만든 블렌드이다. 실론 홍차에 콘플라워Cornflower에서부터 밝은 색상의 사플라워Safflower, 그리고 메리골드Marigold의 꽃을 듬뿍 넣어 보기에도 매우 화려하고 향이 풍부한 것이 특징이다. 그리고 약간의 미묘한 복숭아와 살구의 향도 풍긴다.

체리 블루섬 루스 티 (Cherry Blossom Loose Tea)

- 분류 : 플레이버드 티 (Flavored Tea)
- 재료 :
- ·녹차 (일본) : 센차 (90%)
- ·허브 : 핑크 로즈, 피오니 페탈
- ·착향료 : 체리

이 티는 일본의 벚꽃 축제에서 영감을 얻어 블렌딩한 것이다. 일본의 센차를 베이스로 잘 익은 달콤한 체리 향의 착향료를 가한 뒤 향긋한 핑크 로즈Pink Rose와 피오니 페탈Peony Petals을 흩어 놓아 시각적, 후각적으로 매우 아름답고 풍미도 좋다.

익스트래버건트 얼 그레이 루스 티 (Extravagant Earl Grey Loose Tea)

- 분류 : 플레이버드 티 (Flavored Tea)
- 재료 :
- ·백차 (중국)
- ·허브 : 로즈페탈 (1%), 메리골드, 콘플라워
- ·천연 향신료 : 버번 바닐라 추출물
- ·기타 착향료

이 티는 영국의 애프터눈 티에서 전통적으로 등장하는 '얼 그레이의 백차 버전'이다. 백차를 베이스로 얼 그레이의 향미인 베르가모트 착향료를 더한 뒤 향이 좋고 색상을 아름다운 로즈 페탈, 마리골드, 콘플라워의 세 꽃들을 블렌딩해 시각적인 아름다움을 더하였다. 백차를 얼 그레이 풍으로 부드럽고 달콤하게 즐길 수 있다.

패션 푸르트 & 망고 루스 티 (Passion Fruit & Mango Loose Tea)

- 분류 : 플레이버드 티 (Flavored Tea)
- 재료 :
  - 녹차 (중국) : 건파우더 (82%)
  - 허브 : 오렌지 페탈 (2%), 로즈 페탈 (2%)
  - 과일 : 패션 프루트 (패션프루트 과육, 설탕, 시트르산, 산미제) (5%), 망고 (망고 과육+설탕, 산미제, 시트르산)

이 티는 스모키한 중국 건파우더Gunpowder 녹차에 열대 과일 풍미의 설탕에 절인 망고와 패션 프루트 과육을 블렌딩한 뒤 노란 오렌지 꽃잎과 진홍색의 로즈 페탈을 흩어 놓아 시각적으로도 아름다울 뿐만 아니라 그 맛도 매우 달콤하다.

위스키 루스 티 (Whisky Loose Tea)

- 분류 : 플레이버드 티 (Flavored Tea)
- 재료 :
  - 홍차
  - 허브 : 헤더 플라워 (2%)
  - 착향료

이 티는 고품질의 홍차에 스코틀랜드의 영혼이 깃든 '스카치 위스키Scotch Whisky'의 풍미를 내는 헤더 플라워Heather Flowers와 향신료를 가하여 '핫 토디Hot Toddy' 음료의 향미를 낸다. 핫 토디는 위스키에 레몬, 설탕, 온수를 섞은 스코틀랜드의 전통 음료이다.

 # 영국(UK) 스코틀랜드 브랜드

페코티 에든버러 (PekoeTea Edinburgh)

pekoetea
EDINBURGH

페코티 에든버러는 존 쿠퍼John Cooper, 에서 쿤구 쿠퍼Esther Kungu-Cooper의 부부가 2008년 에든버러의 역사적인 항구 도시인 레이스Leith에서 탄생시킨 신생 브랜드이다. '페코Pekoe'는 중국어 '백호白毫[Bai Hao]의 방언 발음에서 유래된 것이다.

이 브랜드는 중국, 인도, 스리랑카, 케냐를 포함하여 전 세계의 다원을 직접 방문하여 최고 품질의 찻잎을 엄선해 싱글 이스테이트 티Single Estate Teas를 수입해 판매하거나 고품질의 찻잎들을 하우스 블렌딩한 제품으로 최고의 맛과 향을 선보인다. **이 제품들은 블렌딩에서부터 포장에 이르기까지 전 과정이 수작업으로 이루어진다.** 현재 에든버러를 넘어 영국 내에서 브랜드의 명성을 쌓아가고 있다.

블루 레이디 플레이버드 블랙 티 (Blue Lady Flavored Black Tea)

- 분류 : 플레이버드 티 (Flavored Tea)
- 재료 :
  · 홍차 (중국)
  · 허브 : 로즈 페탈, 멜로우 플라워, 칼렌둘라, 견과류
  · 천연 착향료

이 티는 얼 그레이를 대체할 수 있는 굉장한 블렌드이다. 페코티 에든버러 브랜드 중에서도 베스트셀러 품목이기도 하다. 고품질 중국 홍차에 붉은색의 로즈 페탈Rose Petals, 청색의 멜로 꽃Mallow Flowers, 노란 칼렌둘라Calendula Petals가 들어가 있어 시각적인 아름다움이 매우 화려하다.

스코티시 서머 프루트 그린 티 (Scottish Summer Fruits Green Tea)

- 분류 : 플레이버드 티 (Flavored Tea)
- 재료 :
  · 녹차(중국) : 센차 (89%)
  · 허브 : 멜로우 꽃, 금잔화, 핑크 로즈버드,
    핑크 로즈 페탈, 손질된 견과류
  · 과일 : 동결 건조 스트로베리, 동결 건조
    라즈베리
  · 천연 착향료

이 티는 중국산 센차 녹차Chinese Sencha Green Tea에 스코틀랜드의 여름철에 재배되는 최고급 자연산 과일들이 풍성하게 혼합된 블렌드이다. 산뜻한 녹차에 보라색의 멜로 꽃Mallow Flowers과 노란 금잔화Calendula Petals, 핑크 로즈버드Pink Rosebuds와 핑크 로즈 페탈Pink Rose Petals이 뒤섞여 시각적으로도 아주 화려하다. 또한 스트로베리Strawberry, 라즈베리Raspberry가 혼합되어 과일 향과 함께 크리미한Creamy 바닐라 향도 미묘하게 풍긴다.

얼 그레이 블루 플라워 티 (Earl Grey Blue Flower Tea)

- 분류 : 플레이버드 티+식품 첨가재
- 재료 :
  · 홍차 (중국)
  · 홍차 (아삼)
  · 홍차 (닐기리)
  · 허브 : 블루 콘플라워 페탈
  · 천연 착향료 : 베르가모트 오일

이 티는 중국 홍차, 인도의 아삼 홍차, 닐기리 홍차의 홍차 블렌드를 베이스로 블루 콘플라워 페탈을 더해 색채감을 더해 주고 베르가모트 오일로 시트러스계의 향미를 더해 주었다.

 ## 프랑스 브랜드

 다만 프레르 (Dammann Frères)

다만 프레르는 프랑스 티 역사에서 매우 중요한 위상을 차지하는 브랜드이다. 1692년 프랑수아즈 다만Françoise Dammann이 태양왕 루이 16세Louis XIV, 1638~1715로부터 티, 커피, 초콜릿 등과 관련하여 국내 독점 판매권을 획득한 것이 역사의 시초이다.

1825년에는 인도네시아 자바로부터 티를 수입, 판매하기 시작한 뒤 1925년에는 피에르Pierre, 로베르 다만Robert Dammann형제가 오늘날의 '다만 프레르 Dammann Frères'를 창립하고, 이듬해에는 뉴욕에 진출하였다.

1950년대부터는 고품질 향미의 플레이버드 티를 비롯하여 수많은 종류의 티 블렌드 제품을 개발하기 시작해 지금은 약 3300여 종류에 달하는 방대한 티 품목들을 프랑스의 럭셔리 호텔, 레스토랑, 식품전문점에서 판매하여 프랑스 티 시장의 약 20% 남짓의 점유율을 차지하고 있다.

또한 오늘날에는 프랑스에서 약 20여 곳의 럭셔리 티숍을 운영하고 있으며, 해외에는 일본, 한국, 포르투갈, 이탈리아, 룩셈부르크를 비롯해 전 세계 62개국에 티를 공급하고 있다.

그린 티-미스 다만 (Green Tea - Miss Dammann)

- 분류 : 플레이버드 티 (Flavored Tea)
- 재료 :
  - 녹차
  - 허브 : 꽃봉오리
  - 향신료 : 진저
  - 천연 착향료 : 라임 오일, 패션 푸르트

이 티는 녹차에 진저를 블렌딩한 뒤 붉은색의 화려한 꽃잎을 흩뿌리고 라임 에센스 오일^{Lime Essence Oil}과 패션 프루트^{Passion Fruit} 착향료를 블렌딩하였다. 전반적으로 신선하고 생동감 넘치는 블렌드이다. 진저 향이 풍기는 가운데 패션 푸르트 향이 미묘하게 풍긴다.

코코아 – 카카오 망트 (Cocoa - Cacao Menthe)

- 분류 : 허브 블렌드 (Herbal Blend)
- 재료 :
  - 허브 : 코코아 닙스, 페퍼민트 잎

이 티는 코코아 산지로 세계에서 가장 유명한 마다가스카르^{Madagascar}에서 수확한 코코아 빈^{Cocoa Bean}을 볶고 가루로 만든 코코아 닙스^{Cocoa Nibs}를 페퍼민트^{Peppermint}와 블렌딩하여 약간 산미가 있는 가운데 우아한 코코아 향과 민트 향이 풍긴다. 초콜릿 향과 민트가 절묘하게 융합되어 주요 향이 코코아 향이 풍기는 가운데 민트 향이 복합적으로 풍긴다. 향미가 훌륭한 균형을 이루어 마우스필이 '라운드 바디드^{Round-Bodied}'하고 신선한 뒷맛을 선사한다.

허브티 – 티잔 플뢰르 도랑제 (Herbal Tea - Tisane Fleur D'oranger)

- 분류 : 허브 블렌드 (Herbal Blend)
- 재료 :
  · 허브 : 엘더베리 플라워, 라임 블로섬,
  　　　　캐모마일, 비가라드오렌지나무 잎,
  　　　　플라워 페탈
  · 과일 : 사과
  · 착향료 : 오렌지 블로섬

이 티는 강한 오렌지 블로섬Orange Blossom의 향미가 특징인 블렌드이다. 비가라드오렌지나무 잎Bigarade Orange Tree Leaves, 사과Apple, 엘더베리 플라워Elderberry Flower, 라임 블로섬Lime Blossom, 캐모마일Chamomile이 들어 있어 우려낸 찻물을 마시면 마우스필이 부드러워 벨베티Velvety하다. 재료에서 꽃이 많은 든 만큼 꽃 노트Floral Notes가 주를 이룬다. 참고로 플뢰르 도랑제Fleur D'oranger는 프랑스어로서 순결을 상징하는 '오렌지꽃'을 뜻한다.

허브티 – 티잔 프뤼 뒤 베르제 (Herbal Tea - Tisane Fruits du Verger)

- 분류 : 허브 블렌드 (Herbal Blend)
- 재료 :

  · 허브 : 로즈힙 필, 블랙커런트 잎, 라임 블로섬
  · 착향료 : 루바브, 미라벨 자두, 배, 청사과

이 티는 로즈힙 필Rosehip Peel, 라임 블로섬Lime Blossom, 블랙커런트 잎Blackcurrant Leaves의 향미가 절묘하게 균형을 이루고 있는 블렌드이다. 청사과Green Apple와 루바브Rhubarb의 신선한 노트와 함께 배Pear, 프랑스산 미라벨 자두Mirabelle Plum의 스위트한 노트와 벨베티Velvety한 마우스필이 훌륭하다. 주요 향미로 루바브 향이 풍기는 가운데 상큼한 사과 향이 복합적으로 풍긴다. 주요 노트로는 과수원의 향미를 느낄 수 있다.

프루트 인퓨전 – 카르카데 상바 (Fruit Infusion- Carcadet Samba)

- 분류 : 허브 블렌드 (Herbal Blend)
- 재료 :
  · 허브 : 히비스커스, 로즈힙 필,
  · 과일 : 사과, 오렌지 필, 플라워 페탈
  · 착향료 : 망고, 트로피컬 프루트

이 티는 매우 활기차고 축제 분위기의 블렌드이다. 히비스커스 꽃Hibiscus Flowers, 로즈힙 필Rosehip Peel, 사과Apple, 오렌지 필Orange Peel의 블렌드에 망고Mango와 열대 과일Tropical Fruits의 향미가 착향료로 추가되었다. 히비스커스 주요 향미 속에서 이국적인 열대 과일의 향미가 이어지고, 한 모금 머금었을 때 이국적인 과일Exotic Fruits 향미가 주요 노트를 이룬다.

프루트 인퓨전 – 루이보스 프뤼 루주 (Rooibos Fruits Rouges)

- 분류 : 허브 블렌드 (Herbal Blend)
- 재료 :
  · 허브 : 루이보스, 플라워 페탈
  · 과일 : 스트로베리 등
  · 착향료 : 스트로베리, 비스킷, 라즈베리 등

이 티는 루이보스Rooibos의 맛에 스트로베리Strawberry, 라즈베리Raspberry의 향미가 우아하게 융합된 가운데, 마우스필이 비스킷 쿠키를 먹을 때처럼 진한 농도의 점성이 있으면서 풀 바디감이 넘치는 블렌드이다. 보라색의 플라워 페탈Flower Petals이 흩뿌려져 있어 시각적으로도 아름답다. 이로 인해 아이들이 매우 좋아하는 블렌드이기도 하다. 스트로베리의 주요 향미가 풍기는 가운데 비스킷 향미가 이어진다. 한 모금 머금었을 때 주요 노트로 붉은 과일Red Fruit의 향을 느낄 수 있다.

마리아주 프레르 (Mariage Freres)

마리아주 프레르는 1854년 앙리 마리아주Henri Mariage, 에두아르 마리아주 Edouard Mariage 형제가 프랑스 파리의 부르 티부르가Rue Du Bourg Tibourg에서 도매 기업과 살롱 드 테를 처음으로 연 것이 시초이다. 브랜드 이름은 형제가 공동으로 설립하여 프랑스어로 '마리아주 형제'라는 뜻이다.

선대인 니콜라스 마리아주Nicolas Mariage, 피에르 마리아주Pierre Mariage는 1660년 태양왕 루이 16세Louis XIV, 1638~1715 시대부터 왕실과 '프랑스 동인도 회사French East India Company'의 후원과 독려를 받아 해외 티 무역에 종사해 왔는데, 프랑스 상류 계층에서 티 (녹차)가 건강 음료로 큰 인기를 끌면서, 니 콜라스 마리아주, 피에르 마리아주 형제는 상류 계층에서 톱 딜러가 되었다.

그런 선대의 경험을 바탕으로 앙리 마리아주, 에두아르 마리아주 형제가 지 금의 마리아주 프레르를 세우면서 사업의 첫 문을 연 것이다. 마리아주 프레 르는 초창기부터 중국, 인도, 실론에서 최고 품질의 티들을 수입해 프랑스 내 에서도 초일류 호텔과 살롱 드 테, 티 전문점에 공급해 왔는데, 그 과정에서 프랑스 요리와 와인에 맞는 블렌딩을 통하여 세계적인 프렌치 스타일 티들이 탄생하였다. 대표적인 것으로는 홍차를 베이스로 하는 플레이버드 티인 '마 르코폴로Marco Polo', '웨딩 임페리얼Wedding Imperial' 등이 있다.

마리아주 프레르는 오늘날에는 수많은 종류의 블렌딩 제품들을 전 세계 60개 국 이상의 나라에 판매하고 있으며, '프렌치 미식 티 브랜드'의 대명사로 자리 를 잡고 있다.

웨딩 임페리얼 (WEDDING IMPÉRIAL®)

- 분류 : 플레이버드 티 (Flavored Tea)
- 재료 :
  - · 홍차 (아삼)
  - · 착향료 등

이 티는 몰티 향미가 강하고 바디감이 풍부한 인도 아삼 홍차에 초콜릿과 캐러멜의 노트가 결합한 풍성한 조합이다. 전체적으로는 페이스트리Pâtisserie의 향미가 난다.

마르코 폴로, 마블로스 블랙 티-자르댕 프리미어 프루티 앤 플라워리 블랙 티

(MARCO POLO® Marvellous black tea - Jardin Premier* Fruity & Flowery Black Tea)

- 분류 : 플레이버드 티 (Flavored Tea)
- 재료 :
  - · 홍차
  - · 착향료 등

이 티는 홍차의 맛에 중국, 티베트 꽃을 연상시키는 향미가 풍기는 블렌드이다. 마르코폴로MARCO POLO 제품 중에서도 가장 전설적인 플레이버드 티이다. 주요 향미는 과일 향미와 꽃 향이 지배적이다.

FAUCHON
PARIS

포숑은 1886년 오귀스트 포숑 Auguste Fauchon, 1856~1945이 파리 마들렌 광장La Place de la Madeleine에서 자신의 이름을 따서 야채와 과일을 판매하는 작은 청과점을 연 것이 시초이다. 1895년부터는 베이커리, 페이스트리, 1898년 레스토랑, 살롱 드 테 부문으로 사업을 점차 확장하였으며, 그 품질이 훌륭하기로 유명해지자 프랑스 왕실과 상류층의 귀족, 그리고 전 세계의 부호들이 방문한 결과 럭셔리 브랜드로 급속히 성장하였다.

1900년부터는 최고급 빈티지 와인과 다이닝 사업을 시작하였는데, 현재는 전 세계에서도 유명한 럭셔리 와인 브랜드로 성장하였다. **특히 1960년대부터는 과일을 블렌딩한 플레이버드 티, 1970년대는 꽃을 블렌딩한 플레이버드 티를 시장에 처음으로 선보였다.**

그리고 오늘날에는 세계 각지의 고품질 싱글 티, 얼 그레이와 같은 클래식 블렌드를 비롯해 플레이버드 티, 허브 블렌드를 중심으로 새로운 향미를 끊임없이 창조해 나가면서 세계적인 럭셔리 티 브랜드로 성장하였다.

로즈 앤 리치 티 (Rose & Lychee Tea)

- 분류 : 플레이버드 티 (Flavored Tea)
- 재료 :
  · 녹차 (중국)
  · 허브 : 로즈 페탈 (6%)
  · 과일 : 리치 (1%)
  · 착향료 : 리치
  · 천연 착향료 : 로즈

이 티는 중국 녹차에 향긋한 꽃 향을 풍기는 로즈 페탈Rose Petals과 열대 과일의 풍미인 리치Lychee를 혼합 뒤 향미에 악센트를 주기 위하여 장미 향의 천연 착향료와 리치 향의 착향료를 가한 블렌드이다. 전체적으로 매우 우아한 블렌드로서 신선한 꽃 향과 과일 향미가 매우 미묘하게 결합되어 복합적인 풍미를 풍부하게 즐길 수 있다.

마르샹 드 레브/샌드맨 허브티 (Marchand De Reve/Sandman Herbal Tea)

- 분류 : 허브 블렌드 (Herbal Blend)
- 재료 :
  · 허브 : 루이보스 (45%), 저먼캐모마일 (15%),
    허니부시, 레몬 버베나 잎 (10%),
    로만캐모마일(3%)
  · 향신료 : 펜넬
  · 착향료

이 티는 '꿈을 파는 상인'의 이야기에 영감을 얻어 창조한 블렌드이다. 루이보스 Rooibos에 달콤하면서 편안한 느낌을 주는 저먼캐모마일German Camomile, 로만캐모마일Roman Camomile을 비롯해 신선한 향미의 펜넬Fennel과 꿀과 캐러멜 노트의 허니부시Honeybush, 시트러스계인 레몬 버베나 잎Lemon Verbena Leaves의 향미가 훌륭한 균형을 이루고 있다.

 **니나스 파리 (Nina's Paris)**

니나스 파리의 역사는 피에르 디아즈Pierre Diaz가 1672년 천연 에센셜 오일을 추출하는 향수 업체인 '라 디스틸리 프레르La Distillerie Fréres'를 세우면서 시작 되었다. **디아즈는 향료를 추출, 새로운 향수를 창조하는 기술이 훌륭하여 '향의 마법사'로 불릴 정도로 유명하였는데, 당시 루이 14세**Louis XIV, 1638~1715 **시절에는 베르사유 궁전에도 그의 향수를 납품하였다.** 특히 라벤더와 장미의 향수는 프랑스 럭셔리 문화의 대명사인 마리 앙투아네트Marie-Antoinette, 1755~1793 왕비가 특별히 좋아하는 물품이었다고 한다.

현재 니나스 파리는 베르사유의 정원에서 생산된 신선한 사과와 장미 꽃봉오리를 사용해 플레이버드 티로 만들 수 있는 유일한 공식 업체로서 그 유명한 **'테 드 마리 앙투아네트**Thé de Marie-Antoinette'**를 판매**하고 있다. 테 드 마리 앙투아네트는 실론 홍차를 베이스로 베르사유 정원의 사과와 장미를 블렌딩한 것이다. 또한 방돔 광장Place Vendrôme의 '니나스 마리 앙투아네트 티 살롱 Nina's Marie Antoinette Tea Salon'에서는 앙투아네트 왕비 시절 프랑스 왕실에서 즐겼던 화려한 프렌치 애프터눈 티를 선보여 티 애호가들에게는 '애프터눈 티의 성지'로 통한다.

마리 앙투아네트 (Marie-Antoinette) 시리즈

테 드 마리 – 앙투아네트 (Thé de Marie – Antoinette)

- 분류 : 플레이버드 티(Flavored Tea)
- 재료 :
  - 홍차 (실론)
  - 허브 : 로즈 페탈
  - 과일 : 사과
  - 천연 착향료 : 사과, 장미 에센스 오일

이 티는 실론 홍차에 베르사유Versailles 왕궁의 텃밭에서 수확한 사과Apple와 로즈 페탈Rose Petals로 가향한 세계에서 유일한 블렌드이다. 프랑스 루이 16세의 왕비로서 세련되고도 우아하기로 유명하였던 마리 앙투아네트가 매우 좋아한 장미를 흩뿌려 시각적인 아름다움을 더해 주었고, 신선한 사과 향과 미묘한 장미 향의 에센스 오일로 향을 더해 주었다.

티 에디션 방돔 칼럼 (Tea Edition Vendôme Column) 시리즈

베르사유 로즈 (Versailles Rose)

- 분류 : 플레이버드 티 (Flavored Tea)
- 재료 :
  - 홍차 (실론)
  - 허브 : 로즈 페탈, 메리골드 페탈
  - 천연 착향료 : 그레이프프루트, 만다린

이 티는 향미가 산뜻하고 가벼운 실론 홍차에 붉은색의 로즈 페탈Rose Petals, 노란색의 메리골드 페탈Marigold Petals을 혼합한 뒤 열대 과일인 그레이프프루트Grapefruit와 만다린Mandarin의 착향료를 가한 블렌드이다. 붉은색과 노란색의 꽃색이 색채 대비를 이루어 시각적으로도 아름답다. 향긋하고 미묘한 꽃 향이 그레이프프루트와 시트러스계의 만다린 향미가 조화를 이루어 풍미도 훌륭하다.

 자넷 (Janat)

자넷은 1872년 당시 티, 향신료, 코코아, 커피 무역업에 종사하던 자넷 도르Janat Dores가 파리에서 티 사업을 시작한 것이 시초이다. 당시 에펠탑을 세운 엔지니어 구스타브 에펠Gustave Eiffel, 1832~1923과 함께 친분을 쌓으면서 그로부터 영감을 얻어 오크 배럴Oak Barrel에 숙성시켜 프로방스의 전통 향미인 오크 나무의 향미를 내는 '자넷 프렌치 오크 티Janat French Oak Tea'를 세계 최초로 개발하고 브랜드를 이끌었다. 참고로 말하면, 브랜드 로고에 등장하는 두 마리의 고양이는 당시 그가 길렀던 고양이를 상징한다.

자넷은 권위 있는 파리지앵 티Parisian Tea를 목표로 전 세계 최고의 다원으로부터 엄선된 품질의 찻잎으로 최고 품질의 티를 생산하기 위하여 다양한 방법들을 연구하면서 오늘날에는 철저한 고객 정보와 품질의 관리를 통하여 높은 안전성의 식품 기준을 적용하는 브랜드로 이름을 날리고 있다. 특히 티 블렌딩에 사용되는 찻잎은 오직 손으로 직접 딴 것만 사용하고, 착향료도 오직 신선한 천연 착향료만 사용하고 있다.

오리지널 프렌치 오크 티 (Original French Oak Tea)

- 분류 : 플레이버드 티 (Flavored Tea)
- 재료 :
  - 홍차 (실론)
  - 착향 : 오크, 바닐라

이 티는 홍차에 오크Oak와 바닐라Vanilla의 독특하면서도 미묘한 향을 주기 위하여 오크 배럴Oak Barrel에서 우렸던 세계 최초의 티이다. 브랜드의 창립자인 자넷 도르Janat Dores와 그의 친구인 귀스타브 에펠Gustave Eiffel이 처음 고안한 프랑스 고유의 플레이버드 티이다.

프로페셔널 시리즈 (Professional series)
자넷 블렌드 (Janat Blend)

- 분류 : 플레이버드 티 (Flavored Tea)
- 재료 :
  · 홍차 (다르질링)
  · 재스민 녹차 (중국)
  · 허브 : 핑크 로즈
  · 과일 : 시트러스계 과일

이 티는 인도 다르질링Darjeeling 홍차와 재스민 티Jasmine Tea (녹차) 를 혼합한 뒤 시트러스계의 과일Citrus Fruits과 핑크 로즈Pink Rose를 넣어 향미를 연금술적으로 정교하게 창조하였다. 향미가 매우 우아하면서 섬세하여 사람들에게 활기를 불어넣어 준다.

프로페셔널 시리즈 (Professional series)
스트라디바리우스 (Stradivarius)

- 분류 : 플레이버드 티 (Flavored Tea)
- 재료 :
  · 우롱차
  · 허브 : 로즈 페탈
  · 과일 : 라즈베리
  · 착향료 : 스트로베리, 레드커런트, 레드 체리

이 티는 우롱차에 라즈베리Raspberry를 혼합한 뒤 스트로베리Strawberry, 레드커런트Redcurrant, 레드 체리Red Cherry와 같은 붉은색 과일의 착향료를 더하여 그 향미가 매우 독특하다. 더욱이 강렬한 붉은 색채의 로즈페탈Rose Patal을 더해 시각적으로 아름답다.

 **팔라 데 테**(Palais des Thé)

팔라 데 테는 1987년 티소믈리에Tea Sommelier 출신인 프랑수아 자비에르 델마François-Xavier Delmas가 파리에서 전문 티 숍의 문을 연 것이 시초이다.

창립자가 티를 문화적, 미식적인 측면에서 배울 수 있도록 도움을 주기 위하여 설립하였다. 1991년에는 일본 도쿄의 첫 해외 지점을 시작으로 벨기에, 노르웨이, 이스라엘, 미국 등으로 사업을 확장하고, 현재는 약 200종 이상의 다양한 티들을 판매하고 있다.

티소믈리에 출신답게 전 세계의 산지를 돌아다니면서 현지의 다원과 재배자와 파트너십을 체결하여 다양한 향미의 고품질 티들을 생산하고 있다. 이 브랜드 티는 풍부한 감각적인 경험과 섬세한 향미를 선사하는 것이 큰 특징이다.

임페리얼 차이 (Imperial Chai)

- 분류 : 플레이버드 티 (Flavored Tea)
- 재료 :
  · 홍차 (중국) : 52%
  · 허브 : 사플라워, 오렌지 필,
  · 향신료 : 진저, 카르다몸 (5%), 시나몬 (4%)
    클로브, 핑크 페퍼 (3%)
  · 천연 착향료 : 시나몬
  · 향신료

이 티는 인도 전통과 프랑스의 세련된 문화가 교차해 독창적으로 창조된 차이 블렌드이다. 중국 홍차를 베이스로 소위 '마살라Masala'라 불리는 온화한 노트의 진저Ginger, 카르다몸Cardamom, 시나몬Cinnamon, 클로브Cloves의 향신료들을 블렌딩한 뒤 사플라워 꽃Safflower Petals과 오렌지 필Orange Peel, 핑크 페퍼Pink Pepper가 더해져 강한 향신료 향이 풍기는 가운데 꽃 향과 상큼한 과일 향이 이어진다. 우유 또는 코코넛 디저트와 완벽한 페어링을 이룬다.

르 테 데 아망/러브스 티 (Le Thé des Amants/Lover's Tea)

- 분류 : 플레이버드 티 (Flavored Tea)
- 재료 :
  · 홍차 (인도+중국) : 88%
  · 허브 : 아몬드
  · 과일 : 사과 (3%)
  · 향신료 : 시나몬 (3%), 바닐라 (1%)
  · 착향료

이 티는 인도 홍차와 중국 홍차를 블렌딩한 것에 사과Apple, 시나몬Cinnamon, 바닐라Vanilla, 아몬드Almond를 혼합한 풍부한 향미의 블렌드이다. 미식 스타일의 티를 좋아하는 사람들이 선호할 달콤하면서도 감각적인 풍미를 선사한다. 진저브레드Gingerbread와 함께 훌륭한 페어링을 이룬다.

테 데 에투알/스타 티 (Thé Des Étoiles/Star Tea)

- 분류 : 플레이버드 티 (Flavored Tea)
- 재료 :
  · 녹차 (중국) : 62%
  · 허브 : 로즈 페탈
  · 향신료 : 코코아 빈, 캐롭, 치커리,
  · 천연 착향료 : 통카콩 엑스트랙트 (1%)
  · 착향료 : 브라운 (2%)

이 티는 네덜란드의 천재 화가 빈센트 반 고흐Vincent van Gogh, 1853~1890의 작품인 '별이 빛나는 밤Starry Nights'에 영감을 받아 창조한 블렌드이다. 이름도 그에 따라 '별의 티'라는 뜻으로 붙여졌다. 중국 녹차에 코코아 빈Cocoa Beans, 캐럽Carob, 치커리Chicory의 향신료에 온화한 노트의 통카콩 추출제Tonka Bean Extract를 착향료로 더한 뒤 로즈 페탈Rose Petals을 흩뿌렸다. 크렘 브릴레Crème Brûlée와 함께 완벽한 페어링을 이룬다.

테 데 송제 블랑/티 오브 화이트 드림스

(Thé Des Songes Blanc/Tea of White Dreams)

- 분류 : 플레이버드 티 (Flavored Tea)
- 재료 :
  · 백차 (중국) : 백모단 (91%)
  · 허브 : 사플라워 페탈 (1%)
  · 과일 : 레몬 필, 스트로베리
  · 착향료

이 티는 중국 백차인 백모단Bai Mu Dan, 白牡丹을 베이스로 시트러스계의 레몬 필Lemon Peel과 달콤한 스트로베리Strawberry와 함께 주황색의 사플라워 페탈Safflower Petal을 흩뿌려서 창조한 새로운 블렌드이다. 전체적으로 과일 향과 꽃 향이 백모단의 신선하고 산뜻하면서 우아한 맛과 절묘한 균형을 이루고 있다.

테 뒤 루브르-코테 자르뎅/루브르 티-가든 사이드

(The Du Louvre - côté Jardin/Louvre Tea – Garden Side)

- 분류 : 플레이버드 티 (Flavored Tea)
- 재료 :
  · 녹차 (중국) : 89%
  · 허브 : 블루베리 페탈
  · 과일 : 자두 (4%), 사과 (3%)
  · 착향료 (1%) : 자두, 모과

이 티는 팔라 데 테 브랜드와 루브르 미술관Louvre Museum의 공동 협력을 통해 새롭게 탄생한 블렌드이다. 루브르 박물관 옆 튈르리 가든Tuileries Gardens의 화단과 숲에서 영감을 떠올려 만든 것이다. 중국 녹차에 자두 (자두, 쌀가루), 사과, 블루베리 페탈을 혼합한 뒤 착향료로 자두와 모과의 향을 좀 더 더해 준 것이다. 칵테일의 일종인 '목테일Mocktail'로 매우 훌륭한 블렌드이다.

테 데 앙팡/칠드런스 티 (The Des Enfants/Children's Tea)

- 분류 : 플레이버드 티 (Flavored Tea)
- 재료 :
  · 홍차 (10%)
  · 허브 : 히비스커스 페탈 (42%), 로즈힙,
    오렌지 필
  · 과일 : 사과 (16%), 체리 (2%)
  · 착향료

이 티는 아이들이 마시기 위하여 창조한 블렌드이다. 티 카페인인 테인Theine의 함유량을 낮추고, 아이들이 좋아하는 시트러스계 과일Citrus Fruits, 레드 베리류Red Berries, 히비스커스 페탈Hibiscus Petals, 로즈힙Rose Hips 향미를 더한 것이다. 특히 체리 노트가 훌륭하여 아이들에게도 선호도가 높다.

쿠스미 티 (Kusmi Tea)

쿠스미 티는 1867년 러시아의 티 상인 파벨 쿠스미초프Pavel Kousmichoff가 상트페테르부르크에서 자신의 이름을 따서 '쿠스미초프 티 하우스Kousmichoff Tea House'를 연 것이 시초이다.

1880년대에는 러시아의 상류층에서 가장 인기 있는 티 브랜드로 성장하였다. 1901년에 이미 러시아 내에 10여 곳의 티 하우스 체인점을, 1910년대 후반에는 러시아의 주요 도시 내에 약 50곳의 체인점을 둘 정도로 크게 성장하였지만, 1917년 러시아 혁명이 일어나자 프랑스 파리로 이주하였다.

그 뒤 브랜드명을 '쿠스미 티Kusmi Tea'로 줄여서 지금까지 사용하고 있는데, 현재 80곳의 티 하우스 전문점을 두면서 전 세계 35개국에 고품질의 홍차, 플레이버드 티, 허브티 등을 판매하고 있다.

대표적인 품목으로는 BB 디톡스Detox, 아나스타샤Anastasia, 프린스 블라디미르Prince Vladimir, 얼 그레이Earl Grey, 트로피칼 화이트Tropical White 등이 있다.

쿠스미 티는 현재 프랑스 식음료 기업인 오리엔티스Orientis 그룹이 인수하여 운영하고 있다.

BB 디톡스 (BB Detox)

- 분류 : 플레이버드 티 (Flavored Tea)
- 재료 :
  - · 녹차 (59%)
  - · 허브 : 마테, 메리골드
  - · 과일 : 시트러스 (오렌지, 레몬, 그레이프프루트)(8%), 과라나
  - · 천연 착향료 : 시트러스 (4%)

이 티는 녹차의 산뜻한 향미에 그레이프프루트Grapefruit, 레몬Lemon, 오렌지Orange의 향미가 우아한 트리오를 이루는 블렌드이다. 이른 아침을 상쾌하고 활기차게 시작할 수 있는 향미이다. 남미 열대 과일인 과라나Guarana와 남미 대표적인 허브인 마테Mate를 더하여 그 향미에 풍성함을 더해 주고 있다.

* 한국명: EXPURE Addict 엑스퓨레 에딕트

아나스타샤 바이오 (Anastasia Bio)

- 분류 : 플레이버드 티 (Flavored Tea)
- 재료 :
  - · 홍차 (99%)
  - · 천연 착향료 : 오렌지 블로섬
  - · 착향료 : 베르가모트, 레몬, 라임

이 티는 러시아의 황제 니콜라스 2세Tsar Nicholas II, 1868~1918의 매혹적인 딸인 아나스타샤 공주Princess Anastasia가 얼 그레이를 무척이나 사랑하였던 이야기에 영감을 떠올려 창조된 블렌드이다. 유기농 얼 그레이의 블렌드에 오렌지 블로섬Orange Blossom, 레몬Lemon, 라임Lime의 시트러스계 새콤달콤한 향미를 착향료로 추가하여 그 향미가 클래식 얼 그레이보다 훨씬 더 산뜻하고 풍부하다.

콩파니 콜로냘 (Compagnie Coloniale)

콩파니 콜로냘은 1848년 메릭 일가Meric family가 파리의 오페라가Avenue de l'Opéra에서 첫 본점을 연 것이 시초이다. 이로써 프랑스에서도 가장 오래된 티 브랜드의 역사가 시작되었다.

1950년대 티의 수요가 급증하자 공급처를 중국 다원에서 인도, 스리랑카 다원으로까지 확대하여 고품질의 티를 최고 디자인의 캔에 포장하여 판매하였다. 이때부터 캔에는 '선박의 닻'이 로고로 새겨졌는데, 이것이 오늘날 콩파니 콜로냘 브랜드의 상징물이 된 것이다. 1960년대에는 찻잎이 잘 우러나도록 공간을 확보하여 모슬린 백Muslin Bags에 포장하였는데, 이것이 오늘날 그 유명한 '베를링고 백Berlingo® bags'이 되었다. 콩파니 콜로냘은 티 포장과 포스터의 디자인도 200여 년 동안 명성을 떨쳤다. 오늘날 이 브랜드의 티는 우아한 향과 전통을 자랑하는 오리지널 레시피, 그리고 티 박스의 럭셔리 디자인으로 유명한데, 2018년에는 170주년을 맞아 녹차와 백차의 블렌드에 붉은색 과일의 향을 풍기면서 꿀과 아몬드의 노트를 지니는 플레이버드 티를 기념으로 출시하였다. 2022년에는 브랜드명을 지금의 '콩파냐 앤 컴퍼니Compagnie & Co'로 변경하고 최고 품질의 티들을 판매하고 있다.

루이보스 프루트 앤 플라워스 오브 더 선 (Rooibos Fruits & Flowers of the Sun)

- 분류 : 플레이버드 티 (Flavored Tea)
- 재료 :
  - 허브 : 루이보스, 선플라워, 블루베리 페탈
  - 과일 : 스트로베리, 그레이프프루트
  - 향신료 : 바닐라

이 티는 남아프리카 전통 허브인 레드 루이보스를 베이스로 달콤한 단맛의 스트로베리와 새콤한 산미의 그레이프프루트에 향긋한 향인 바닐라 향신료를 더한 뒤 선플라워, 블루베리 플라워를 장식하여 향미도 훌륭할 뿐만 아니라 시각적인 아름다움도 매우 정열적이고 화려하다.

메도스위트 디톡스 허브티 (Meadowsweet Detox Herbal Tea)

- 분류 : 허브 블렌드 (Herbal Blend)
- 재료 : 100% 유기농
  - 허브 : 메도스위트, 네틀, 린덴 줄기 심부

이 티는 서양에서 중세 시대부터 맛과 향이 좋을 뿐만 아니라 기분을 좋게 해주는 효능으로 약초로 사용해 왔던 메도스위트Meadowsweet를 베이스로 네틀Nettle, 린덴 줄기의 심부Linden Sapwood를 블렌딩해 효능을 더 보강한 블렌드이다.

우리 몸의 장기인 콩팥, 쓸개, 간, 피부의 활동을 자극하여 해독 작용을 높이는 데 도움을 준다. 참고로 메도스위트는 비타민 C, 철분, 칼슘, 플라보노이드 성분이 풍부하여 서양에서는 아주 오래전부터 약용으로 사용해 왔던 유명한 허브이다.

 # 독일 브랜드

테하우스 로네펠트  (Teehaus Ronnefeldt)

테하우스 로네펠트는 1823년 요한 토비아스 로네펠트Johann Tobias Ronnefeldt가 독일 프랑크푸르트에서 조그만 티 무역 업체를 설립하면서 시작되었다. 설립 시기상으로 보면 로네펠트는 전 세계에서 가장 오래된 티 전문 기업 중 하나이다.

창립 초창기부터 로네펠트 티는 그 품질이 훌륭한 것으로 평가를 받으면서 급속도로 성장하였다.

처음에는 티를 러시아의 고위 관리들이 주로 드나들던 프랑크푸르트 내의 호텔에 주로 공급하였으나 고품질인 것으로 소문이 나면서 점차 러시아 군주인 차르Tsar와 유럽 귀족층의 주요 공급체로 성장하였다. 1900년대 초부터는 중국 광동성과 일본에서 티를 직접 수입하였다.

오늘날에는 주로 인도, 스리랑카, 중국, 일본의 다원으로부터 티를 수입해 블렌딩을 통해 다양한 티들을 판매하고 있는데, 티 전문가들이 티의 수입, 블렌딩, 최고 품질의 가향 티를 만드는 전 과정에 관여하면서 고품질의 티를 생산해 현재 전 세계 70개국의 럭셔리 호텔과 레스토랑에 공급하고 있다.

특히 로네펠트 티들은 최고 품질의 티를 보증하기 위하여 산지에서 오직 일아이엽一芽二葉의 찻잎을 손으로 딴 것만 재료로 사용하며, 오서독스Orthodox 방식만을 고집해 생산하는 특징이 있다. 또한 로네펠트 티는 다른 브랜드와 달리 생산 과정에서 그 어떤 화학적 물질을 사용하지 않고 생산하는 것으로 유명하다.

테하우스 로네펠트는 지금도 티에 열정과 호스피탈러티의Hospitality 정신을 담아 생산하면서 약 200년의 역사와 전통을 계속 이어가고 있다.

모르겐타우 (Morgentau LT)

- 분류 : 플레이버드 티 (Flavored Tea)
- 재료 :
  · 녹차 : 센차
  · 허브 : 콘플라워, 선플라워, 로즈 페탈
  · 과일 : 망고

이 티는 달콤한 망고Mango와 산뜻한 향미의 센차Sencha가 조화를 이룬 블렌드이다. 모르겐타우Morgentau는 독일어로 '아침 이슬'을 뜻한다. 콘플라워Cornflower, 선플라워Sunflower, 로즈 페탈Rose Petals의 꽃들이 배합되어 풍성하고 싱그러운 꽃 향과 열대 과일인 망고의 달콤한 맛이 더해져 더욱더 상큼한 녹차 블렌드이다. 로네펠트의 베스트 제품 이다.

아이리시 위스키-크림 (Irish Whiskey-Cream)

- 분류 : 플레이버드 티 (Flavored Tea)
- 재료 :
  · 홍차
  · 향신료 : 코코아 껍질
  · 식품 첨가제 : 아이리스 위스키 크림

이 티는 홍차를 베이스로 코코아 껍질Cocoa Husk과 아이리시 위스키 크림Irish Whisky Cream을 블렌딩하여 아일랜드 위스키의 스모키한 향이 주요 노트로 풍기면서 꽃 향과 과일 향도 풍성한 블렌드이다. 아이리시 위스키 특유의 크리미한 뒷맛과 코코아의 달콤한 맛이 조화를 이루어 밀크 티로 즐기면 그 풍미를 더욱더 훌륭하게 즐길 수 있다.

아일레스 테 (Eilles Tee)

아일레스 테의 역사는 1873년 당시 커피, 티의 전문 유통 상인이었던 요제프 아일레스Joseph Eilles, 1809~1881가 뮌헨에서 커피, 티, 와인 등을 판매하는 전문점을 열면서 시작되었다. 초창기부터 티 제품의 품질이 최고 수준으로 평가를 받아 독일의 귀족층과 왕실에 납품되면서 사업이 급속도로 성장하였는데, 이윽고 바바리아 왕국Kingdom of Bavaria의 국왕 루트비히 2세Ludwig II, 1845~1886로부터는 바바리아 궁전의 왕실 조달 업체로 승인을 받았다.

1889년 뮌헨의 상인 카를 리데르Karl Riederer가 인수한 뒤 리데르 일가가 줄곧 운영해 오다가 1987년 함부르크의 커피 로스팅 업체인 J. J. 다보벤Darboven이 인수하였다.

아일레스 테 브랜드는 비록 커피 업체가 인수하였지만, 19세기에 왕실 조달 업체로 선정되었을 정도로 역사와 전통을 자랑하는 만큼 오늘날에도 독립 브랜드로 운영되고 있다.

아일레스 테는 독일 프리미엄 티를 대표하는 브랜드로서 빈티지 클래식, 클래식 블렌드, 시그니처 블렌드 등 약 250종 이상이나 되는 미식 수준의 티들을 호텔, 레스토랑, 카페, 베이커리에 공급하고 있다.

화이트 푸 (White Fu)

- 분류 : 플레이버드 티 (Flavored Tea)
- 재료 :
  · 녹차 : 센차, 춘미 (중국)
  · 백차
  · 허브 : 멜로 블로섬, 로즈 페탈
  · 과일 : 파파야 (파파야, 설탕, 산미제 : 시트러스
    산, 고화제 : 염화칼슘), 파인애플
    (파인애플, 설탕, 산미제 : 시트러스산),
    스트로베리, 라즈베리 그래뉼

이 티는 고품질의 녹차인 춘미珍眉, Chun Mee, 센차煎茶, Semcha에 백차를 블렌딩한 뒤 열대 과일 풍미의 파파야Papaya, 파인애플Pineapple을 비롯하여 붉은색 과일인 스트로베리Strawberry와 라즈베리Raspberry, 그리고 멜로 블로섬Mallow Blossom과 로즈 페탈Rose Petal과 같은 꽃을 혼합한 럭셔리 블렌드이다. 산뜻한 녹차, 백차의 향미에 열대 과일의 향미와 스트로베리, 라즈베리의 단맛을 풍부하게 느낄 수 있다.

아일레스 테 거밋 티 (EILLES TEE Gourmet Tea), 티 로지즈 무단 (Tea Roses Mu Dan)

- 분류 : 공예차 (Crafted Tea)
- 재료 :

  · 녹차 (중국)

이 티는 중국의 전통 기술로 어린 새싹만을 사용하여 꽃 모양으로 엮은 공예차工藝茶이다. 티를 우리면 찻잎이 점차 벌어지면서 마치 모란꽃이 개화하는 모습을 연상시켜 티의 이름에 무단牧丹, Mu Dan이라는 이름이 붙었다. 찻잎이 열리는 모습을 감상하려면 물의 온도를 최소 80도 이상으로 하여 3분간 우려내야 한다.

 **알뵈우스 (Alveus GmbH)**

알뵈우스는 2006년 다니엘 트렌크Daniel Trenk가 함부르크에서 티에 관심이 있는 동료들과 뜻을 모아 티 유통 업체를 세운 것이 첫 출발이다. 사업의 모토는 '티를 전 세계에 공급하여 사람들이 웰빙을 느낄 수 있도록 하자'는 것이었다.

그 뒤 판매량이 늘고 사업이 성장하면서 티를 대량으로 구입해 고품질의 티 블렌드를 창조하는 데 주력하였다.

전 세계의 산지에서 온 티를 함부르크에서 오직 수작업을 통해 블렌딩하여 2012년에는 티 블렌드의 가짓수가 1000종 이상으로 증가하였다.

2022년에는 비즈니스 고객들이 사용할 수 있는 레시피 수가 1500종 이상이나 되었고, 이와 별도로 독점 목록도 900종에 달하여 전 세계에서 가장 많은 가짓수의 티 블렌드 목록을 갖추고 전 세계 70여 개국에 고품질의 티를 공급하고 있다.

이 브랜드가 이렇게 단기간에 성장할 수 있었던 이유는 다른 회사들이 브랜드의 전통을 고수하는 것과는 달리, 오직 고객들의 요구와 충고를 받아들이면서 새로운 시장의 트렌드를 발견하여 개성적이고 특화된 고품질의 티 블렌드들을 생산하였기 때문이다.

지금도 새로운 블렌드의 레시피를 끊임없이 창조하면서 세계에서 가장 큰 티 카탈로그를 만들기 위하여 노력하고 있는 만큼, 이 브랜드에는 클래식 블렌드보다 유기농 티 블렌드를 비롯하여 오늘날 트렌드에 발맞춰 창조한 참신한 블렌드 제품들이 많다.

드림 오브 스프링 (Dream of Spring)

- 분류 : 허브 블렌드 (Herbal Blend)
- 재료 :
  · 허브 : 히비스커스, 로즈힙, 블루 콘플라워
  · 과일 : 사과, 파파야 (파파야, 설탕), 멜론
      (멜론, 설탕), 파인애플 (파인애플, 설탕),
      피치 (피치, 쌀가루)
  · 착향료

이 티는 다양한 열대 과일들이 혼합된 풍부한 과일 향미의 블렌드로 멜론Melon과 복숭아Peach 향미가 주요 노트를 이룬다. 과일로는 멜론Melon, 파인애플Pineapple, 파파야Papaya의 열대 과일을 비롯하여 사과Apple, 복숭아Peach의 향긋한 향미를 복합적으로 느낄 수 있다. 여름철 아이스티로 더욱더 훌륭하게 즐길 수 있다.

윈터 차이 오거닉 (Winter Chai ORGANIC)

- 분류 : 플레이버드 티 (Flavored Tea)
- 재료 : 100% 유기농
  · 홍차 (인도) : 다르질링 세컨드 플러시
  · 허브 : 로즈 페탈
  · 과일 : 오렌지 필, 과라나
  · 향신료 : 진저, 아니스, 시나몬 스틱스,
      시나몬 실론, 스타 아니스, 카카오
      닙스, 클로브, 카르다몸 파우더,
      카르다몸, 칠리, 클로브

이 티는 최고급 홍차인 인도 다르질링 세컨드 플러시Darjeeling Second Flush를 베이스로 각종 허브와 과일, 그리고 향신료를 블렌딩한 유기농 차이 블렌드이다. 다르질링 세컨드 플러시에 향긋한 장미 향의 로즈 페탈Rose Petals과 시트러스계의 산뜻한 향미를 지닌 오렌지 필Orange Peel과 열대 과일인 과라나Guarana와 함께 진저Ginger, 아니스Anise, 시나몬Cinnamon, 스타 아니스Star Anise, 카카오 닙스Cacao Nibs, 클로브Clove, 카르다몸Cardamom 등 다양한 종류의 향신료들이 혼합되어 매우 복합적이면서도 풍부한 맛과 향을 즐길 수 있다.

 **티게슈벤드너** (TeaGschwendner)

티게슈벤드너는 1978년 알베르트 게슈벤드너Albert Gschwendner와 그의 아내가 독일 모젤강Moselle 인근의 중소 도시인 트리어Trier에서 조그만 티숍을 연 것이 시초였다.

이 브랜드는 잎차의 진정한 매력을 손님들과 함께 공유하는 것이 사업의 모토였기 때문에 초창기부터 잎차와 티 액세서리를 중심으로 소매업 체인을 운영하였다.

그 뒤 인터넷 기반으로 온라인 티숍을 통해 점차 성장하면서 오늘날에는 전 세계의 5대륙에 걸쳐 130곳 이상에서 체인점이 운영되고 있다.

현재 본사는 노르트라인베스트팔렌주의 도시인 메켄하임Meckenheim에 소재하고 있다. 티게슈벤드너의 체인점에서는 전 세계 최고의 다원에서 재배한 찻잎들을 원료로 하는 약 300종 이상이나 되는 방대한 종류의 티들이 판매되고 있다.

특히 품질 면에서는 여러 팀이 각 단계별로 관리하고 있어 티게슈벤드너 티의 품질은 시장에서 최상으로 평가를 받는다.

현재는 6대 분류의 티를 비롯하여 크리에이티브 티 블렌드, 유기농 허브티, 프루트 티, 크리미 프루트 티, 아유르베다 티 등 매우 다양한 종류의 티들을 잎차, 티백 등의 형태로 판매하고 있다.

참고로 이 브랜드의 탄생 배경이 잎차의 매력을 사람들과 공유하는 것이었기 때문에 잎차는 최상의 품질로서 티 애호가들의 큰 선호를 받고 있다.

또한 티의 품질을 판별하는 티 전문가의 양성을 위하여 티소믈리에Tea Sommelier 교육도 함께 진행하고 있다.

아유르베다 티 피타 오거닉 넘버 1298 (Ayurveda Tea Pitta Organic No.1298)

- 분류 : 허브 블렌드 (Herbal Blend)
- 재료 : 100% 유기농
  · 허브 : 레몬그라스, 민트, 라즈베리 잎, 멜로 블로섬, 로즈 페탈
  · 향신료 : 카르다몸, 리코리스

이 티는 인도의 전통 치유법인 아유르베다 의술Ayurvedic medicine의 전통에 따라서 '피타 도샤Pitta Dosha'가 차가운 기운이 필요할 때 꼭 필요한 허브들을 블렌딩한 것이다.

민트Mint, 레몬그라스Lemongrass, 카르다몸Cardamom이 들어 있어 스트레스에 찌들거나 여름철 무더위에 시달릴 때 몸과 마음을 달래 준다. 붉은 로즈 페탈Rose Petals과 푸른 멜로 블로섬Mallow Blossom의 색채 대비가 시각적인 아름다움을 더해 준다.

아라비안 나이트 넘버 901 (Arabian Night™ No. 901)

- 분류 : 플레이버드 티 (Flavored Tea)
- 재료 :
  · 녹차
  · 홍차
  · 허브 : 로즈 페탈, 메리골드 블로섬
  · 착향료

이 티는 주재료인 녹차에 홍차와 화려한 색상의 꽃인 메리골드Marigold와 로즈 페탈을 혼합하여 시각적으로 매우 화려하고 감각적인 블렌드이다.

블렌딩의 주제가 아라비안 나이트인 만큼, 천 일 밤 동안 우려내 마셔도 좋을 티라는 뜻이 담겨 있다.

 미국 브랜드

 스타벅스 (Starbucks) - 티바나 (Teavana)

미국의 커피숍 프랜차이즈 업체인 스타벅스Starbucks는 제리 볼드원Jerry Baldwin, 제브 시글Zev Siegl, 고던 보커Gordon Bowker의 세 사람이 공동으로 1971년 워싱턴주 시애틀시에서 커피 빈스와 머신 관련 업체로 처음 사업의 문을 열었다.

그 뒤 1982년 하워드 슐츠Howard Schultz가 인수한 뒤 커피 전문점 사업을 본격적으로 확장해 나갔는데, 오늘날에는 미국에만 1만 5444개의 점포를, 80개 국에 걸쳐 약 3만 3000여 개의 점포를 운영할 정도로 크게 성장하였다.

또한 2013년에는 티 전문 브랜드인 티바나Teavana를 인수 및 합병하여 현재는 '스타벅스 티바나' 브랜드로 티 사업을 운영 중이다.

현재 스타벅스는 본래의 전문인 커피뿐 아니라 티바나의 티를 비롯해 다양한 음료들을 선보이고 있으며, 특히 최근에는 허브티 또는 허브 블렌드의 음료들도 많이 선보이고 있다.

여기서는 스타벅스 티바나 브랜드의 시그니처 티들을 간략히 소개한다.

제이드 시트러스 민트 (Jade Citrus Mint®)

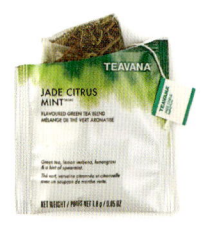

- 분류 : 플레이버드 티 (Flavored Tea)
- 재료 100% 유기농
  - ·녹차
  - ·허브 : 스피어민트, 레몬 버베나, 레몬그라스
  - ·천연 착향료

이 티는 녹차의 산뜻한 맛에 시트러스계의 향미를 지닌 허브인 레몬 버베나Lemon Verbena, 레몬그라스Lemongrass를 혼합하고 상쾌한 향미의 스피어민트Spearmint를 더해 녹차의 산뜻하고 경쾌한 맛을 한층 더 상승시킨 블렌드이다. 새콤한 산미 속에서 녹차의 맛을 경험할 수 있다.

피치 트랜퀼티 (Peach Tranquility)

- 분류 : 허브 블렌드 (Herbal Blend)
- 재료 :
  - ·허브 : 로즈힙, 캐모마일 꽃, 캐모마일 꽃가루, 레몬 버베나
  - ·과일 : 사과, 복숭아, 파인애플 (설탕, 파인애플, 시트러스산)
  - ·향신료 : 리코리스 루트
  - ·천연 착향료

이 티는 주재료인 복숭아Peach의 달콤한 향미에 설탕에 졸인 파인애플Candied Pineapple, 사과Apple, 캐모마일 꽃Camomile Flower, 캐모마일 꽃가루Camomile Pollen, 레몬 버베나Lemon Verbena, 로즈힙Rose Hip의 노트가 복합적으로 풍기는 무카페인 허브 블렌드이다. 한 모금 마시면 심신의 긴장을 이완시켜 준다.

차이 티 (Chai Tea)

● 분류 : 플레이버드 티 (Flavored Tea)
● 재료 :
  · 홍차
  · 향신료 : 진저, 시나몬, 블랙페퍼, 카르다몸,
    스타 아니스, 클로브
  · 착향료 : 카르다몸 에센스 오일

이 티는 홍차를 베이스로 하는 인도 전통의 향신료 음료인 차이 블렌드이다. 홍차에 진저, 시나몬, 블랙페퍼, 카르다몸, 스타 아니스, 클로브를 블렌딩하여 마우스필이 매우 볼드한 느낌의 매우 독특한 차이 음료이다.

티바나 유스베리 (Teavana Youthberry) /
스타벅스 티바나 코리아

● 분류 : 플레이버드 티 (Flavored Tea)
● 재료 :
  · 황차 (한국) : 제주
  · 허브 : 히비스커스, 로즈 힙 껍질, 로즈 페탈
  · 과일 : 건조 사과, 망고 다이스 (망고, 설탕,
    구연산), 파인애플 다이스 (파인애플,
    설탕, 구연산), 오렌지 필
  · 천연 착향료 : 유스베리

이 티는 국내 **제주산 황차**黃茶, Yellow Tea에 건조 사과와 건조 망고, 건조 파인애플을 비롯하여 히비스커스, 오렌지, 로즈 힙 껍질, 로즈 페탈 등 다양한 허브를 블렌딩하고, 유스베리의 향을 가해 약간의 산미와 함께 열대과일의 다양한 풍미를 즐길 수 있다.

* 다이스 (Dice) : 야채나 과일을 작은 주사위 모양으로 잘게 썬 것을 가리키는 조리 용어.

티바나 캐모마일 (Teavana Chamomile)/스타벅스 티바나 코리아

- 분류 : 허브 블렌드 (Herbal Blend)
- 재료 :
  · 허브 : 캐모마일, 레몬그라스, 블랙베리 잎,
    레몬 밤, 스피어민트, 로즈 페탈,
    히비스커스, 메리골드, 라벤더

이 티는 심신을 안정시키는 효능의 캐모마일Chamomile에 레몬그라스Lemongrass, 레몬 밤Lemon Balm의 시트러스계 향미를 주요 노트로 하면서 스피어민트Speamint, 로즈 페탈Rose Petals, 히비스커스Hibiscus 등 다양한 허브들이 블렌딩되어 은은한 향이 마음을 차분히 가라앉히고 기분을 좋게 하는 블렌드이다.

티바나 히비스커스 (Teavana Hibiscus)/스타벅스 티바나 코리아

- 분류 : 허브 블렌드+식품첨가제
- 재료 :
  · 허브 : 히비스커스, 로즈 힙, 레몬그라스,
    시나몬, 로즈 페탈
  · 과일 : 건조 사과, 파파야 다이스 (파파야,
    설탕, 구연산), 망고 다이스 (망고, 설탕,
    구연산)
  · 천연 착향료 : 후르츠 믹스향
  · 식품첨가제 : 무수구연산

이 티는 열대 과일인 파파야Papaya의 산뜻한 맛과 망고Mango, 레몬그라스Lemongrass, 사과Apple, 히비스커스Hibiscus를 혼합한 천연 무카페인 허브 블렌드이다. 히비스커스 꽃을 넣어 은은한 산미와 열대 과일의 풍미로 상큼한 맛이 돋보인다.

무

 **더 타오 오브 티 (The Tao of Tea)**

이 브랜드는 1997년 미국 오리건주 포틀랜드Portland의 벨몬트 스트리트Belmont Street에서 티 하우스Tea House로 첫 사업의 문을 열었다.

그 뒤 티 하우스가 수많은 티 애호가들로부터 높은 평판을 받기 시작하면서 사업에 뛰어들어 오늘날에는 티 하우스뿐 아니라 중국, 대만 등 세계 각지의 티 전문가들과 돈독한 신뢰를 바탕으로 최고 품질의 원재료를 사용해 다양한 티들을 블렌딩하여 온, 오프라인을 통해 도소매업도 진행하고 있다.

아유르베다 블렌드-카파 도샤 (Ayurvedic Blends, KAPHA-DOSHA)

- 분류 : 허브 블렌드 (Herbal Blend)
- 재료 : 100% 유기농
  · 허브 : 레몬 밤
  · 향신료 : 건조 진저, 시나몬, 카르다몸,
    블랙 페퍼

이 티는 아유르베다 의술에 따라 카파 Kapha **(물과 흙) 체질을 가진 사람이 몸의 균형을 잃었을 때 도움을 주는 허브 블렌드이다.** 온화한 풍미의 진저Ginger와 시나몬Cinnamon과 함께 카르다몸Cardamom과 따뜻한 온기의 블랙 페퍼Black Pepper를 블렌딩하여 안정적인 마음을 가져다주는 데 도움이 된다.

아유르베다 블렌드-바타 도샤 (Ayurvedic Blends, VATA-DOSHA)

- 분류 : 허브 블렌드 (Herbal Blend)
- 재료 : 100% 유기농
  - · 허브 : 레몬그라스
  - · 과일 : 건조 오렌지 필
  - · 향신료 : 리코리스 루트, 치커리 루트

이 티는 아유르베다 의학에 따라 바타 Vata **(공기와 바람) 체질을 가진 사람이 몸의 균형을 잃었을 때 도움을 주는 허브 블렌드이다.** 바타 도샤가 불균형한 상태가 되면 건조 피부, 혈행 불순, 스트레스에 약하여 쉽게 근심하거나 걱정하게 된다. 이 블렌드는 정신력을 향상시키는 오렌지 필Orange Peel과 레몬그라스Lemongrass에 마음을 안정시키는 리코리스 뿌리Ricoroce Root와 치커리 뿌리Chicory Root를 혼합하여 바타 도샤의 균형을 되찾는 데 큰 도움을 주는 블렌드이다.

아유르베다 블렌드-피타 도샤 (Ayurvedic Blends, PITTA-DOSHA)

- 분류 : 허브 블렌드 (Herbal Blend)
- 재료 : 100% 유기농
  - · 허브 : 히비스커스 꽃, 로즈 페탈,

    캐모마일 꽃, 페퍼민트

이 티는 아유르베다 의술에 따라 피타Pitta (불과 물) 체질을 가진 사람이 몸의 균형을 잃었을 때 도움을 주는 허브 블렌드이다. 이 피타 도샤가 균형을 잃으면 무더위에 인내력이 약해지고 공격적인 성향을 보이는데, 이 블렌드는 은은한 향과 산미의 히비스커스 꽃Hibiscus Flower과 로즈 페탈Rose Petals, 캐모마일Chamomile, 페퍼민트Peppermint로 피타 도샤의 균형을 되찾는 데 도움을 주어 그러한 증세를 완화한다.

하니 앤 선스 (Harney & Sons)

하니 앤 선스는 1983년 존 하니John Harney가 코네티컷주 솔즈베리시에서 설립한 티 업체이다. 주로 고품질의 잎차와 블렌딩 티 중심으로 특화되어 있다. 그 뒤 사업을 확장하여 **포시즌스 호텔**Four Seasons Hotels, **바네스 앤 노블 카페**Barnes & Noble Cafés**를 비롯하여 고급 레스토랑, 호텔, 스페셜티 숍에 티를 유통하면서 크게 성장하였다.** 현재는 뉴욕주 동남부 더치스 카운티Dutchess County의 밀러턴Millerton에 본사를 두고 하니 일가에 의해 운영되고 있다.

오거닉 진저 터메릭 (Organic Ginger Turmeric)

- 분류 : 허브 블렌드 (Herbal Blend)
- 재료 : 100% 유기농
  · 허브 : 레몬그라스, 히비스커스, 비트루트,
  · 과일 : 사과
  · 향신료 : 진저 루트, 터메릭, 카르다몸,
  　　　　　 너트메그 (육두구)

이 티는 활기를 불어넣어 주는 비트루트Beetroot, 진저 루트Ginger Root에 약한 산미로 상큼한 풍미의 사과Apple, 레몬그라스Lemongrass, 히비스커스Hibiscus가 더해진 뒤 터메릭Tumeric, 카르다몸Cardamom, 너트메그Nutmeg의 향신료가 혼합된 무카페인 건강 블렌드이다. 히비스커스로 인해 찻빛이 루비색을 띠고 아름다우며 차게, 또는 따뜻하게 마셔도 그 풍미가 훌륭하다.

얼 그레이 슈프림 (Earl Grey Supreme)

- 분류 : 플레이버드 티 (Flavored Tea)
- 재료 :
  · 홍차
  · 백차
  · 우롱차
  · 착향료 : 베르가모트 오일

이 티는 특이하게도 홍차 외에 백차, 우롱차까지도 혼합한 블렌드에 얼 그레이의 전통적인 착향료인 베르가모트 오일을 더한 것이다. 이 블렌드에는 실버 팁^{Silver Tip}이 풍부하여 그 맛이 매우 부드럽고 훌륭한 것이 특징이다.

허벌 핫 시나몬 스파이스 (Herbal Hot Cinnamon Spice)

- 분류 : 허브 블렌드 (Herbal Blend)
- 재료 :
  · 허브 : 루이보스
  · 과일 : 오렌지 필
  · 향신료 : 시나몬 3종류*, 클로브
  · 천연 착향료
  · 인공 착향료

이 티는 세 종류의 시나몬^{Cinnamon}에 남아프리카의 대표적인 허브인 루이보스^{Rooibos}를 주재료로 사용하여 그 온화한 풍미가 매우 우아한 블렌드이다. 여기에 시트러스계의 상큼한 오렌지 필^{Orange Peel}과 인도의 전통적인 향신료인 클로브^{Clove}를 더하여 스파이시한 풍미를 더하였다. 무카페인 음료로서 건강에도 좋을 뿐 아니라 차게 또는 따뜻하게 마셔도 좋다.

* 시나몬 3종류 : 중국종인 육계^{Cinnamon cassia}, 실론육계^{Cinnamon zeylanic}, 계수나무^{Cinnamon laureirii}의 3종류를 가리킨다. 오늘날 시나몬 스틱이나 파우더의 대부분은 스리랑카산의 실론육계를 사용한 것이다.

부록

 ## 스티븐 스미스 티메이커 (Steven Smith Teamaker)

이 브랜드 기업은 유명 티 브랜드인 타조Tazo의 설립자이자, 전설적인 티 사업가인 스티븐 딘 스미스Steven Dean Smith, 1949~2015가 타조에서 은퇴한 뒤 2009년에 그의 아내인 킴 스미스Kim DeMent Smith 함께 오리건주 포틀랜드에서 설립하였다.

그 뒤 최고급 잎차, 허브티, 블렌드, RTD 음료까지 사업을 확장하여 세계적인 브랜드로 성장하였다. 창립자인 스티븐의 사후로는 그의 아내인 킴 스미스를 비롯하여 일가에 의하여 가업을 이어가고 있다.

블랙 라벤더 (Black Lavender)

- 분류 : 플레이버드 티 (Flavored Tea)
- 재료 :
 · 홍차 (실론)
 · 홍차 (중국) : 정산소종
 · 허브 : 프렌치 라벤더, 레드 로즈 페탈
 · 과일 : 블랙커런트
 · 천연 착향료 : 바닐라

이 티는 특이하게도 실론 홍차와 중국의 스모키한 정산소종을 블렌딩한 강렬한 향미에 과일 맛의 블랙커런트와 달콤한 바닐라 향이 첨가된 블렌드이다.

본사의 작업실에서 직접 수작업으로 블렌딩하는 고품질의 제품이다. 주요 노트로는 크렘 브릴레Crème Brûlée, 가죽Leather, 스위트 베리 와인Sweet Berry Wine의 향이 풍긴다.

럴러바이 (Lullaby)

- 분류 : 허브 블렌드 (Herbal Blend)
- 재료 :
  · 허브 : 레몬그라스, 캐모마일, 아사와간다, 레몬 밤, 라벤더
  · 향신료 : 리코리스 루트

이 티는 한마디로 수면에 도움이 되는 건강 허브 블렌드이다. 이런 이유로 그 이름도 자장가를 뜻하는 럴러바이Lullaby이다. 향긋한 레몬그라스에 긴장을 이완하는 캐모마일, 마음을 진정하는 데 도움이 되는 인도 약초인 아사와간다Ashwagandha를 블렌딩하여 고요함 밤에 편안한 잠자리들에 들기 전 마시기 좋은 완벽한 포뮬러이다. 어린이들이 편안한 수면을 위하여 특별히 조심스레 블렌딩된 것이다.

로즈 시티 겐마이차 (Rose City Genmaicha)

- 분류 : 플레이버드 티 (Flavored Tea)
- 재료 :
  · 녹차 (일본) : 센차
  · 녹차 (중국) : 모봉
  · 허브 : 레드, 핑크 로즈 페탈
  · 착향료 : 베르가모트 오일
  · 천연 착향료

이 티는 구수한 너트 향이 풍부한 일본의 겐마이차玄米茶, Genmaicha와 초본 식물 향이 풍성한 중국의 모봉毛峰, Mao Feng 녹차가 절묘한 페어링을 이룬 가운데 색깔도 곱고 향긋한 꽃 향의 레드, 핑크 로즈 페탈Rose Petals과 시트러스계의 산뜻한 베르가모트Bergamot 향이 이어지는 블렌드이다.

부록

 ## 누미 오거닉 티 (Numi Organic Tea)

이 브랜드 기업은 아메드 라힘Ahmed Rahim과 림 하사니Reem Hassani의 남매가 1999년 캘리포니아주 오클랜드에서 첫 사업의 문을 열었다.

사업의 동기는 티의 힐링 효력을 전 세계의 사람들에게 전달하고 공유하기 위한 것이다. 브랜드 이름인 누미Numi는 아랍어로서 영어로는 '시트러스 Citrus'라는 뜻이다. 그 배경에는 창립자들이 유년 시절을 아랍권 국가인 이라크에서 보냈던 연유가 있기 때문이다.

유기농 티와 공정무역 티, 그리고 허브티 (티잰)을 중심으로 사업을 확장하고 있으며, 특히 공정무역 티는 미국 내에서 가장 많이 수입하고 있는 업체이다.

또한 이 브랜드의 티는 모두 미국 농업부USDA가 인증하는 유기농 인증을 받은 티들만 판매하고 있는 것으로 유명하다.

천연 착향료, 인공 착향료는 일절 사용하지 않기로 유명하다.

초콜릿 푸얼 (Chocolate Pu·erh)

- 분류 : 플레이버드 티 (Flavored Tea)
- 재료 : 100% 유기농
  · 보이차 (생차) : 운남성
  · 허브 : 루이보스, 허니부시
  · 과일 : 오렌지 필,
  · 향신료 : 코코아 파우더, 너트메그, 시나몬, 카르다몸

이 티는 운남성의 수령이 500년 이상이 된 차나무로부터 찻잎을 수확해 만든 보이생차普洱生茶와 코코아 파우더Cocoa Powder를 블렌딩하여 마우스필이 벨베티Velvety하여 마시기에도 매우 부드럽다.

오렌지 필로써 향에 악센트를 주고, 부드러운 맛의 너트메그Nutmeg, 스파이시한 시나몬Cinnamon, 활기를 불어넣어 주는 카르다몸을 블렌딩하여 한마디로 우리의 몸과 마음에 힐링을 안겨 주는 보이차 블렌드라고 할 수 있다. 주요 노트로는 흙향Earthy과 약간의 몰티 향Malty이 풍긴다.

오렌지 스파이스 (Orange Spice)

- 분류 : 플레이버드 티 (Flavored Tea)
- 재료 : 100% 유기농
  · 백차 (중국)
  · 허브 : 레몬그라스
  · 과일 : 오렌지 필, 오미자 열매

이 티는 산뜻하고 부드러운 맛의 중국 백차를 베이스로 상쾌하고 자극적인 시트러스계의 오렌지 필과 레몬그라스, 그리고 새콤달콤한 맛의 스키잔드라 베리Schizandra berries (오미자) 를 블렌딩하여 과일의 향미를 매우 풍성하게 맛볼 수 있다.

오거닉 파지티브리 티 컴퍼니
(Organic Positively Tea Company)

이 브랜드는 2009년 미국 펜실베이니아 주의 도시 선베리Sunbury에 설립된 커피 로스팅 전문 기업인 '프레시 로스티드 커피Fresh Roasted Coffee' 업체에서 운영하고 있는 티 브랜드이다.

이 브랜드의 티는 모두 미국 농업부의 유기농 인증 티USDA Certified Organic Tea들만

약 60종으로 현재 판매하고 있는 유기농 티 전문 브랜드로서 최고 품질의 스페셜티 잎차를 주력으로 시장에 선보이고 있다.

일체의 인공 착향료나 GMO, 화학 성분들을 사용하지 않는 것으로 유명하다.

랍상소총 (Lapsang Souchong)

- 분류 : 플레이버드 티 (Flavored Tea)
- 재료 : 모두 USDA 유기농
  · 홍차
  · 착향 (훈연) : 소나무

이 티는 소나무를 태워 그 연기로 홍차의 찻잎을 건조시키면서 향이 배도록 한 클래식한 훈연차이다. 중국에서 정산소종이라고도 하는 이 랍상소총은 서양에서는 '스모키드 티Smoked Tea'라고 한다.

마살라 차이 (Masala Chai)

- 분류 : 플레이버드 티 (Flavored Tea)
- 재료 : 모두 USDA 유기농
  · 홍차
  · 향신료 : 진저, 시나몬, 그린 카르다몸
  · 천연 착향료 : 시나몬, 진저, 바닐라

이 티는 홍차를 베이스로 진저^{Ginger}, 시나몬^{Cinnamon}, 그린 카르다몸^{Green Cardamom}을 첨가하여 향미를 더해 준 차이 블렌드이다. 향미가 전반적으로 온화하고 달콤한 바닐라 향미가 풍기면서 기분을 가라앉혀 건강을 증진하는 웰빙 음료이다.

허브 디톡스 (Herbal Detox)

- 분류 : 허브 블렌드 (Herbal Blend)
- 재료 : 모두 USDA 유기농
  · 허브 : 툴시, 스피어민트, 로즈힙,
       레몬 머틀, 린덴 블로섬

이 티는 몸의 기능을 지원하고 해독, 정화하는 효능이 있는 허브들로 블렌딩한 것이다. 홀리 바질^{Holy Basil}로도 알려진 툴시^{Tulsi}, 스피어민트^{Spearmint}, 로즈 힙^{Rose Hip}, 레몬 머틀^{Lemon Myrtle}, 린덴 블로섬^{Linden Blossoms}이 사용되어 멘톨 향과 레몬 향, 그리고 꽃 향이 융합되어 전체적인 향이 복합적이다. 또한 해독 효능이 있어 건강에도 좋다.

리시 티 앤 보태니컬스 (Rish Tea & Botanicals)

이 기업은 1997년 조슈아 카이저 Joshua Kaiser가 미국 위스콘신주 남동부의 도시 밀워키Milwaukee에서 첫 사업의 문을 열었다. 초창기에는 주로 티의 수입에 의존하였지만 점차 사업을 확장하여 가공, 허브, 블렌딩, 티 웨어, 액세서리 분야로 사업을 확장하고, 2002년에는 미국 농업부의 유기농 인증을 받은 티 제품들을 선보여 오늘날에는 세계적인 티 브랜드 업체로 성장하였다.

또한 허브 또는 허브 블렌드 제품들도 250종 이상을 전 세계의 시장에 선보이고 있다. 명실공히 미국을 대표하는 티 브랜드 중 한 곳에서 속한다.

환경의 지속 가능성을 위한 윤리적인 경영과 함께 중간 도매상을 거치지 않고 직접 산지에서 원재료들을 구입, 가공해 판매하는 기업으로도 유명하다.

파타고니아 와일드 구아바 (Patagonia Wild Guava)

- 분류 : 허브 블렌드 (Herbal Blend)
- 재료 : 100% USDA 유기농
  · 허브 : 린덴 플라워, 유칼립투스
  · 과일 : 칠레 야생 구아바, 모과, 스트로베리

이 티는 블렌딩 전문가가 칠레 남부의 생물 다양성이 풍부한 숲에서 채취한 야생 과일인 구아바Guava에 모과Quince, 린덴 플라워Linden Flower, 유칼립투스Eucalyptus를 블렌딩한 것이다. 모과, 야생 구아바의 우아하면서 달콤한 맛에 스트로베리로 단맛을 악센트를 준 뒤 마음을 안정시키는 린덴 플라워와 유칼립투스의 향을 더한 것이다. 모험가나 탐험가를 위한 완벽한 블렌드이다.

터메릭 차이 (Turmeric Chai)

- 분류 : 허브 블렌드 (Herbal Blend)
- 재료 : 100% USDA 유기농
  - 향신료 : 코코넛, 터메릭, 진저 루트, 카르다몸, 시나몬, 사르사 루트, 바닐라 빈, 블랙 페퍼
  - 천연 착향료 : 리치, 로즈 엑스트랙트

이 티는 사랑스러운 골든 색상과 활기가 넘치는 향의 터메릭^{Tumeric}에 구운 코코넛^{Coconut}과, 호화로운 바닐라 빈^{Vanilla Bean}, 그리고 크리미한 풍미의 사르사 루트^{Sarsaparilla Root}를 주재료로 하는 이국적인 차이 블렌드이다. 여기에 클래식 차이의 노트를 풍기는 카르다몸^{Cardamom}, 자극적인 진저^{Ginger}, 스파이시한 블랙 페퍼 Black Pepper와 장미수^{Rose Water}, 리치^{Lychee}의 향긋한 풍미를 더하였다.

발레리안 드림 (Valerian Dream)

- 분류 : 허브 블렌드 (Herbal Blend)
- 재료 : 100% USDA 유기농
  - 허브 : 스피어민트, 로즈 페탈
  - 과일 : 스트로베리
  - 향신료 : 발레리안 루트, 카르다몸, 펜넬 시드, 리코리스 루트
  - 천연 착향료 : 로즈 엑스트랙트, 오렌지 에센셜 오일

이 티는 약간의 사향 냄새가 풍기면서 달콤하면서 쌉싸름한 허브인 발레리안 루트^{Valerian Root}를 베이스로 하는 허브 블렌드이다. 발레리안 루트는 서양에서 수백년 동안 마음을 안정시키는 데 효능이 있는 허브이다. 여기에 스트로베리^{Strawberry}로 단맛을 더하고 신경을 안정시키는 카르다몸^{Cardamom}과 펜넬 시드^{Fennel Seed}를 보강한 뒤 상쾌한 스피어민트^{Spearmint}와 미묘한 로즈 향, 상큼한 오렌지 향을 첨가하였다. 늦은 밤에 잠자리에 들기 전에 마시면 편안하게 숙면을 취할 수 있다.

 # 캐나다 브랜드

 ## 메트로폴리탄 티 컴퍼니 (The Metropolitan Tea Company)

이 브랜드는 1978년 캐나다의 토론토에서 당시 티 마스터로 유명하였던 게리 반데르 그리프트Gerry Vandergrift가 그의 집에서 사업의 첫 문을 연 것이 시초이다. 창립 초기부터 프리미엄 티를 내세우면서 사업을 확장하여 오늘날에는 세계적인 브랜드로 성장하였다. 전 세계 상위 10%에 드는 최고 다원에서 수확한 찻잎을 원료로 해섭HACCP, GMP와 같은 엄격한 품질 관리를 통해 럭셔리 티들을 시장에 선보이고 있다.

아울러 기업의 윤리적인 경영을 통해 사회적인 책임을 다하기 위하여 환경의 지속가능성 유지를 위한 윤리적인 지침도 준수하고 있다.

앤젤 폴스 미스트 932 (Angel Falls Mist 932)

- 분류 : 허브 블렌드 (Herbal Blend)
- 재료 :
  · 허브 : 히비스커스, 로즈힙, 칼렌둘라, 콘플라워
  · 과일 : 사과, 오렌지, 스트로베리
  · 천연 착향료

이 티는 1993년 남미 베네수엘라의 엔젤폭포Angel Falls에서 피어오르는 안개를 떠올리면서 이름을 붙인 블렌드이다. 천연 무카페인 허브와 과일의 블렌드로서 히비스커스Hibiscus와 로즈힙Rose Hip의 산미와 스트로베리Strawberry와 사과Apple, 오렌지 과일의 단맛, 그리고 칼렌둘라Calendula와 콘플라워Cornflower의 미묘한 꽃 향을 즐길 수 있다. 전체적인 향미는 스트로베리와 오렌지 향이 두드러진다.

오거닉 아유르베딕 밸런스 936 (Organic Ayurbedic Balance 936)

- 분류 : 허브 블렌드 (Herbal Blend)
- 재료 : 100% 유기농
  - 허브 : 페퍼민트, 스피어민트, 허니부시,
    캐모마일, 히비스커스, 칼렌둘라,
    로즈, 오스만투스(계화) 꽃
  - 향신료 : 진저

이 티는 고대 인도의 전통 의술인 아유르베다에 따라 체내의 균형을 되찾는 데 도움을 주는 블렌드이다. 시원한 향미의 페퍼민트Peppermint와 스피어민트Spearmint에 달콤한 맛의 허니부시Honeybush와 캐모마일Chamomile, 칼렌둘라Calendula, 오스만투스Osmamthus의 꽃 향이 더해지고 진저로 단맛이 감도는 매우 복합적인 향미이다. 항산화 성분도 풍부해 피부 건강에 훌륭한 웰니스 블렌드이다.

메디터레이니언 블루 976 (Mediterranean Blue 976)

- 분류 : 허브 블렌드 (Herbal Blend)
- 재료 : 100% 유기농
  - 허브 : 히비스커스, 버터플라이피 플라워,
    네틀, 재스민
  - 과일 : 커런트
  - 향신료 : 아니스, 리코리스, 펜넬, 스타 아니스

이 티는 찻빛이 이름 그대로 지중해의 푸른 바다를 연상시키는 블렌드이다. 이집트산 펜넬Fennel, 그리스산 커런트Current, 케랄라산의 스타 아니스Star Annise, 칠레산의 로즈힙Rose Hip, 태국산의 버터플라이블루피 플라워Butterfly Blue Pea Flower 등 허브와 과일이 혼합되어 그 향미가 매우 복합적이다. 주요 노트로 아니스Annise와 리코리스Licorice의 향미가 두드러져 한 모금 마시면 침체되고 우울한 기분을 전환하는 데 도움을 준다.

데이비스 티 (DAVIDsTEA)

이 브랜드는 데이비드 시걸David Segal 과 허첼 시걸Herschel Segal이 2008년 캐나다 퀘벡주 몬트리올에서 스페셜 티 티와 티 액세서리 소매점을 공동 창업하여 사업의 첫 문을 열었다.

그 뒤 사업을 확장하여 캐나다에서 스 페셜티 티의 부티크Boutique 프랜차이즈 사업을 시작하여 크게 성공하였지만, 지금은 전자 상거래와 도소매업에 사업을 집중하고 있다. 또한 수천 종류가 넘는 시그니처 블렌드를 창조하여 전 세계의 티 애호가들로부터 많은 사랑을 받고 있다.

커피 푸얼 티 (Coffee pu-erh Tea)

- 분류 : 플레이버드 티 (Flavored Tea)
- 재료 :
  · 보이차 (중국)
  · 향신료 : 볶은 커피 빈
  · 천연 착향료 : 커피, 아몬드, 바닐라

이 티는 흙 향의 보이차普洱茶, Pu-erh Tea를 베이스로 볼드한 풍미의 볶은 커피 빈 Coffee Beans에 천연 착향료로 커피Coffee와 크리미한 아몬드Almond, 바닐라Vanilla 향미를 더하여 우아한 향미로 유명한 시그니처 블레드이다.

핫 초콜릿 티 (Hot Chocolate Tea)

- 분류 : 플레이버드 티 (Flavored Tea)
- 재료 :
  · 보이차 : 중국
  · 홍차
  · 향신료 : 코코아 닙스, 초콜릿 칩스,
  　　　　　　초콜릿 컬스, 코코아 파우더
  · 천연 착향료 : 스테비아 엑스트랙트
  · 인공 착향료 : 초콜릿, 화이트 초콜릿 무스

이 티는 홍차와 보이차의 블렌드의 진한 풍미에 코코아 닙스Cocoa Nibs와 파우더, 초콜릿 재료들이 풍성하게 혼합되어 뜨겁게 마시면 매우 진하고 풍부한 초콜릿 맛을 제공한다. 또한 맛이 달콤하고 크리미하면서 진하고 풍부한 바디감도 강하게 느낄 수 있다.

바닐라 맛차 오거닉 (Vanilla Matcha Organic)

- 분류 : 플레이버드 티 (Flavored Tea)
- 재료 : 100% 유기농
  · 녹차 (일본) : 맛차
  · 향신료 : 자당
  · 천연 착향료 : 바닐라

이 티는 감칠맛 넘치는 일본의 가루차인 유기농 맛차抹茶, Matcha에 달콤한 자당 Cane Sugar과 바닐라 향미가 더해져 매우 크리미한 맛을 느낄 수 있는 블렌드이다. 이 블렌드로 바닐라 맛차 라테로 만들어 마시면 그 풍미를 훨씬 더 훌륭하게 즐길 수 있다.

 # 싱가포르 브랜드

 ## TWG (The Wellness Group)

이 브랜드 기업은 2008년 프랑스계 모로코인이자 티 소믈리에인 타하 부 크디브Taha Bou Qdib 등이 럭셔리 티하우스를 표방하면서 싱가포르 기업인 웰니스그룹The Wellness Group의 자회사로서 처음으로 설립한 것이 시초이다. 창립 배경은 1837년 싱가포르에서 향신료, 티의 무역이 처음으로 시작된 역사적 사실을 기리기 위한 것이었다. 이는 브랜드 로고에도 그대로 반영되어 있다. 2014년 오심 인터내셔널Osim International에 합병하면서 현재는 전 세계에서 70곳 이상의 부티크 점을 운영하고 있으며, 블렌드의 가짓수는 1000여 종이 넘는다. 또한 TWG는 티 마스터들이 매년 전 세계의 최상의 수확물들을 엄선하여 최고의 싱글 이스테이트 티Single Estate Tea와 블렌드 제품을 선보이며, 특히 매 시즌마다 각종 신상품을 출시하는 것으로도 유명하다.

실버 문 티 (Silver Moon Tea)

- 분류 : 플레이버드 티 (Flavored Tea)
- 재료 :
  · 녹차
  · 과일 : 그랜드 베리
  · 향신료 : 바닐라 부케

이 티는 베이스 티인 녹차에 그랜드 베리Grand Berry와 바닐라 부케Vanilla Bouquet의 향미를 강조한 블렌드로서 약간 매운 향이 나면서 우아한 향미를 즐길 수 있다.

싱가포르 브렉퍼스트 티 (Singapore Breakfast Tea)

- 분류 : 플레이버드 티 (Flavored Tea)
- 재료 :
  · 홍차
  · 녹차
  · 향신료 : 바닐라, 희귀 향신료

이 티는 향신료를 즐겨 마시는 싱가포르 사람들의 취향에 맞게 독특하게 변형한 클래식 브렉퍼스트 티이다.

홍차와 녹차의 블렌드에 향긋한 풍미의 바닐라와 희귀한 향신료들을 절묘하게 조화시켜 그 향미가 달콤한 가운데 매우 복합적이면서 뒷맛이 길게 이어지면서 여운을 남기는 것이 특징이다.

뱅 드 로즈 티 (Bain De Roses Tea)

- 분류 : 허브 블렌드 (Herbal Blend)
- 재료 :
  · 홍차 : 다르질링
  · 허브 : 그라스 로즈 블로섬

이 티는 세계 최고급 홍차로 유명한 인도 홍차 다르질링에 최상의 향으로 유명한 프랑스 남동부 그라스Grasse 지역에서 5월에 딴 로즈 블로섬Rose Blossom을 블렌딩하여 최고급 홍차 맛과 럭셔리 장미 향을 동시 즐길 수 있으며, 약한 바닐라 향이 미묘하게 느껴진다.

 # 오스트레일리아 (호주) 브랜드

 **T2**

이 브랜드 기업은 메리언 셰어Mary-anne Shearer와 잔 오코너Jan O'Connor 가 1996년 호주의 멜버른에서 가정 용품 업체로 첫 사업의 문을 열었 다. 그 뒤 티 사업으로 전환하여 다 양한 플레이버드 티들을 중심으로 판매하였다. 또한 스페셜티 티숍의 프랜차이즈 체인 사업을 확장하였다. 2013년 영국의 다국적 기업인 유닐레브Unilever가 인수한 뒤 오늘날에는 호 주, 싱가포르, 뉴질랜드를 포함하여 세계 곳곳에 약 40여 곳의 전문점을 운영 하고 있다. T2 브랜드는 티에 창조적인 디자인과 블렌딩을 가해 티의 재발견을 추구하는 것으로 유명하며 약 100종의 티 품목들을 시장에 선보이고 있다.

나이티 나이트 루스 리프 큐브 (Nighty Night Loose Leaf Cube)

- 분류 : 허브 블렌드 (Herbal Blend)
- 재료 :
  · 허브 : 페퍼민트, 레몬 밤, 로즈힙 시드, 스트로베리 잎, 캐모마일, 세인트 존스워트, 스위트 블랙베리 잎, 캐로브, 라벤더, 로즈 페탈

이 티는 밤을 위한 허브 블렌드라고 해도 과언이 아니다. 마음을 안정시켜 주는 캐 모마일Chamomile에 향긋한 꽃 향의 라벤더Lavender와 로즈 페탈Rose Petals이 들어 있다. 여기에 부드러운 향미의 페퍼민트Peppermint와 시트러스계의 상큼한 레몬 밤Lemon Balm과 산미의 로즈 힙 시드Rose Hip Seed, 그리고 세인트존스워트St. John's Wort, 캐로브Carob 등이 블렌딩되어 늦은 밤에도 기분을 좋게 해주는 블렌드이다.

웨이키 웨이키 루스 리프 큐브 (Wakey Wakey Loose Leaf Cube)

- 분류 : 플레이버드 티 (Flavored Tea)
- 재료 :
  · 녹차
  · 허브 : 예르바 마테, 페퍼민트
  · 과일 : 과라나, 고지 베리
  · 향신료 : 진저, 리코리스 루트

이 티는 카페인이 풍부한 예르바 마테와 녹차를 베이스로 하고, 달콤한 고지 베리 Goji Berries (구기자), 스파이시한 진저Ginger, 멘톨 향의 페퍼민트Peppermint, 열대과 일 풍미의 과라나Guarana가 블렌딩되어 하루의 일과를 시작하는 데 에너지를 충 분히 공급해 준다. 녹차의 향미에 진저와 페퍼민트의 향이 주요 노트로 풍겨 이른 아침에 마시면 잠기운을 떨치는 데 효과적이다.

헐 밸런스 루스 리프 큐브 (Her Balance Loose Leaf Cube)

- 분류 : 허브 블렌드 (Herbal Blend)
- 재료 :
  · 허브 : 허니부시 (26%), 루이보스, 로즈 힙, 네틀, 샤타바리 (2%), 진셍, 고투콜라 (1%), 패션 플라워
  · 과일 : 라즈베리 (1%)
  · 향신료 : 시나몬, 비트루트, 리코리스 루트
  · 천연 착향료

이 티는 스트레스를 해소하고 무너진 여성 호르몬의 균형을 잡는 데 훌륭한 블렌 드이다. 여성 호르몬과 유사한 식물성 에스트로겐phytoestrogen을 함유한 허니부 시Honeybush와 루이보스Rooibos에 여성 호르몬의 균형을 되찾는 효능이 있는 허 브인 샤타바리Shatavari가 들어 있어 여성들의 건강에 매우 유익한 건강 블렌드이 다. 여기에 비타민 C가 풍부한 로즈힙Rose Hip과 면역력 증진에 좋은 진셍Ginseng, 진정 효능의 고투콜라Gotu Kola, 몸을 따뜻이 하는 시나몬과 리코리스 루트, 달콤 한 베리류의 라즈베리까지 혼합되어 그 맛과 풍미도 훌륭하다.

 일본 브랜드

 루피시아(Lupicia)

이 기업은 1994년 일본에서 홍차 전문점 레피스리Lepissier Corporation로 사업의 첫 문을 열었다. 그 뒤 2005년 녹차 스페셜티 티 전문점인 청록다원綠碧茶園, Lu Pi Cha En과 합병하면서 **2006년 지금의 '루피시아**Lupicia Corporation'로 회사명을 **개칭**한 뒤 티의 수입, 가공, 판매 사업을 비롯해 프랜차이즈 사업으로까지 확장하여 오늘날에는 세계 각지에서 최상의 원료들을 수입하여 홍차, 우롱차, 일본 녹차, 플레이버드 티, 블렌딩 티, 허브티 등 매우 다양한 티들을 해마다 400종 이상으로 시장에 선보이는 스페셜티 티 전문 기업으로 성장하였다. 현재는 '루피시아 봉 마르세Lupicia Bon Marche', '루피시아 구르망Lupicia Gourmand'의 브랜드를 운영하고 있다. **또한 '루피시아 티 스쿨**Lupicia Tea School'도 운영하면서 티 전문가 양성을 위한 교육도 실시하고 있다.

모모 버트 (Momo Vert)
화이트 피치 센차 (White Peach Sencha)

- 분류 : 플레이버드 티 (Flavored Tea)
- 재료 :
  · 녹차 (일본) : 센차
  · 허브 : 로즈 레드
  · 착향료 : 백도

이 티는 일본 녹차인 센차煎茶, Sencha를 베이스로 로즈 레드Rose Red와 백도White Peach 착향료를 블렌딩하여 미묘한 장미 향과 달콤한 복숭아 향이 녹차의 산뜻한 맛과 절묘한 균형을 이루고 있다.

사쿠람보 버트 (Sakurambo Vert) / 체리 베일 (Cherry Veil)

- 분류 : 플레이버드 티 (Flavored Tea)
- 재료 :
  · 녹차 (일본) : 반차
  · 허브 : 로즈메리
  · 향신료 : 핑크 페퍼
  · 착향료 : 체리

이 티는 일본의 녹차인 고품질의 반차番茶, Bancha를 베이스로 하여 향긋한 허브의 로즈메리Rosemary와 시각적으로 돋보이는 스파이스인 핑크 페퍼Pink Pepper를 블렌딩한 뒤 상큼한 체리Cherry 착향료를 더해 녹차의 산뜻한 맛에 새콤달콤한 맛을 더해 주었다.

모모 우롱 슈퍼 그레이드 (Momo Oolong Super Grade) 화이트 피치 우롱 고쿠진 (White Peach Oolong Gokujin)

- 분류 : 플레이버드 티 (Flavored Tea)
- 재료 :
  · 우롱차 (대만)
  · 허브 : 로즈 레드
  · 착향료 : 백도

이 티는 고품질의 대만 우롱차에 향기로운 로즈 레드Rose Red를 블렌딩한 뒤 달콤한 백도White Peach 착향료를 블렌딩하여 시각적으로 돋보일 뿐 아니라 꽃 향과 과일 향이 풍성하다.

참조 문헌 및 사이트

Tea & Herbal Infusions Association Europe "THIE Inventory List of Herbals Considered as Food - 27th June, 2019" 등

https://en.wikipedia.org/wiki/Herb

https://thie-online.eu/files/thie/docs/2019-09-26_PU_THIE_Inventory_List_status_27-06-2019_final.pdf

https://globalcohere.com/tea-blending/

https://blueoceantea.com/2021/05/why-is-there-a-need-for-specialty-tea-blenders/

https://gracetea.com/PDF/TeaCoffeeTradeJournal_BlendingArticle.pdf

https://blueoceantea.com/2021/05/why-is-there-a-need-for-specialty-tea-blenders/

https://www.tea.co.uk/assets/uploads/files/Supply_Chain_Flow_Chart.pdf

https://www.o-cha.net/english/teacha/general/blacktea2.html

https://www.ettetea.com/blogs/tea-blog/what-is-tea-blending

https://nchg.org/wp-content/uploads/2020/10/2016_11_monarda_thrasher_Drying_Herbs_and_Blending_Teas.pdf

https://traditionalroots.org/wp-content/uploads/2016/10/HOME-herbal-tea-blending-NOTES.pdf

https://teaforte.com/blogs/tea-notes/the-history-of-jasmine-tea

https://en.wikipedia.org/wiki/Jasmine_tea

https://en.wikipedia.org/wiki/Earl_Grey_tea

https://redleaftea.com.au/Journal/the-origins-of-english-breakfast-tea

https://the.republicoftea.com/tea-library/black-tea/english-scottish-and-irish-breakfast-tea-what-is-the-difference/https://greysteas.co.uk/origins-russian-caravan-tea/

https://www.teaorigin.in/products/laung-elaichi-chai/

https://www.unesco.de/en/east-frisian-tea-culture/

https://www.tasteatlas.com/soderblandning

https://en.wikipedia.org/wiki/Maghrebi_mint_tea

https://vietnamtrips.com/vietnamese-lotus-tea#blend-the-pollen-and-dried-green-tea

<기초부터 배우는 힐링 허브티 101가지 티블렌딩>/<티 블렌딩>/<티블렌딩의 이해 1>/<기초부터 배우는 홍차> 등

Illustration

6-345   한국티소믈리에연구원

175   https://pixabay.com/

참조 사이트 및 Photo 크레디트

© 이주현 (홍차언니)

4~5, 14~16, 18, 21~22, 28~32, 36, 38~40, 44, 57, 69, 74, 81, 82~83, 84, 88, 92, 95, 97, 102, 113, 114, 121, 122~163, 164~165, 175, 246, 270~271

23	한국티소믈리에연구원
52	한국티소믈리에연구원
65	https://www.evian.com, https://www.volvic.co.uk, https://www.jpdc.co.kr/samdasoo/index.htm
66	한국티소믈리에연구원
89	https://www.chayu.com/article/199634
90	https://finance.sina.com.cn/stock/stockzmt/2020-10-11/doc-iivhvpwz1351298.shtml
107	한국티소믈리에연구원
166	한국티소믈리에연구원
167	https://www.whittard.co.uk/tea/tea-type/black-tea/earl-grey-loose-tea-MSTR314583.html
171	https://www.britishmuseum.org/collection/object/P_1902-1011-8590
172	https://lifestyle.theeastindiacompany.com/products/royal-breakfast-black-tea-caddy-125g?variant=42165909553402 https://www.taylorsofharrogate.com/taylors-tea/speciality-tea-bags/english-breakfast-tea-bags
173	https://www.whittard.co.uk/tea/tea-type/black-tea/english-breakfast-loose-tea-MSTR314559.html https://www.fortnumandmason.com/royal-blend-tea-250g-loose-leaf-caddy
174	https://www.harrods.com/en-gb/shopping/harrods-english-breakfast-tea-50-tea-bags-14950 https://www.compagnie-co.com/fr/thes-noirs-nature/15-376-breakfast.html#/43-conditionnement-boite_metal_luxe
176	https://www.taylorsofharrogate.com/taylors-tea/speciality-tea-bags/scottish-breakfast-tea-bags
177	https://www.taylorsofharrogate.com/taylors-tea/speciality-tea-bags/scottish-breakfast-tea-bags https://edinburgh-tea-coffee.myshopify.com/products/scottish-tea-bags

178   https://twinings.co.uk/products/earl-grey-loose-tea-caddy-international-blend-100g?_gl=1*12hgxco*_up*MQ..*_ga*ODgxMzc0Njc1LjE3MTA4MjU4NTA.*_ga_0HNP MN2WK7*MTcxMDgyNTg0OS4xLjEuMTcxMDgyNTk1OS4wLjAuMA..

179   https://www.britishmuseum.org/blog/tea-rific-history-victorian-afternoon-tea, 한국티소믈리에연구원
    https://www.theritzlondon.com/dine-with-us/afternoon-tea/champagne-afternoon-tea/

180   https://tregothnan.co.uk/shop/tea/black-tea/afternoon-tea/afternoon-loose-tea-250g/
    https://www.fortnumandmason.com/afternoon-blend-250g-loose-leaf-caddy

181   https://www.harrods.com/en-gb/shopping/harrods-english-afternoon-tea-50-tea-bags-149507
    https://www.brodies1867.co.uk/shop/tea/afternoon-tea

185   https://twinings.co.uk/products/earl-grey-100-tea-bags
    https://www.fortnumandmason.com/earl-grey-classic-250g-loose-leaf-caddy

186   https://uk.ahmadtea.com/collections/black-teas/products/earl-grey-tea-loose-leaf
    https://www.harrods.com/en-gb/shopping/harrods-earl-grey-tea-50-tea-bags-14950772

187   https://www.ninasparis.com/fr/produit/napoleon/
    https://www.teegschwendner.de/en/Earl-Grey-no.-69/100922

189   https://cupantae.eu/pages/afternoon-tea-in-galway, https://cupantae.eu/

190   https://www.taylorsofharrogate.com/
    https://www.fortnumandmason.com/irish-breakfast-tea-250g-loose-leaf-caddy

191   https://twinings.co.uk/products/irish-breakfast-loose-tea-caddy-international-blend-100g
    https://www.thompsonstea.com/our-teas/thompsons-irish-breakfast-blend

192   https://bewleyusaretail.com/product/bewleys-irish-breakfast-teabags-80-ct/
    https://www.hayfieldmanor.ie/gallery

194   https://www.unesco.de/en/east-frisian-tea-culture

195   https://www.harney.com/products/east-frisian-tea
    https://b2b.alveus.eu/en/black-tea-single-estate/east-frisian-blend-leaf/81395/

196   https://en.wikipedia.org/wiki/Louis_XIV#/media/File:Louis_XIV_of_France.jpg
    https://en.wikipedia.org/wiki/Marguerite_de_la_Sabli%C3%A8re

197   https://www.dammann.fr/en/store/27-paris-victoria

https://www.facebook.com/photo.php?fbid=319214387347752&set=pb.100077775781189.-2207520000&type=3

200   https://www.angelina-paris.fr/notre-histoire

201   https://www.facebook.com/chezalicecafe/photos_by

202   https://www.whittard.co.uk/tea/tea-type/black-tea/afternoon-tea-loose-tea-MSTR314567.html

https://www.pekoetea.co.uk/collections/flavoured-tea/products/french-earl-grey?variant=42141073932545

203   https://twgtea.com/teas/loose-leaf/french-earl-grey-20g-1

https://www.t2tea.com/en/au/french-earl-grey-loose-leaf-cube-100g-T125AE018.html

205   The Tea Centre of Stockholm

https://steepster.com/teas/the-tea-centre-of-stockholm/31907-soderblandning-black

206   https://www.forlife.bg/mursalski-chai

https://downtoearth.ie/products/balkan-pantry-mursalski-mountain-tea-50g

208   https://authenticukraine.com.ua/en/food/uzvar

211   https://www.whittard.co.uk/tea/tea-type/black-tea/russian-caravan-loose-tea-MSTR314922.ht

https://www.fortnumandmason.com/russian-caravan-125g-loose-leaf-tin

212   https://www.pekoetea.co.uk/products/russian-caravan?_pos=1&_sid=edb9c8f5b&_ss=r&variant=12333947453519, https://pathofcha.com/blogs/all-about-tea/drinking-tea-in-russia

213   https://boned.ru/en/pancakes-pancakes-pancakes-pancakes/chto-takoe-kalmyckii-chai-i-kak-ego-prigotovit-kalmyckii-chai-recepty.html

215   https://zh.wikipedia.org/wiki/%E7%A6%8F%E5%B7%9E%E5%B8%82#/media/File:Locator_map_Fuzhou_in_Fujian_(claimed_hatched).svg, https://upload.wikimedia.org/wikipedia/commons/9/95/China_Fujian.svg

216   https://baike.baidu.com/item/%E8%8C%89%E8%8E%89%E8%8A%B1/4951?fromModule=lemma_inlink

https://baike.baidu.com/item/%E8%8C%89%E8%8E%89%E8%8A%B1%E8%8C%B6/1173

217   https://lifestyle.theeastindiacompany.com/products/the-forbidden-city-jasmine-

blossom-green-tea-caddy-125g?variant=42165909324026, https://tregothnan.co.uk/shop/tea/speciality-tea/jasmine-green-tea/

218   https://www.teapigs.co.uk/collections/all-tea/products/jasmine-pearls-tea

https://www.dammann.fr/en/the-de-chine-jasmin-pearl.html#t2s_product_best_sales

219   https://www.compagnie-co.com/fr/thes-verts/70-407-the-vert-au-jasmin.html#/43-conditionnement-boite_metal_luxe, https://amanpremiumtea.co.kr/

221   https://you.ctrip.com/photos/sight/shanghai2/r2413-445957967.html

http://www.cdmpp.com/article/157003.html

223   https://www.xiaohongshu.com/explore/6243e34e000000002103b2a9

https://finance.sina.com.cn/stock/stockzmt/2020-10-11/doc-iivhvpwz1351298.shtml

224   https://www.whittard.co.uk/tea/tea-type/black-tea/lapsang-souchong-loose-tea-MSTR338095.html

https://www.fortnumandmason.com/lapsang-souchong-125g-loose-leaf-tin

225   https://www.dammann.fr/en/black-tea-smokey-lapsang.html

https://www.teegschwendner.de/China-Lapsang-Souchong-BIO/100581

227   https://www.gototibet.com/blog/how-to-make-yak-butter-tea.html

http://innermongolia.chinadaily.com.cn/baotou/2020-05/13/c_488983.htm

https://www.carousell.sg/p/mongolia-suutei-tsai-instant-milk-buttered-tea-powder-salty-flavour-tea-1178614557/

229   https://www.fusionteas.com/matcha-genmaicha-green-tea-organic/

230   https://www.whittard.co.uk/tea/tea-type/green-tea/genmaicha-loose-tea-MSTR315101.html

https://www.fortnumandmason.com/genmaicha-loose-tea-tin

231   https://www.amazon.com/Organic-Genmaicha-Green-Roasted-Brown/dp/B09G6KBN8W/?th=1

https://www.dammann.fr/en/tea-from-japan-genmaicha.html

233   https://www.facebook.com/ChaiWallahsOfIndia/photos/pb.100064228501280.-2207520000/1075391929311008/?type=3, https://upload.wikimedia.org/wikipedia/commons/8/89/Chai_In_Sakora.jpg

235   https://www.fortnumandmason.com/chai-tea-250g-loose-leaf-caddy

https://www.dammann.fr/en/anichai-.html#tasting

236   https://www.fauchon.com/en/chai-tea-bags-1014620/

http://www.ronnefeldt.co.kr/shop/shopdetail.html?branduid=121281&search=masala+chai&sor

237   https://www.freshroastedcoffee.com/products/organic-masala-chai-tea

https://amanpremiumtea.co.kr/product/detail.html?product_no=91&cate_no=56&display_group=1

239   https://www.slurrp.com/photo-stories/kashmiri-kahwa-a-fascinating-tea-1666795889539?photostory-4

241   https://www.whittard.co.uk/tea/turkish-apple-loose-tea-MSTR315333.html

https://www.fauchon.com/en/apple-tea-bags-1014616/

242   https://www.t2tea.com/en/au/apple-crumble-loose-leaf-cube-100g-T130AE034.html

https://blog.limakhotels.com/turkish-tea-all-you-need-to-know-about-cay/

244   https://sakiproducts.com/blogs/green-teas/moroccan-mint-tea-recipe

245   https://www.whittard.co.uk/tea/tea-type/green-tea/marrakech-mint-loose-tea-MSTR314633.html

https://www.harney.com/products/moroccan-mint

246   https://rishi-tea.com/products/organic-maghreb-mint-herbal-tea?variant=44462888157434,

248   https://persianfoodtours.com/persian-tea/

250   https://teaculturearoundtheworld.weebly.com/egypt.html,

https://www.inside-egypt.com/karkade-the-refreshing-red-tea-of-egypt.html

253   https://vietnamtimes.org.vn/hues-lotus-tea-the-fine-art-in-the-tea-culture-20203.html

255   https://www.sciencedirect.com/science/article/pii/S235261811830074X,

https://www.etsy.com/listing/936550054/kona-coffee-leaf-tea

256   https://www.peanutpalate.com/wp-content/uploads/2021/05/IMG_2631.png

https://upload.wikimedia.org/wikipedia/commons/2/2c/Blue_tea.jpg

https://en.wikipedia.org/wiki/

259   https://www.shortcreative.com/murchies-tea-shop/

https://www.tea-and-coffee.com/the-queen-victoria-blend

260   https://www.finemapleproducts.com/produits/maple-chai-tea-12-pyramids-25g-metal-box/

https://www.growteacompany.com/products/maple-black-tea-1

261   Canada True Tea/

https://www.amazon.com/CANADA-TRUE-premium-Canadian-Breakfast/dp/B07MKZ9PB1

https://www.buywholefoodsonline.co.uk/ceylon-loose-tea-high-grown.html

https://www.amazon.com/CANADA-TRUE-premium-Canadian-Breakfast/dp/B07MB4GQC2

https://distinctlytea.com/products/canadian-breakfast?variant=16666775060591

263   https://svtea.com/products/copy-of-american-breakfast

264   https://afternoonteaorcreamtea.com/best-afternoon-tea-nyc/

266   https://matelibre.com/blogs/news/argentina-yerba-mate-brazil-uruguay-paraguay

https://www.dhtienda.com.ar/MLA-1595886634-pack-mate-cocido-la-tranquera-50-sobres-x-12-cajas-dh-_JM, https://catalinasmarket.com/collections/tea-mate-cocido

269   https://firetofork.net/bush-tea/

https://theaustralianfoodshop.com/product/billy-tea-campfire-brew-tea-bags-100-pack/

https://organicmerchant.com.au/product/australian-bush-blush-tea/

272   https://www.fortnumandmason.com/piccadilly#floor-by-floor

273   https://www.fortnumandmason.com/queen-anne-blend-250g-loose-leaf-caddy

https://www.fortnumandmason.com/victoria-grey-loose-leaf-decorative-caddy-125g

274   https://twinings.co.uk/pages/twinings-flagship-store-216-strand

https://en.wikipedia.org/wiki/Twinings#/media/File:Twinings_20130414_068.jpg

276   https://twinings.co.uk/products/signature-earl-grey

https://twinings.co.uk/products/spicy-chai

277   https://twinings.co.uk/products/nutty-chocolate-flavour-assam-loose-tea

https://twinings.co.uk/products/moroccan-mint-with-rose-flavour-green-loo

278   https://www.naturalproductsonline.co.uk/news/herb-hub-pukka-herbs-pops-up-for-tea/

https://www.pukkaherbs.com/uk/en/

279   https://www.pukkaherbs.com/uk/en/products/night-time-tea

https://www.pukkaherbs.com/uk/en/products/relax-tea

280   https://www.harrods.com/en-gb/plan-your-visit

https://upload.wikimedia.org/wikipedia/commons/d/d1/Harrods_tea_

department.jpg

281   https://www.harrods.com/en-gb/shopping/harrods-no-42-earl-grey-loose-leaf-tea-200g-17622921

https://www.harrods.com/en-gb/shopping/harrods-flowery-earl-grey-tea-bag-tin-50-tea-bags-14992265

282   https://www.facebook.com/photo/?fbid=279095585460940&set=t.100064 696266325

283   https://uk.ahmadtea.com/collections/fruit-herbal-teas/products/winter-charm-infusion-teabags

https://uk.ahmadtea.com/collections/black-teas/products/imperial-blend-loose-leaf

284   https://www.tripadvisor.in/LocationPhotoDirectLink-g187046-d1011681-i47018644-Bettys_Cafe_Tea_Rooms_Harrogate-Harrogate_North_Yorkshire_England.html

285   https://www.taylorsofharrogate.com/taylors-tea/specialty-loose-leaf/spiced-christmas

https://www.taylorsofharrogate.com/taylors-tea/specialty-loose-leaf/lapsang-souchong

286   https://www.facebook.com/whittardofchelsea/photos/pb.100066770289155.-2207520000/10160843842362642/?type=3, https://travelin.koreabyme.com/listing/whittard-of-chelsea-cheongdam/

287   https://www.whittard.co.uk/tea/tea-type/black-tea/earl-grey-loose-tea-MSTR314583.html

https://www.whittard.co.uk/tea/tea-type/black-tea/covent-garden-blend-loose-tea-MSTR332064.html

288   https://www.whittard.co.uk/tea/tea-type/green-tea/cherry-blossom-loose-tea-MSTR314666.html

https://www.whittard.co.uk/tea/tea-type/green-tea/passionfruit-mango-loose-tea-MSTR315051.html

289   https://www.whittard.co.uk/tea/how-do-you-brew/loose-tea/extravagant-earl-grey-loose-tea-MSTR314997.html, https://www.whittard.co.uk/tea/tea-type/black-tea/whisky-loose-tea-MSTR315069.html

290   https://www.facebook.com/PekoeTeas/photos/pb.100063963908272.-2207520000/10159830741419746/?type=3,

https://www.pekoetea.co.uk/collections/flavoured-tea/products/blue-lady-flavoured-black-tea?variant=39729088010

291   https://www.pekoetea.co.uk/collections/tea-bags/products/scottish-summer-fruits-flavoured-green-tea?variant=39322666795197

https://www.pekoetea.co.uk/collections/tea-bags/products/earl-grey-blue-flower-tea?variant=21300284784719

292   https://www.dammann.fr/en/cms/our-stores.html

293   https://www.dammann.fr/en/the-vert-miss-dammann.html

https://www.dammann.fr/en/cacao-menthe.html

294   https://www.dammann.fr/en/herbal-tea-tisane-fleur-d-oranger.html

https://www.dammann.fr/en/herbal-tea-tisane-fruits-du-verger.html

295   https://www.dammann.fr/en/samba-.html

https://www.dammann.fr/en/rooibos-fruits-rouges-.html

296   https://www.mariagefreres.com/en/store/restaurant-tea-salon-paris-le-marais-menu.html

https://www.facebook.com/mariagefreres.co/photos/pb.100077775781189.-2207520000/10157012347538635/?type=3

297   https://www.mariagefreres.com/UK/2-wedding-imperial-classical-black-tin-100g-TC950.html

https://www.mariagefreres.com/UK/2-marco-polo-classical-black-tin-100g-TC918.html

298   https://en.wikipedia.org/wiki/Fauchon#

299   https://www.fauchon.com/en/rose-lychee-tea-bags-1014902/

https://www.fauchon.com/en/sandman-herbal-tea-bags-1014611-1014611/

300   https://commons.wikimedia.org/wiki/File:Boutique_2_Nina%27s_Paris.jpg

https://www.ninasparis.com/en/ninas-paris-museum-shop/

301   https://www.ninasparis.com/fr/produit/marie-antoinette-100g-2/

https://www.ninasparis.com/fr/produit/versailles-rose-2/

302   https://janatea.com/en/,

https://www.facebook.com/janatuae/photos/a.478264232513042/566507963688668/?type=3

303   https://janatea.com/fr/products_category/professional/

304   https://www.facebook.com/photo/?fbid=10152479527045914&set=a.10152479526940914

https://www.facebook.com/palaisdesthes/photos/pb.100067917407673.-2207520000/10157062896360914/?type=3

305 https://www.palaisdesthes.com/fr/chai-imperial.html?packaging=160

https://www.palaisdesthes.com/fr/the-des-amants-610.html?packaging=160

306 https://www.palaisdesthes.com/fr/the-des-etoiles.html?packaging=160

https://www.palaisdesthes.com/fr/the-des-songes-blanc-761.html?packaging=160

307 https://www.palaisdesthes.com/fr/the-du-louvre-cote-jardin.html?packaging=160

https://www.palaisdesthes.com/fr/the-des-enfants-823.html?packaging=160

308 https://www.facebook.com/KusmiTea.Paris/photos/pb.100064359232759.-2207520000/4784028008314006/?type=3

https://www.facebook.com/KusmiTea.Paris/posts/actu-un-flagship-kusmi-in%C3%A9dit-%C3%A0-new-yorkd%C3%A9couvrez-cette-nouvelle-boutique-kusmi-/1330894400294068/

309 https://www.kusmitea.com/fr/bb-detox-BBDEBIOMASTER.html?v=21721A1050

https://www.kusmitea.com/fr/anastasia-bio-ANASBIOMASTER.html?v=21642A1050

310 https://www.golocal.de/hamburg/tee/compagnie-coloniale-gmbh-co-kg-t9j4/=

https://www.facebook.com/CompagnieCoOfficiel/photos_by

311 https://www.compagnie-co.com/fr/sans-theine/310-444-rooibos-fruits-fleurs-du-soleil.html#/43-conditionnement-boite_metal_lux

https://www.compagnie-co.com/fr/tisanes-bio/345-3428-reine-des-pres-tisane-detox-bio-3760166269419.html#/45-conditionnement-sachet_recharge_vrac

312 https://www.facebook.com/Ronnefeldt.Aachen/?locale=de_DE

313 https://www.ronnefeldt.com.tr/morgentau/, https://www.ronnefeldt.com.tr/irish-malt/

314 https://www.eilles.de/ueber-uns, https://www.eilles.de/tee.html

315 https://www.eilles.de/eilles-gourmet-tee-white-fu-100-g.html

https://www.eilles.de/eilles-china-teerosen-mu-dan-20-stueck.html

316 https://www.langearchitekten.de/projekte/storedesign-hamburg-alveus-alster/

317 https://b2b.alveus.eu/en/fruit-blends/dream-of-spring/86205/

https://b2b.alveus.eu/en/winter-chai-organic/72486/

318 https://www.facebook.com/photo.php?fbid=690159266478439&set=pb.100064531156601.-2207520000&type=3

319 https://tgtea-kw.com/collections/ayurveda/products/ayurveda-tea-pitta-organic-

no1298

https://www.tgtea-kw.com/products/arabian-night%E2%84%A2-no901

320   https://www.starbucksreserve.com/visit-us

321   https://www.starbucks.com/

322   https://www.starbucks.com/

https://www.starbucks.co.kr/menu/drink_view.do?product_cd=9200000000226

323   https://www.starbucks.co.kr/menu/drink_view.do?product_cd=4004000000076

https://www.starbucks.co.kr/menu/product_view.do?product_cd=11120816

324   https://www.taotealeaf.com/, https://taooftea.com/product/kapha-dosha/

325   https://taooftea.com/product/vata-dosha/, https://taooftea.com/product/pitta-dosha/

326   https://www.harney.com/blogs/news/mike-harney-spills-the-tea-history-of-the-millerton-store

https://www.harney.com/products/earl-grey-supreme?nosto_source=cmp&nosto=1112206789

327   https://www.harney.com/products/organic-ginger-turmeric?nosto_source=cmp&nosto=1112206789

https://www.harney.com/products/herbal-hot-cinnamon-spice?nosto_source=cmp&nosto=1112206789

328   https://www.schnitzerproperties.com/property/steven-smith-teamaker/#iLightbox[gallery_image_1]/10

https://www.smithtea.com/collections/top-13/products/black-lavender

329   https://www.smithtea.com/collections/top-13/products/lullaby

https://www.smithtea.com/collections/top-13/products/rose-city-genmaicha

330   https://www.facebook.com/photo.php?fbid=691151083040131&set=pb.100064357376920.-2207520000&type=3

331   https://www.walmart.ca/en/ip/Numi-Organic-1-lb-Chocolate-Pu-Erh-Loose-Leaf-Tea/PRD3QDP06TVLGXF

https://www.walmart.com/ip/Numi-Organic-1-lb-Orange-Spice-Loose-Leaf-Tea/925972062

332   https://www.facebook.com/photo.php?fbid=814843537315727&set=pb.100063702651940.-2207520000&type=3

https://www.freshroastedcoffee.com/products/organic-lapsang-souchong-tea

333   https://www.freshroastedcoffee.com/products/organic-juicy-peach-black-tea

https://www.freshroastedcoffee.com/products/organic-herbal-detox-tea

334   https://rishi-tea.com/pages/careers

https://rishi-tea.com/organic-loose-leaf-herbal-tea/patagonia-wild-guava?returnurl=%2fherbal-teas%2f

335   https://rishi-tea.com/turmeric-chai?returnurl=%2fherbal-teas%2f

https://rishi-tea.com/valerian-dream?returnurl=%2fherbal-teas%2f

336   https://www.facebook.com/photo.php?fbid=280536757883165&set=pb.100077805279408.-2207520000&type=3

https://www.metrotea.com/products/metz-products/herb-fruit-tisane/angel-falls-mist-932/

337   https://www.metrotea.com/products/metz-products/functional-teas/ayurvedic-balance-936/

https://www.metrotea.com/products/metz-products/functional-teas/mediterranean-blue-976/

338   https://ir.davidstea.com/static-files/773a3e4c-a2cb-46e2-a50c-a3719cd5ff5e

https://www.davidstea.com/us_en/shop/collections/valentine-s-day-teas/coffee-pu-erh-tea/10161US01VAR004004.html

339   https://www.davidstea.com/us_en/tea/shop-all-teas/best-sellers/hot-chocolate-tea/10523US01VAR0022368.html?cgid=bestsellers#start=1

https://www.davidstea.com/us_en/shop/organic-vanilla-matcha/11046US01.html#q=Vanilla%2BMatcha%2BOrganic&lang=en_US&start=1

340   https://twgtea.com/locations/asia-pacific/singapore

https://twgtea.com/teas/loose-leaf/silver-moon-tea-2

341   https://twgtea.com/teas/loose-leaf/singapore-breakfast-tea

https://twgtea.com/teas/loose-leaf/bain-de-roses-tea

342   https://www.t2tea.com/en/au/about-25-years.html

https://www.t2tea.com/en/au/nighty-night-loose-leaf-cube-50g-T140AE020.html

343   https://www.t2tea.com/en/au/wakey-wakey-loose-leaf-cube-100g-T140AE205.html

https://www.t2tea.com/en/au/her-balance-loose-leaf-cube-65g-T135AE041.html

344   https://www.ikspiari.com/en/shop/1113/

https://www.lupicia.com/shop/g/g13438284/

345   https://www.lupicia.com/shop/g/g12408234/

https://www.lupicia.com/shop/g/g13338231/

티 블렌딩 테크닉
Tea Blending Technique

2024년 4월 16일 초판 1쇄 발행
저　　　자 | 홍차언니(이주현)
펴　낸　곳 | 한국티소믈리에연구원
출판신고 | 2012년 8월 8일 제2012-000270호
주　　　소 | 서울시 성동구 아차산로 17 서울숲 L타워 1204호
전　　　화 | 02)3446-7676
팩　　　스 | 02)3446-7686
이　메　일 | info@teasommelier.kr
웹사이트 | www.teasommelier.kr
펴　낸　이 | 정승호
출판팀장 | 구성엽
디　자　인 | 박마리아
인　　　쇄 | (주)현대문예